山东省社科规划研究专项课题资助“黄河流域(山东)体育非物质文化遗产整理与传承研究”（项目编号：24CRWJ02）

山东省人文社会科学课题“黄河国家文化公园（山东段）文体旅资源保护与开发研究”（项目编号：2024-QNRC-44）

山东省文化和旅游研究课题资助“数字赋能山东国家文化公园体育与旅游融合发展研究”（项目编号：24WL(Y)120）

海南省运动与健康促进重点实验室开放课题资助“全球化视域下海岛体育旅游发展域外镜鉴与创新性中国方案”（项目编号：HNYJZ2023002）

山东省哲学社会科学青年人才团队、德州学院青年创新团队资助“黄河国家文化公园（山东段）文体旅资源保护与开发研究”

德州学院校级课题资助“两河流域体育旅游资源融合创新研究”（项目编号：2023xjrc112）

海南医科大学急救与创伤研究教育部重点实验室、海南省运动与健康促进重点实验室、海南省哲学社会科学规划课题资助“海南国际自由贸易港建设背景下体育产业与区域经济协同发展研究”（项目编号：HNSK(YB)21-102）

全民健身背景下
休闲体育发展研究

韩志超◎著

中国经济出版社
CHINA ECONOMIC PUBLISHING HOUSE
·北京·

图书在版编目（CIP）数据

全民健身背景下休闲体育发展研究 / 韩志超著 . 北京：中国经济出版社，2025. 4. -- ISBN 978-7-5136-8007-3

Ⅰ. G812. 4

中国国家版本馆 CIP 数据核字第 2024UU5717 号

责任编辑 张梦初 戴 瑛
责任印制 李 伟
封面设计 任燕飞

出版发行 中国经济出版社
印 刷 者 北京鑫益晖印刷有限公司
经 销 者 各地新华书店
开 本 710mm × 1000mm 1/16
印 张 16.75
字 数 225 千字
版 次 2025 年 4 月第 1 版
印 次 2025 年 4 月第 1 次
定 价 88.00 元

中国经济出版社 **网址** http://epc.sinopec.com/epc/ **社址** 北京市东城区安定门外大街 58 号 **邮编** 100011

本版图书如存在印装质量问题，请与本社销售中心联系调换（联系电话：010-57512564）

前　言

发展体育事业的根本目的是提高全体人民的身体素质和健康水平，使全体人民有更多的获得感和幸福感，这充分体现了我们党以人民为中心的发展思想。全民健身是一项面向全体人民，通过鼓励身体活动、倡导科学健身、形成健康文明的生活方式，以增强人的体质、服务于人的全面健康、促进人的全面发展为目标的体育事业。① 休闲体育可以全周期、全人群促进人的身体健康，提高生命质量，减少医疗开支，是实现全民健康最积极、最有效、最经济的手段。休闲体育是全民健身的主要构成内容之一，对于全民健身目标的实现具有至关重要的作用。因此，全民健身的发展离不开休闲体育的发展，并对休闲体育的推广起着推动作用。休闲体育与全民健身之间是联系紧密且相互促进的关系。

本书共分为九章。第一章为全民健身概述，论述了休闲体育与全民健身的时代背景以及全民健身发展的必要性和途径；第二章对休闲体育与全民健身的关系进行了详细的解析；第三章论述全民健身视角下的休闲体育发展情况；第四章阐释休闲体育发展的必然性与可持续性，分析休闲体育的价值形态、社会动因、存在问题；第五章分析了休闲体育的发展及休闲体育教育与经济的关联性；第六章讨论了休闲体育的社会建制；第七章是休闲与休闲体育的发展概述；第八章提出了宣传、教育、产品、资金等方面休闲体育的发展策略；第九章介绍了城市休闲体育户外活动空间的营造。

---

① 加强全民健身工作 增强新时代人民幸福感 [N]. 中国体育报，2017-12-26.

为确保编写质量，作者在编写本书的过程中查阅了大量文献资料，并与国内专家学者就休闲体育的相关理论问题多次进行深入讨论，在此基础上梳理了休闲体育的知识体系和理论框架，在编写过程中还借鉴了近年来国内外关于休闲体育的最新理论和实践成果，使得本书具有较强的理论性、系统性和实践性，可作为休闲体育专业、社会体育专业、休闲体育教学的专用书籍，也可作为其他体育工作者、相关研究人员，以及从事休闲体育、社会体育指导工作人员的参考书。

目录

Contents

第一章　全民健身概述

体育运动作为一项改善全民健康的干预措施，可以全周期、全人群促进人的身体健康，提高生命质量，减少医疗开支，是实现全民健康最积极、最有效、最经济的手段。[①] 近年来，人们的健康理念发生了深刻变化，“运动是良医”的观念逐渐深入人心。体育的综合价值和多元功能更加受到人们的重视，在工业化国家受到了普遍欢迎。然而，久坐不动的生活方式越来越普遍，导致社会大众身体健康每况愈下，人们罹患慢性疾病（如肥胖、高血压等）的风险增加。[②] 解决该问题最有效的办法是鼓励更多的人参加体育活动。有关研究资料表明，参加有规律的体育活动可以有效改善自身整体健康状况，并有助于延长寿命，这一点已经得到社会大众的认可。另外，增加体育活动与降低患心血管疾病风险、促进减肥和改善情绪之间存在密切联系。

自 1984 年洛杉矶奥运会之后，中国精英体育的发展越来越受到人们关注，到 2008 年北京奥运会时关注人数达到了高峰，与此同时，中国获得夏季奥运会金牌数量创历史新高。2022 年北京冬季奥运会中国体育代表团共收获 9 金、4 银、2 铜，位列奖牌榜第三，金牌数和奖牌数均创历史新高。尽管中国的竞技体育表现备受关注，但与中国全民体育的发展相比，两者之间依然存在发展不平衡、不充分的问题。[③] 此外，过去由于受传统体育观影响，人

---

① 李崟．体育强国建设背景下体育体制机制改革的中国逻辑与路径 [J]. 上海体育学院学报，2022，46（1）：41-51.

② 崔爱迪．我国全民健身制度建设研究 [D]. 苏州：中国矿业大学，2019.

③ 孙正，阿英嘎．我国学校体育教育的使命与担当：演进、问题与路径 [J]. 吉林体育学院学报，2018，34（6）：1-6.

们对全民健身价值认识肤浅，仅滞留在“健身”工具的层面，而缺乏从文化视角对其价值进行全方位、深层次的认识和把握。随着社会进步和体育发展，人类社会对体育的认识发生了深刻变化，体育丰富的精神文化得到了深度挖掘与充分肯定，成为当今世界体育发展的重要价值追求。①

因此，为了补齐全民健身普及的短板，国家积极制定相关政策措施，提升国民身体素质，特别是随着《全民健身计划纲要》的制定、颁布与推行，20 世纪 90 年代之后，一系列关于全民健身的政策制度相继制定与实施，其中不乏《全民健身条例》《全民健身计划（2011—2015 年）》《全民健身计划（2016—2020 年）》等意义重大的政策。特别是 2014 年 10 月，国务院印发了《关于加快发展体育产业促进体育消费的若干意见》，首次将全民健身上升为国家战略，把全民健身事业推向了更高的发展平台。②

第一节　全民健身的意义、地位与作用

一、全民健身的意义

《全民健身计划纲要》明确提出：“为了更广泛地开展群众性体育活动，增强人民体质，推动我国社会主义现代化建设事业发展，特制定本纲要。”这里有三个关键词：群众性体育活动、人民体质、社会主义现代化建设事业。从这里可以看出“全民健身”的主体、内容和目的。此外，政府要求中央和地方相互合作，设计健身项目，监测人民的健康状况。近 30 年来，我国相继颁布了三个全民健身文件：《全民健身计划（2011—2015 年）》《全民健身计划

① 李相如．论全民健身战略的国家发展地位 [J]. 南京体育学院学报（社会科学版），2016，30（5）：7-12，24.

② 刘红建，张航，沈晓莲．基于量化分析的中国全民健身政策研究（1995—2016）[J]. 沈阳体育学院学报，2019，38（2）：15-21，51.

（2016—2020年）》《全民健身计划（2021—2025年）》。随着中共中央、国务院印发的《“健康中国2030”规划纲要》，以及国务院办公厅印发的《关于加快发展健身休闲产业的指导意见》等新政策措施的出台，全民健身事业再一次被推向更高的层次。健康中国是全面建成小康社会的宏伟蓝图。这是一种创新的发展理念，体现了人类、社会、民族的共同理想。没有国民健康，就没有全面小康。全民健身的主要目的是对各种疾病进行有效预防，其在健康中国当中扮演着不可或缺的角色，已经超出了体育本身的意义。因此，全民健身是推动全民健康目标顺利实现的关键抓手，是全体人民增强体质、过上幸福生活的基本保障[①]，其核心是全民健康。全民健身发展的关键在于地方政府相关政策的落实。全民健身作为国家战略，应站在改革创新的前沿，在加快推进体育强国建设和健康中国中发挥其战略意义。

（一）全民健身研究的理论意义

全民健身计划是国家从基本国情出发，提高国民整体健康水平，为体育强国和健康中国战略实现奠定坚实基础的一项群众体育发展计划，它需要全民自主参与其中，具有高度的社交性。在制订全民健身计划时要有明确的目标和标准，确保在落实全民计划时能够合理安排任务，同时确保每一步骤的工作内容都按照流程落实。目前，全民健身已经不仅仅是一项国家性的战略决策，还是现代化健身纵深发展的方向，需要考虑体育运动与国民体质之间的关联性，将其作为战略发展的指导思想。我们常说，经济基础决定上层建筑，那么从全民健身的视角来看，社会大众参与全民健身的积极性与热情度是由社会经济、人口经济的发展态势决定的，另外，还与国家是否重视全民健身活动有关。

全民健身计划作为国家主导的体育项目，各地方相关部门需要结合本地

① 原霄峰.我国全民健身政策的演变及影响研究[D].兰州：兰州理工大学，2020.

的有效资源，加强全民健身计划课题研究，同时考虑竞技体育的优势，将其与其他健身体育项目相融合，在全民健身计划中突出竞技体育项目的健身价值与社会价值。这需要各地相关部门进行积极的探讨和研究，必要时可以开展专题科研。特别是进入新发展阶段，全民健身计划研究应更好地发挥政府政策的主导作用，构建以人民为中心的、更高水平的全民健身公共服务体系，为更好地促进全民健身高水平发展、加快体育强国建设、实现全面建设社会主义现代化国家战略目标提供重要支撑。

全民健身是跨越国界共融共通的体育语言，有助于促进不同国家之间的体育交流合作。随着“一带一路”建设的高质量推进，全民健身对于展示中国特色全民健身文化，推动共建“一带一路”国家民族传统体育文化交流借鉴，展现中国开放文明国家形象具有一定的理论意义。当前，全民健身是大众运动中非常重要的一项。无论是国内还是国外，针对全民健身开展的研究课题非常多，从相关的参考文献中能够看出，各国主要的研究内容有以下三点：首先，各国研究了全民健身所涵盖的区域性特征；其次，着重探讨了全民健身的基础理论与相关政策；最后，分析并研究了全民健身的相关策略。从这些研究内容中可以了解各国在每一个研究区域开展全民健身的现状，这也为拓展全民健身计划研究提供了理论参考。

加快推动全民健身高质量发展的理论研究，是加快推进体育强国建设，满足人民日益增长的美好生活需要，实现共同富裕的重要突破口。自新修订的《中华人民共和国体育法》（以下简称《体育法》）颁布实施以来，我国从全民健身的公益性、基础性国家供给扩大化，全民健身智慧化、数字化、数字科技赋能等方面打造全民健身服务路径，实现数字社会全民健身公共服务的新需求，为全民健身理论研究赋能，推动我国全民健身向更高水平迈进，这对于构建具有中国特色的更高水平的全民健身公共服务体系具有重要的理论意义。

（二）全民健身研究的实践意义

1. 提高国民体质，转变全民健身理念

全民健身是国家战略，即国家为提高国民健康水平所采取的重要举措，也是加快推进体育强国和健康中国建设的重要方略。一方面，坚持以人民为中心，通过贯彻新发展理念，构建新发展格局，加大全民健身场地设施供给力度，搭建群众与体育的桥梁，增强广泛开展全民健身活动的“虹吸效应”，构建全方位全周期的健康服务体系，助力国民整体身体素质的有效提升；另一方面，以推动体育强国和健康中国建设，推进健康关口前移为目标，通过“体医融合”“体卫融合”更新全民健身理念，打造“体医融合”“体卫融合”两个服务平台体系，让大众积极投入全民健身活动中，能够起到强身健体，降低疾病发生风险，有效减轻社会医疗负担的作用，进而充分保障了全民健康目标的实现。因此，全民健身对于提高国民体质，转变全民健身理念具有极大的推动和促进作用。

2. 鼓励公民参与社会活动，推进全民健身文化发展

党的二十大报告提出“广泛开展全民健身活动”。全民健身文化是构建全民健身公共服务体系的重要组成部分，它是以国民体质健康为目标的体育文化表现形式。全民健身文化作为一种特殊的文化自信表现方式，具有非常鲜明的体育运动与社会互动的性质，这也使它成为社会大众参与体育健身的重要途径，以及社会活动框架的重要组成部分。随着人类文明的发展，一种全民健身的全新理念也随之出现。这种理念的普及在某种程度上推动了全民健身文化的创造性转化和创新性发展，鼓励更多的人了解并参与全民健身，促进了社区全民健身和全民健康的高质量发展。

3. 增强国民凝聚力，促进社会和谐发展

社会进入新发展阶段，随着《全民健身计划（2021—2025 年）》和《关

于构建更高水平的全民健身公共服务体系的意见》等纲领性文件的全面落实，高质量的全民健身活动能够提高社会大众参与体育和健身活动的热情与积极性。通过全民健身活动的实施来增强人民的参与度，既能够使人们树立起更加全新的健身和健康生活理念，养成健身运动的习惯，又能提升人民的幸福感，增强国民凝聚力，营造更加稳定和谐的社会环境，促进社会和谐发展，为加快中国式现代化进程贡献智慧和力量。

二、全民健身的地位与作用

（一）全民健身在社会发展中的地位与作用

健康是最重要的人力资本，是促进社会经济可持续发展的重要保障。然而，在新冠疫情大流行以及人口老龄化、慢性病普遍等传统社会问题越来越突出的背景下，公共卫生面临日益严峻的挑战。因此，各国政府已将改善国民健康作为可持续发展的目标，该目标在各国卫生政策中的地位也越来越突出。中国政府历来十分重视国民健康，认为这是一个以人为本的问题。在“健康中国”国家战略实施的过程中，全民健身扮演着极其重要的角色。制定和贯彻执行全民健身政策，是对全民健身公共服务体系和健康治理宏观调控的积极响应，是健康中国目标实现的前提。此外，这也是满足国民卫生需求、促进国民经济可持续发展的一项重要举措。对国家卫生公共服务领域的研究，可以使决策者优化投资，加强政策的前瞻性和合理性，从而获得更大的社会经济效益。

现如今，人们在生产过程中加强了对各种电子和机械设备的应用，自动化水平越来越高，同时信息技术的应用更为广泛，由此大幅减轻了人们的体力劳动。此外，社会竞争加剧，生活节奏加快，人们经常处于紧张状态，在较大的精神压力和各种外界因素的影响下，各种“文明病”蔓延并困扰着人们的生活。在这种情况下，整个社会范围内的体育和健身活动悄然兴起。许多科学研究和实践表明，体育运动是预防“文明病”的有效手段。就像国际运动医学联合会前主席普罗科普所说：“机械化和自动化正在越来越多地剥夺人们体育锻炼的机会。没有运动，人体的功能就会逐渐退化直至丧失。适当的体育锻炼是预防文明疾病的最佳方法。”① 体育、科技、教育、文化和健康都促进了社会经济的平稳发展，而全民健身是体育的“推进器”。全民健身战略的顺利贯彻执行，不仅有助于国民健康状况的显著改善，使人们积极参与到各类体育活动当中，还有助于促进社会的和谐、稳定和可持续发展，最终使健康中国的战略宏愿得以顺利实现。② 因此，全民健身在加速体育发展的同时，促进了社会的健康运转。

（二）全民健身在促进社会主义精神文明中的地位与作用

2011 年 2 月 25 日，国务院开始实施《全民健身计划（2011—2015 年）》，该计划反复强调，全民健身作为综合国力和社会文明进步的重要衡量指标，对人民群众身体健康和生活幸福具有深远的影响，是促进社会主义精神文明建设的重要因素。现代体育运动是为了满足人们的娱乐和享受，促进人们身心健康的发展而产生的。它是一种以意识控制身体运动为主要手段，改造和完善自己身心的实践活动。③ 随着中国市场经济体制日渐成熟，人们过上了更为富足的生活，人口素质水平大幅提升，居民的休闲时间越来越多，参加体育健身活动的人数也日益增加。体育锻炼逐渐成为人们“科学、健康、文明”生活方式的一部分，因此，人们对身体健康的需求越来越迫切。人民日益增长的健身需求同社会体育发展不平衡不充分之间的矛盾也更为突出。新

① 齐新．北京奥运会后中国全民健身运动的探究 [D]. 兰州：兰州理工大学，2011.

② 高国军．“全民健身”在“健康中国”中的地位与作用研究 [J]. 体育科技，2018，39（6）：61–62.

③ 束景丹，张力．体育产品属性及其相关理论问题研究 [J]. 商业时代，2011（23）：130–131.

发展阶段，我国全民健身公共服务体系初步建成，在提高全民健康水平中的作用不断凸显。[①]目前，人们已将休闲体育活动视为生活当中不可或缺的组成部分，因为参加休闲体育活动不仅有助于身心健康，培养良好的生活情趣，还能够促进全民修养水平的有效提升。除此之外，全民健身还有助于消除社会矛盾，对社会的有序健康发展非常有益。全民健身活动的场所一般设在俱乐部、学校、企事业单位等地点，对场地的要求不高，能够将各种人际关系涵盖在内。由于全民健身活动最大的特点就是比较随意，在活动开展中可以无拘无束，人与人之间保持着相对平等、融洽、和谐的关系。因此，全民健身有助于增进彼此之间的沟通和交流，拉近彼此之间的距离。这既体现了我国社会主义核心价值观主旨，也推动了社会主义物质文明和精神文明的发展。

（三）全民健身在促进体育经济和产业发展中的地位与作用

国民体质是国民经济建设和社会发展的物质基础，是综合国力的重要组成部分。全民健身服务体系是培养居民健身意识、开发健身活动项目、促进体育产业发展、对体育消费进行积极引导的综合服务体系。因此，建立全民健身服务体系，推动全民健身工作的顺利实施，不仅是诸多学者研究的重要课题，也是《全民健身计划纲要》不可或缺的构成内容。

全民健身的发展不仅有助于促进文化体育用品和服务产业的发展，还会促进地方城市的经济增长，推动区域经济发展，对国家的经济发展具有重大影响。从经济学的角度来看，全民健身不仅具有提高体育产业效应和提升体育产业品牌形象的作用，而且具有辐射经济和刺激消费的作用。刺激体育消费对扩大内需和促进经济增长具有重要作用。因此，拉动人民消费需求，实

---

① 王先亮，马超，石振国．更高水平全民健身公共服务体系建设的政策供给研究 [J]. 沈阳体育学院学报，2023，42（3）：9-15，55.

施积极的体育财政政策，是国民经济可持续发展的有效保证。由于体育与其他产业关系密切，体育消费的增加反过来又会带动其他相关产业的发展。此外，体育消费对经济增长的刺激作用不受整体经济环境的影响，随着人们生活消费结构的变化，体育消费总体呈现增加的趋势。

由此可见，首先，全民健身能够有效拉动和促进体育产业消费。其次，全民健身对于服务行业，诸如旅游、住宿、交通、餐饮等的整体发展具有积极的推动作用，从而促进国内生产总值（GDP）的提高，最终实现经济效益最大化。

（四）全民健身对我国国民健康观的地位与作用

"健康中国"目标的实现有赖于全民健身的顺利实施，这就意味着健康中国必须以全民健身为关键抓手。简言之，要想更好地贯彻执行健康中国的相关政策要求，就必须将其建立在全民健身的基础之上。目前，人们越来越重视"亚健康"问题，研究相关资料不难发现，运动和健身是对慢性病进行防控的有效手段。而全民健身的关键在于提高群众的参与度，引导群众在生活方式和习惯方面作出改变。这种不依赖药物和医疗器械而进行的疾病防治，不仅对人体健康大有裨益，而且符合健康中国所倡导的先进健康理念，与健康中国相得益彰、互为补充，既确保了健康中国理念的有效贯彻落实，也在教育和医学等层面进一步完善了健康中国理念。

第二节　我国全民健身的背景、特征与发展

一、全民健身产生的背景

（一）全民健身产生的国际大众体育背景

1919 年 1 月，顾拜旦作为现代奥林匹克的创始人，首次提出“all sports for all”的运动理念，其核心思想就是“一切体育为大众”。顾拜旦投入毕生精力来支持和发展国际奥林匹克运动，始终坚定地认为此项运动必须建立在大众体育活动基础之上。顾拜旦的先进理念可以说从理论层面为国际大众体育发展提供了有力的支持。[①] 从最初理念的形成到逐步成熟，再到当今的快速发展，大众体育已经成为国际体育的发展潮流。

20 世纪 70 年代以来，发达国家进入经济稳定增长阶段，其生活水平有了显著的提高。同时，由于劳动强度大幅下降和劳动时间大幅缩短，再加上大多数发达国家居民营养过剩和运动不足等，直接导致发达国家“文明病”的发病率不断上升[②]，心血管疾病已成为危害人类健康的第一杀手。这也意味着整个社会对大众体育的功能和价值有了全新的认识。

2020 年新冠疫情迅猛袭击全球，全面唤醒了人们的健康安全意识，人们产生了更加积极主动养护健康的内在需求。[③] 后疫情时代，在全人类健康理念深化的有利形势下，全民健身公共服务体系的优化发展必定成为大势所趋。[④]

---

① 肖谋文. 我国群众体育政策的历史演进及过程优化 [D]. 北京：北京体育大学，2007.

② 江堃. 景德镇市健身俱乐部经营现状的调查与分析 [D]. 上海：华东师范大学，2010.

③ 董传升. 走向主动健康：后疫情时代健康中国行动的体育方案探索 [J]. 体育科学，2021，41（5）：25-33.

④ 王小宁，练碧贞. 后疫情时代全民健身公共服务体系发展策略研究 [J]. 沈阳体育学院学报，2022，41（5）：64-68，88.

总的来说，世界范围内大众体育的发展表明，国外大众体育的发展不仅是体育发展过程中的量变，还意味着体育发展的质变，整个社会对体育的作用和价值的新认识已经形成，并极大地影响了世界大众体育的发展。不仅如此，世界上许多国家已经结合自身实际，开始组织实施大规模的体育发展计划，目标就是成为 21 世纪的健康国家。

（二）中国全民健身产生的内在背景与条件

1. 我国群众体育的发展相对滞后

新中国成立以来，我国群众体育事业蒸蒸日上。在此期间，我国相继颁布实施了多项群众体育政策，其发展阶段可划分如下：第一阶段为 1949—1957 年，我国正式开始颁布实施群众体育政策，其主要表现特征为应对性、军事化、综合性等。第二阶段为 1958—1976 年，这一阶段政策的发展相对比较曲折，缺少文本，稳定性较差，缺乏科学的理论指导，政治色彩比较浓厚。第三阶段为 1977—1994 年，探索和创新群众体育政策，推动其社会化发展。其显著的特点就是对文化和健康功能较为重视，将人文精神融入政策当中，但在政策落实过程中存在一定的惰性。第四阶段为 1995 年至今，开始形成具有法治化和民主化特征的群众体育政策，由政治价值向实践效果转变。

长期以来，我国体育发展事业当中的人力、物力、财力均倾向于竞技体育的发展。在该领域，政府将 50% 以上的“财政拨款”用于包括优秀运动队、体育运动学校等在内的训练机构，尤其以优秀运动队和体育学校的一级、二级竞技体育队伍为重。而群众体育获得的“财政拨款”只占相当少的一部分。公共体育设施的建设本身是为了满足大众体育活动公共需求，但是这些公共体育设施主要集中在各级竞技体育训练基地，为优秀运动员服务。我国竞技体育体系的基础雄厚、结构合理、功能完善，使我国在奥运会上取得了令人瞩目的成绩。

相对于我国竞技体育发展而言，群众体育发展比较滞后。这种相对滞后有其合理的成分，即在权衡国家利益和地方利益基础之上，采取保全竞技体育政策的结果。因此，这种政策并非长久之计。在新的历史条件下，将群众利益与国家利益统一起来，维护广大人民群众的体育利益，逐步缩小我国群众体育与竞技体育的发展差距，这既是我国体育事业发展的最终出路，也是全民健身发展的必然选择。

我国的群众体育与竞技体育在建设的系统性、基础性、规模和水平方面存在较大差距。除去人力、物力和财力的投入存在很大差距外，社会体育指导员队伍、高等和中等社会体育专业教育发展滞后，几乎没有专门的群众体育科研机构，尤其缺乏完善的公共体育设施。“健身去哪儿”作为当前民众反映最为强烈的全民健身发展问题，已成为制约我国群众体育发展和体育强国目标实现亟待解决的难题。[①]特别是政府、社会等多元主体的治理理念滞后，技术创新能力不足等，导致全民健身公共服务领域出现了数字基础设施建设羸弱、技术创新应用“瓶颈”较为突出等现象。[②]

在相关法规方面，中国于 1995 年颁布了第一部《体育法》。为了贯彻落实这部法律，中央政府在同年宣布了三个关键的国家项目：体育产业商业发展工程、《奥运争光计划纲要》《全民健身计划纲要》。据统计，政府将 90% 的体育预算用于与比赛相关的活动，而国家体育总局的预算在 2004 年增加了 15%，达到 1.5 亿元左右。也就是说，大众体育的官方体育预算有限，主要依赖于 1994 年成立的体育彩票的资金。由于政府支持力度有限，《全民健身计划纲要》很难同《奥运争光计划纲要》那样得到较好的落实，因为《全民健身计划纲要》的推广资金大部分来自彩票销售，而不是政府预算的直接拨

① 韩宏宇，郑家鲲．“十四五”时期“健身去哪儿”问题的困境破解与应对策略 [J]. 体育科学，2022，42（10）：12–19.

② 王子玥，王志文，王飞．我国全民健身智慧化升级研究 [J]. 体育文化导刊，2021（4）：47–52.

款。因此，中国政府在2008年北京奥运会后开始重新权衡精英体育发展与大众参与的关系。一系列关于全民健身的政策相继制定与实施，其中不乏《全民健身条例》《全民健身计划（2011—2015年）》《全民健身计划（2016—2020年）》等意义重大的政策。① 2014年10月，国务院印发的《关于加快发展体育产业促进体育消费的若干意见》提出，营造重视体育、支持体育、参与体育的社会氛围，将全民健身上升为国家战略。②

2. 党和国家对体育工作"重点转移"的要求

1979年，为了迎接国际奥林匹克竞赛，集中力量发展竞技体育，国家体委确定了"省一级以上体委继续在普及与提高相结合的前提下，侧重抓提高"的方针，为我国竞技体育的健康稳定发展指明了方向，成绩斐然。然而，随着改革开放以来中国经济的飞速发展，人们的生活更加富足，因此越来越渴望获得更多的休闲服务。通过1993年对居住在北京等大城市群众的相关舆论调查发现，人们相对更加关心身体健康问题。1995年3月，我国施行了新的工时制，每周工作时间由48小时减少至40小时，每周休息2天，为群众参加体育活动提供了更多的闲暇时间。人民生活富裕，闲暇时间增多，体育健身需求强烈，这为群众体育发展提供了主客观条件，加快发展群众体育势在必行。

近年来，国家大力提倡全民健身运动，经过努力，人民健康水平不断提高，婴儿死亡率下降，健康指标居于中高收入国家前列，个人卫生支出占卫生总费用的比重下降③。根据我国此前的目标，到2025年，中国人均预期寿

---

① 刘红建，张航，沈晓莲.基于量化分析的中国全民健身政策研究（1995—2016）[J].沈阳体育学院学报，2019，38（2）：15-21，51.

② 周学荣，吴明.全民健身上升为国家战略的时代背景及价值[J].体育学刊，2017，24（2）：39-44.

③ 国务院办公厅关于印发"十四五"国民健康规划的通知[EB/OL].（2022-05-22）[2024-09-10]. https：//www.gov.cn/zhengce/zhengceku/2022-05/20/content_5691424.

命将达到78.3岁。2030年，我国将实现人均预期寿命79岁。为全面推进健康中国建设，根据《中华人民共和国国民经济和社会发展第十四个五年规划和2035年远景目标纲要》《“健康中国2030”规划纲要》，全民健身是党和政府体育发展规划重要的战略部署，为我国体育事业发展指明了方向。① 当前，国际形势复杂，百年变局和世纪疫情交织，经济全球化、世界多极化、社会信息化、文化多样化深入发展，有着巨大韧性和潜力的中国全民健身群体将为世界经济提供动力。

二、全民健身的特征

（一）全民性和公益性

全民健身要顺应时代的潮流，坚持以人为本。全民健身的对象是全国公民，要保证全体公民享有参与健身的权利，这充分体现了其全民性特征。全民健身既有助于人们强健体魄，也有助于物质文明和精神文明建设。

群众体育企业具有很强的公益性，受益者为社会公众。因此，此类企业在社会市场经济环境下只能适度发展，不能将综合性福利企业作为对国家发展的必然要求，政府、公民和社会在其中必须各负其责，扮演好自己的角色。

（二）多元性和灵活性

全民健身强调所有的民众都是服务对象，涵盖了各个年龄段的人群，不分学历和阶层，也不管其从事何种职业。所以，全民健身活动应当根据人群的差异性提供有针对性的服务。

全民健身所面对的是较为灵活和多元的投资主体。充足的资金是确保全民健身计划顺利实施的基本前提。《全民健身计划纲要》明确要求体育部门必

---

① 朱家新. 群众体育与社会和谐发展的社会学视角 [J]. 哈尔滨体育学院学报，2006（4）：1–3.

须对资金支出结构进行优化调整，支持群众体育事业，同时加强对个人、社会团体、企事业单位资金的利用，助力发展公益事业。随着我国经济社会发展速度越来越快，投资主体将会更加多元，吸收资金的方式也愈加灵活。

全民健身所面对的是较为灵活和多元的工作方式。全民健身活动普及程度越来越高，随之产生了与之相匹配的多元工作体系，参与主体主要为健身俱乐部、社区组织、单位组织等。其中，群众健身辅导站、各种健身项目俱乐部等参与主体都在发挥各自的功能和作用。

（三）健身性和娱乐性

健身性和娱乐性是群众体育的本质追求。群众体育的健身性是指人们经常参加体育活动，有利于身体健康、增强体质、发展体能、保持活力。群众体育的娱乐性是指人们在体育活动中可以怡情养性、放松心灵、振奋精神。群众体育的健身性和娱乐性是相辅相成的，健全的精神寓于健全的身体之中，身体乃精神之载体。亿万群众作为参与群众体育的主体，在自愿、自主的基础上，通过直接的身体活动，达到娱悦身心、强身健体、陶冶情操、人际交往的目的。

三、全民健身的发展

（一）全民健身将成为一种普遍、惠及全民的社会现象

对于大多数发达国家来说，社会出现一个突出的现象，即人们久坐不动的生活方式越来越普遍，这导致人们身体素质下降，进而造成严重的社会健康隐患。因此，政府需要制定解决方案，目的是鼓励更多的人参加体育活动，以有效应对每况愈下的健康问题。然而，许多发达国家在更高水平的精英运动方面取得的成功，与他们在提高大众体育参与水平方面遇到的困难形成对比，这存在一个有趣的悖论。相对而言，中国在全民健身领域取得的成就要

明显高于世界其他国家。自2008年北京奥运会举办以来，中国政府承受着压力，从体育参与度相对较高的奥运国家汲取经验，并且依据基本国情，制定了符合我国实际需要的体育政策。比如，国务院制订全民健身计划，明确全民健身的目标、任务、措施、保障等，并开展了“全民体育项目”，以提高人们的体育参与度。这些政策的颁布实施，促进了外部力量向内部力量的转变，在政策层面加快了中国竞技体育向全民健身的转变进程。21世纪以来，我国深入推进改革开放政策，极大地推动了经济的发展，且社会环境更加和谐稳定，形成了更加科学合理的产业结构和消费结构，同时，城镇化建设的速度不断加快，城乡居民人均可支配收入持续增长，生活水平有了很大提高。这些发展和变化使人民群众对生活质量有了更高的要求。享受运动已成为人民群众的内在需求，体育在群众生活中将发挥越来越重要的作用。经济社会的发展为体育的进一步发展奠定了坚实的基础，创造了更加必要的环境和条件，从而极大地推动了全民健身运动的发展。

随着人们生活水平的不断提高，以及带薪休假等法律法规的日益规范，人们对工作和休闲的观念也发生了转变。人们承受的工作压力越来越大，在这种情况下，健康和健身成为适应高强度工作压力的基本要求和重要保证。通过健身来保持身体健康，进而实现生活质量再提升的理念已经被越来越多的人认同。在这种理念下，全民健身、休闲体育将成为我国医治“文明病”“办公室疾病”“肌肉饥饿与运动不足病”等的良方。全民健身在人们日常生活中越发重要，同时在体育文化的塑造当中扮演着越来越重要的角色。

（二）全民健身的科学性、实效性和普及性将成为各级政府体育工作新的目标和重点

全民健身不仅有助于小康社会的全面建成，也有助于社会的稳定和谐发展。国家体育总局等部门表示，全民健身工作既必须坚持以党和政府的中心

任务为核心，以国家经济发展大局为重，立足于现实需要，又要充分考虑到我国的现实国情，在改革中不断修正自我。各级人民政府要积极引导和支持群众体育发展，从政策、人力资源等层面提供强有力的保障，发动全社会的力量，并加强对群众体育发展道路的积极探索；所有工作的立足点和最终目的都要放在满足人民群众对体育健身的需求上，引导大家重视体育健身活动，使自身的健康水平得到有效提升；在政策的制定和实施过程当中必须以人为本，对民生给予更多的关注，将人民群众的满意度作为衡量工作好坏的标尺。

为了实现上述目标，国家体育总局认为，应当在对我国全民健身发展的实际情况进行深入研究的前提下开展全民健身工作，对以往所取得的成功经验进行总结，把握工作规律，破解发展难题，促进长远发展。因此，应当在全国开展全民健身现状调查，获得更为翔实的基础数据，从数据层面为更好地实施全民健身计划奠定坚实基础；开展全民健身状况、活动方式、喜爱项目、场地设施的调查研究，从而提供科学指导，解决突出问题；另外，开展全民健身效果以及全民健身组织的调查研究将成为未来全民健身发展研究的重要趋势。随着全民健身事业日趋成熟，人民群众体育锻炼方式将更加科学。

（三）全民健身事业重点是青少年，难点在农村，这将是实现体育强国建设的长期任务和社会责任

1. 全民健身事业重点是推动青少年体育高质量发展

青少年是国家的未来和民族的希望，推动全民健身可持续发展，首先要推动青少年体育发展。而推动青少年体育发展的关键是政策的有效保障。推动青少年体育发展政策主要来自中央重要会议、国务院、教育部、共青团中央和国家体育总局发布的纲领性文件和指导性意见。在改革开放 40 多年的发

展中，党和政府陆续出台了一系列青少年体育发展的相关政策，作为推动青少年体育发展的重要抓手、措施实施的重要保障，是促进青少年体育发展的风向标。从我国推动青少年体育发展相关政策演进历程来看，主要经过了政策恢复与发展（1978—1992 年）、政策规范与完善（1993—2006 年）、政策深化与扩展（2007 年至今）三个阶段。其中，自 2007 年至今，国务院、教育部、国家体育总局等部门颁布了一系列推动青少年体育发展的相关政策，并深化政策内容、扩展执行方式，要求各个领域协同发展，建立学校体育工作的长效机制，特别是 2020 年 4 月中央全面深化改革委员会审议通过的《关于深化体教融合促进青少年健康发展的意见》，为学校体育的发展指明了新的方向，并于 2020 年 10 月颁布《关于全面加强和改进新时代学校体育工作的意见》，从深化教学改革、全面改善办学条件、积极完善评价机制、切实加强组织保障等方面对全面加强和改进新时代学校体育工作提出意见，将学校体育与增进青少年体质结合起来齐抓共管，将推动青少年体育发展事业上升到国家战略的高度（见表 1-1）。

表 1-1　2007—2022 年我国推动青少年体育发展的相关政策统计

时间	政策名称	政策要点	颁布机构
2007-05-07	《关于加强青少年体育增强青少年体质的意见》	围绕学校、体育与卫生，推动了“政府体制改革及实施——学校课改与考试、评价体系建立”，掀起了全国范围内学校体育改革与增强青少年体质的浪潮，推动了一系列学校体育政策的颁布	国务院
2010-06-21	《国家中长期教育改革和发展规划纲要（2010—2020 年）》	要把促进学生成长作为学校一切工作的出发点和落脚点，再一次明确把学校体育放在更加突出的位置，把“加强体育，牢固树立健康第一的思想，确保学生体育课程和课余活动时间”作为战略主体，促进学生健康成长，并规定“保证学生每天活动一小时”	国务院

续表

时间	政策名称	政策要点	颁布机构
2011-02-15	《全民健身计划(2011—2015年)》	切实加强青少年体育。全面实施《国家学生体质健康标准》。广泛开展“全国亿万学生阳光体育运动”。建立和完善学校、社区、家庭相结合的青少年体育网络与联动机制	国务院
2013-02-18	《关于加强全国青少年校园足球工作的意见》	切实提高全国青少年校园足球活动的质量和水平，促进青少年学生健康成长	国家体育总局、教育部
2014-10-20	《关于加快发展体育产业促进体育消费的若干意见》	保障中小学生体育课课时，鼓励实施学生课外体育活动计划，促进青少年培养爱好，掌握1项以上体育运动技能，确保学生校内每天体育活动时间不少于1小时	国务院
2016-04-21	《关于强化学校体育促进学生身心健康全面发展的意见》	明确指出把青少年健康和学校体育纳入地方政府的绩效考核指标	国务院
2016-06-23	《全民健身计划(2016—2020年)》	将青少年作为实施全民健身计划的重点人群。大力普及青少年体育活动，提高青少年身体素质	国务院
2016-10-19	《关于加强儿童青少年近视防控工作的指导意见》	为有效控制我国儿童青少年近视发病率，提高儿童青少年视力健康水平，就加强儿童青少年近视防控工作提出指导意见	国家卫生计生委办公厅、教育部办公厅、国家体育总局办公厅
2016-10-25	《“健康中国2030”规划纲要》	实施青少年体育活动促进计划，培养青少年体育爱好，基本实现青少年熟练掌握1项以上体育运动技能的目标，确保学生校内每天体育活动时间不少于1小时	国务院

续表

时间	政策名称	政策要点	颁布机构
2017-02-03	《关于推进学校体育场馆向社会开放的实施意见》	进一步深化学校体育改革，强化学生课外锻炼。积极推进学校体育场馆向学生和社区开放，有效缓解广大青少年和人民群众日益增长的体育健身需求与体育资源供给不足之间的矛盾。促进全民健身事业的繁荣发展	教育部、国家体育总局
2017-11-28	《青少年体育活动促进计划》	以“强化体育课和课外锻炼，促进青少年身心健康、体魄强健”为根本宗旨。坚持政府主导、部门协作、社会参与，建立和完善有利于青少年体育活动开展机制，引领促进青少年体质健康的新实践	国家体育总局、教育部、中央文明办、国家发展改革委、民政部、财政部、共青团中央
2016-09-05	《青少年体育“十三五”规划》	从发展基础与机遇、总体要求、主要任务、保障措施、组织实施等五个方面，提出加强青少年体育公共服务体系、强化竞技体育后备人才培养，促进青少年体育发展	国家体育总局
2019-03-22	《2019 年全国青少年体育活动计划》	青少年体育活动可利用寒暑假、节假日及其他时间开展，其赛程、内容等设置要充分体现青少年特点，既为青少年提供公平、有序的竞赛平台，又进一步丰富青少年的假期生活，让青少年体验体育竞赛的乐趣，感受到体育运动的魅力和参与运动的价值	国家体育总局办公厅、教育部办公厅
2020-04-27	《关于深化体教融合 促进青少年健康发展的意见》	深化体教融合促进青少年健康发展，要树立健康第一的教育理念，明确了“体教融合”是学校体育发展的方向	中央全面深化改革委员会
2020-08-31	《深化体教融合促进青少年健康发展意见》	加强学校体育工作、完善青少年体育赛事体系、加强体育传统特色学校和高校高水平运动队建设、深化体校改革、规范社会体育组织、大力培养体育教师和教练员队伍、强化政策保障、加强组织实施	国家体育总局、教育部

续表

时间	政策名称	政策要点	颁布机构
2020-10-15	《关于全面加强和改进新时代学校体育工作的意见》	从不断深化教学改革、全面改善办学条件、积极完善评价机制、切实加强组织保障等方面，对全面加强和改进新时代学校体育工作提出意见	中共中央办公厅、国务院办公厅
2021-07-18	《全民健身计划（2021—2025年）》	深化体教融合，实施青少年体育活动促进计划，推进青少年体育“健康包”工程	国务院
2021-10-08	《“十四五”体育发展规划》	加强体教融合，促进青少年体育健康发展	国家体育总局
2022-06-24	《体育法》	国家优先发展青少年和学校体育，坚持体育和教育融合，文化学习和体育锻炼协调，体魄与人格并重，促进青少年全面发展	全国人民代表大会常务委员会

2. 全民健身事业重点难点在农村

党的十六届五中全会于2005年10月正式通过了《中共中央关于制定国民经济和社会发展第十一个五年规划的建议》，其中明确指出：“建设社会主义新农村是我国现代化进程中重大的历史任务。”新中国成立以来，在各级政府的关心和重视下，农村体育事业有了较大发展。[①] 由于传统观念的影响，人们的健身意识并不强。尤其是在广大农村地区，人们最关心的是自己和家庭的利益，而忽视了自己的身体健康，甚至有些农民从未听说过全民体质监测。因此，迫切需要增强人们的健身意识，树立正确的全民运动健康理念。目前，要充分利用电视、广播、报纸等媒体宣传健康健身的意义，鼓励人们把时间、精力和金钱投资于自己的身体。虽然最近20年的全民健身活动在全国范围内取得了可喜的成绩，但是在循序渐进的过程中也出现了很多问题，比如，城

① 齐新．北京奥运会后中国全民健身运动的探究[D]．兰州：兰州理工大学，2011.

乡间的体育资源分配、发展不平衡，缺少专业的社会体育指导员等。而导致城乡差距的主要原因是，农村体育场地设施普遍匮乏、体育组织建设滞后以及人民的健身意识不强等。因此，要想改变城乡健身事业发展不均衡的现状，关键在于解决好上述问题。自1996年起，国家体育总局开始加大健身活动器材在城乡社区的投放力度，开展全民健身路径工程。近年来，我国越来越重视此项工程。由此促进我国农村地区逐步建立起较为完善的健身路径，形成较为科学合理的布局，但是其中依然暴露出很多不足，比如器材老化损坏问题较为严重，需要加大维修和保养力度。大部分农村用户为中老年人，锻炼的时间多集中在早上或傍晚，但是，在锻炼方法上不够科学和专业。农村健身路径未得到高效利用，在健身指导方面有所缺失。尽管1995年全民健身计划在全国开展，但由于经济、知识等因素的影响，健身活动的开展呈现出明显的地域差异。相关专家学者调查发现，城市开展群众健身活动的情况好于农村，经济发达地区和东部地区开展群众健身活动的情况好于经济欠发达地区和西部地区，如作为农村全民健身重要组成部分的公共体育服务供给面临的突出矛盾，严重制约了农村全民健身活动的广泛开展。

当前我国农村公共体育服务供给还存在一定的缺陷，即农村日益增长的体育健身旺盛需求与薄弱的公共体育服务物质基础和紧缺的体育公共资源之间的矛盾。[①]究其原因，我国农村得不到相应的公共体育服务供给的保障和福利，就会产生相对剥夺感，进而对全民健身背景下的休闲体育发展产生怀疑。相关部门在农村体育、文化、教育等基础设施建设方面投入不足，是造成农民文化素质偏低，制约全民健身发展的主要因素。

另外，受传统文化因素的影响，农村体育的功能被削弱。中华民族悠久的历史积累起来的传统文化（包括传统体育文化）对农民体育活动内容选择

---

① 郑卫民，任保国，刘德新. 新时期城市社区体育公共服务供给问题探索[J]. 体育与科学，2012，33（1）：87-91.

及健身思想意识的形成产生了深远的影响①，主要表现为：第一，和为贵、轻竞争。体育是没有硝烟的战争，只有竞争才能体现其价值。在儒家中庸思想“和”的影响与支配下，人们在体育运动中的创造力受到严重限制，淡化了人们在体育运动中的竞争意识。第二，重文轻武。重文轻武的思想从汉代开始，随着“万般皆下品，唯有读书高”等崇拜和追逐权力的扭曲的人生观和价值观的发展愈演愈烈，读书做官成为人们的终生奋斗目标，对科学技术以及生产力的发展造成了巨大的阻碍和伤害，体育活动为士大夫所不齿。

新中国成立后，随着《准备劳动与卫国体育制度》等一系列政策的实施，人们对体育健身的认识有了很大改变，但是“体力劳动就是体育锻炼”等根深蒂固的传统思想还普遍存在，不是一朝一夕就能改变的。特别是在我国经济文化生活相对落后的农村，受时间、技术、条件等方面的制约，农民群众大多没有体育意识，体育健身开展还比较困难，这将影响全民健身事业的高质量发展。从影响农民健身活动因素的调查情况看，经济状况不允许是影响农民全民健身活动最主要的因素，缺乏组织和没有合适的场地也是影响农民健身活动比较重要的因素。有关专家提到，目前农民健身意识差、对体育锻炼缺乏兴趣、农村全民健身宣传力度不够、社会体育指导员缺乏等也是影响农民健身活动重要的因素。

综上，大部分不参加健身活动的村民是因为经济状况不允许、没有合适的场地、缺乏组织或没有时间等。在农民健身计划的实施过程中，经济因素是影响其实施效果的关键因素之一。因此，要完善农村健身设施、健全农村健身组织网络、开展农民健身活动，把全民健身公共服务与旅游观光有机结合起来，积极构建“以农民为中心”的全民健身公共服务体系，在辐射农村、服务农民方面实施“三个一”工程：每个村建一个农民体育健身工程，每个

---

① 钟赋春．影响农村乡镇体育发展的因素及对策研究 [J]．武汉体育学院学报，2006（10）：11-14.

村培训一名体育骨干，每个社区落实一批社会体育指导员。这是实现全民健身事业的重要保障。①

（四）建设和开放并举，成为全面提升我国公共体育设施建设水平的方向

一直以来，我国公共体育设施建设以全民健身工程为重点，在建设全民健身工程的过程中既要结合实际又要注重开拓思维，以更好地建设农民体育健身工程、丰富路径工程器材种类，探索路径工程创新发展之策，深入贯彻实施各项“雪炭工程”等重大项目，加强对体彩公益金使用和全民健身工程器材质量的监督管理，使我国公共体育设施建设水平再上新台阶。

《中共中央　国务院关于进一步加强和改进新时期体育工作的意见》指出：“学校、事业单位、企事业单位的体育设施要实现社会共享。”这说明学校体育在公民体育发展过程中应当发挥资源优势，但事实上，学校体育设施向社会开放会面临一些问题，但只要利用得当，不仅能满足学校教学的需要，还能够缓解社会公众体育设施缺乏的现状，进一步推进学校体育设施的改革。根据第六次全国体育场地普查数据公报，在中国现有的 984160 个体育场馆中，体育系统内有场馆 21652 个，占体育场馆总数的 2.2%；教育系统中有 645609 个，占体育场馆总数的 65.6%。据统计，截至 2022 年底，全国共有体育场地达 422.68 万个，体育场地面积 37.02 亿平方米，人均体育场地面积 2.62 平方米，相比 2021 年均有明显增加。②但相较于英国、美国、日本等发达国家的人均体育场地面积（＞ 10.00 平方米），我国体育场地设施人均占有量仍处于发展初级阶段。

虽然我国的体育场馆规模数量较大，但是从比例上来看，学校体育设施的数量要远远多于社会公共体育设施，因此，有必要加大学校体育设施对社

① 明丹，王小欧 . 全民健身，让生活更精彩 [N]. 咸宁日报，2009-03-24（2）.

② 隔超，谢洪伟 . 健康中国行动下我国体育场地设施有效供给的整体性治理策略究 [J]. 山东体育科技，2022，44（3）：1-6.

会的开放力度，以缓解我国人均体育场地不足的局面，同时有助于更加高效地利用公共体育设施。

（五）社会化成为全民健身事业的一条必由之路

在现代社会中，体育健身是一种重要的社会现象，作为文化和福利水平的指标之一，影响着社会生活的各个方面且意义重大。为了揭示体育在个人和社区生活中的社会功能，实现全民健身的目标，有必要对体育的社会维度进行探索。随着教育水平的提高，体育健身在社会化进程中显示出重要意义。这与个人的教育状况成正比。通过研究与体育健身密切相关的社会制度、事实和事件，能更容易理解其重要性及其维度。

健身的社会维度包括家庭、教育、文化、经济等社会机构的社会维度，这些都向我们展示了健身运动与社会制度和社会生活的紧密联系。现代社会生活中，体育健身在个人的健康、幸福和成功方面发挥着重要作用。一方面有益于个人健康，另一方面能够引导社会全员关注健康，从而构建更加健康的社会。因此，了解体育健身最普遍的社会目标，共同营造一个具有建设性、创造性、竞争性、生产性的高水平文化的现代社会，是全社会的义务和责任。

（六）政策是推动全民健身发展的重要保障

全民健身是促进体育事业高质量发展的桥梁和纽带，党和国家对全民健身高度重视。随着《全民健身计划（2016—2020 年）》《“健康中国 2030”规划纲要》等多项纲领性政策的实施，特别是中共中央、国务院在致巴西里约奥运会中国体育代表团的贺电中提出“进一步激发广大人民群众支持和参与体育运动的热情，带动群众体育普及开展，促进全民健身和全民健康深度融合，积极推进健康中国建设”以来，《全民健身计划（2021—2025 年）》更加从加大全民健身场地设施供给、广泛开展全民健身赛事活动、提升科学健身指导服务水平、激发体育社会组织活力、促进重点人群健身活动开展、推动体育产业高质量发展、推进全民健身融合发展、营造全民健身社会氛围 8 个方面提出了促进全民健身更高水平发展，更好满足人民群众的健身和健康需求的主要目标任务。①

《中华人民共和国国民经济和社会发展第十四个五年规划和 2035 年远景目标纲要》《“十四五”体育发展规划》明确提出了“完善全民健身公共服务体系、全民健身水平达到新高度”的战略任务。党的二十大报告强调，广泛开展全民健身活动，“加强青少年体育工作，促进群众体育和竞技体育全面发展，加快建设体育强国”，提出繁荣发展文化事业和文化产业的新时期的目标任务。新修订的《体育法》将全民健身单独列为一章，全民健身国家战略也写入新修订的《体育法》，从时代性、人民性与进步性角度明确了国家实施全民健身战略②，对于构建全民健身公共服务体系，鼓励和支持公民参加健身活动，促进全民健身与全民健康深度融合具有重要的意义。③

第三节　全民健身服务体系及结构

一、全民健身服务体系概念的产生过程

全民健身服务体系关系到广大群众身心健康和幸福指数提升，是综合国力提升和社会文明进步的重要指标，是实现体育强国建设的重要内容。④自国

① 丁东 . 广泛开展全民健身活动积极助力健康中国建设 [J]. 健康中国观察，2022（7）：16-19.

② 田思源，宋雅馨 . 新《体育法》的时代性、人民性与进步性 [J]. 北京体育大学学报，2023，46（5）：6-15.

③ 张巍，邓博夫，成波锦，等 . 中国城镇住户家庭体育消费研究：经验证据、影响因素与政策意涵 [J]. 中国体育科技，2022，58（9）：71-79.

④ 郭胜蓝，张振龙 . 健康中国背景下全民健身路径现状 SWOT 分析 [C]// 中国智慧工程研究会，中国班迪协会，广东省体能协会 . 第十届中国体能训练科学大会论文集（中）. 太原：太原理工大学，2023：4.

务院颁布《全民健身计划（1996—2020 年）》以后，1996 年，著名学者董新光等明确提出：社会大众在全民健身体系日渐完善的情况下积极参与体育健身活动，既有助于提升我国国民的整体身体素质，还能够满足社会大众日益增长的体育健身需求。纵观我国体制建设的进程，全民健身体系属于其中不可或缺的构成部分。董新光等对健身体系的概念进行修正后指出：一般情况下，全民健身体系可以看作体育健身活动，能够吸引社会大众积极参与其中，是保障国民身体素质的强化系统，同时能够为参与者提供良好的体育健身活动环境，让其享受到更好的体育健身服务。① 罗旭认为，全民健身服务体系是体育健身服务的供给主体满足接受服务对象需求的互益过程中所采用的一切软技术和硬技术的集合体。全民健身服务体系的构建还有助于促进社会主义市场经济发展和完善社会功能，形成相对科学完善的社会化保障系统。②

综上所述，已有研究对全民体育健身体系的定义的相同之处是满足社会大众的体育健身需求、为全民健身提供保障体系。

二、全民健身服务体系研究现状综述

完善全民健身服务体系是加快推进体育强国建设，满足人民日益增长的美好生活需要，实现共同富裕的切入点和突破口。③ 在建设服务型政府的理念指导下，全民健身体系的概念应运而生。特别是从《全民健身计划（2011—2015 年）》《全民健身计划（2016—2020 年）》实施结束，再到《全民健身计划（2021—2025 年）》颁布实施，均对构建全民健身体系提出了明确要求，体系框架突出中国特色。在发展与演变过程中，我国全民健身体系并没有形成

① 董新光，于善旭，姚毓武，等. 关于全民健身计划的调查报告 [J]. 天津体育学院学报，1996（3）：14-20.

② 罗旭. 我国全民健身服务体系的理论与实证研究 [J]. 体育科学，2008（8）：81-96.

③ 李若洋，钟亚平，吴彰忠. 数字赋能全民健身高质量发展：基本内涵、逻辑理路与实践转向 [J]. 山东体育学院学报，2023，39（6）：11-18.

统一的模式，与其他西方国家全民健身体系相比，我国全民健身体系在诸多方面还有待进一步提升和完善。2022 年，《关于构建更高水平的全民健身公共服务体系的意见》指出，要“进一步发挥政府作用，激发社会力量积极性，优化资源布局，扩大服务供给，构建统筹城乡、公平可及、服务便利、运行高效、保障有力的更高水平的全民健身公共服务体系”，这为“十四五”时期构建更高水平全民健身公共服务体系研究提供了重要保障。① 目前关于全民健身服务体系的研究主要体现在以下几个方面：全民健身服务体系结构演进的研究；不同区域全民健身服务体系的现状调查与分析；全民健身服务体系管理模式和运行机制的研究；全民健身服务体系理论构建的网络系统化研究；全民健身服务体系评价指标的研究。

（一）全民健身服务体系结构演进的研究

全民健身是全面建成小康社会的有机组成部分，是实现全面建成小康社会的民心工程。肖林鹏提出全民健身服务体系是由满足全民健身需求的要素构成的有机整体，包括全民健身活动体系、全民健身组织体系、全民健身场地设施体系、全民健身信息体系、全民健身科学指导体系、全民健身资金体系、全民健身政策法规体系、全民健身监督反馈体系和全民健身绩效评价体系 9 个子系统。② 裴立新认为全民健身服务体系包括广义和狭义两种，广义的全民健身服务体系包括宣传系统、服务保障系统、工作保证系统、评估反馈系统、社会环境影响系统 5 个子系统；狭义的全民健身服务体系包括体育健身场地设施服务、体育健身组织服务、体育健身活动服务、体育健身指导服务、体育健身知识普及服务、体育健身体质监测服务、体育竞赛表演服务 7 个子

① 闫静，徐诗枧，温雨竹．共同富裕视角下构建更高水平全民健身公共服务体系的内涵阐释、现实挑战与路径推进 [J]. 体育学刊，2023，30（6）：31-39.

② 肖林鹏．论全民健身服务体系的概念及其结构 [J]. 西安体育学院学报，2008（4）：6-11.

系统。[1]随着《全民健身计划纲要》的实施，中国政府不仅首次确认“公民依法享有参与全民体育活动的权利”，而且要求地方政府设立专项预算。《全民健身计划纲要》对指导全民健身有着重要意义。[2]为此，罗旭根据《全民健身计划纲要》将全民健身划分为两期工程，每期工程分别分为三个阶段和两个阶段实施，为我国探索全民健身体系结构演进提供了清晰的线路图（见图 1-1）。[3]

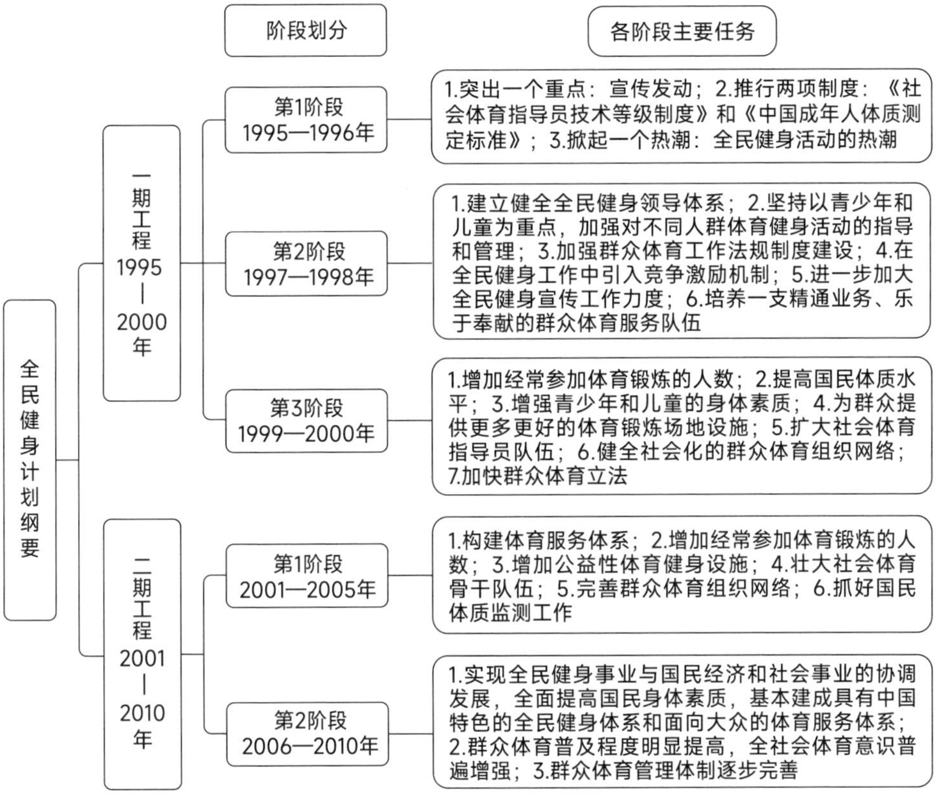

图 1-1　《全民健身计划纲要》下各个阶段全民健身工作计划和实施方案

---

① 裴立新．论全面建设小康社会的全民健康体系 [J]. 中国体育科技，2003，39（6）：7-10.

② 于善旭．中国政府对全民健身公共服务的法治推进 [J]. 成都体育学院学报，2012，37（1）：18-23.

③ 罗旭．我国全民健身服务体系的理论构建与运行机制研究 [M]. 北京：北京体育大学出版社，2011.

在“十二五”和“十三五”时期，全面落实《全民健身条例》《全民健身计划（2011—2015年）》《全民健身计划（2016—2020年）》《体育事业发展“十二五”规划》《体育发展“十三五”规划》等文件的要求[①]，全民健身公共服务水平显著提升，为推进健康中国和体育强国建设迈出新步伐。进入“十四五”时期，为了全面落实党的二十大报告提出的“广泛开展全民健身活动，加强青少年体育工作，促进群众体育和竞技体育全面发展，加快建设体育强国”目标和任务，《全民健身计划（2021—2025年）》《“十四五”体育发展规划》《“十四五”国民健康规划》《“十四五”时期全民健身设施补短板工程实施方案》等文件发布后，2023年国家有关部门相继出台一系列促进全民健身高质量发展的相关文件，如国家体育总局办公厅印发《2023年群众体育工作要点》、国家发展改革委等部门印发《促进户外运动设施建设与服务提升行动方案（2023—2025年）》、国家体育总局办公厅等部门印发《全民健身场地设施提升行动工作方案（2023—2025年）》、国家体育总局发布《关于以重大体育赛事为契机组织开展体育消费促进活动的通知》等，这些相关配套文件，将结合《体育法》《全民健身计划（2021—2025年）》《“十四五”体育发展规划》《“十四五”国民健康规划》《“十四五”时期全民健身设施补短板工程实施方案》等文件的贯彻实施，为促进全民健身高质量发展、构建更高水平的全民健身公共服务体系提供制度保障和重要支撑。

（二）不同区域全民健身服务体系的现状调查与分析

郑旗等通过对中西部地区城镇居民健身服务体系现状进行调查，发现中西部地区城镇有40%以上的居民居住地没有体育锻炼场所，约50%的居住地没有群众性健身组织，居住地没有组织过体育活动的比例超过六成，近40%

---

① 刘红建，孙庆祝，陈家起．改革开放以来我国城乡体育政策法规的变迁与启示：兼谈政策法规视角下城乡体育一体化发展[J]．西安体育学院学报，2013，30（2）：144-149.

的居民不知道《全民健身计划纲要》《体育法》等内容；不同文化程度、不同收入水平、不同单位、不同主观认知的居民，对健身服务体系建设的满意状况评价存在显著性差异①；城镇居民在服务体系、保障体系这两个因素的需求上有密切联系。郑旗等还建议，在西部大开发和中部崛起的进程中，必须把健身服务体系建设纳入社会经济发展的总体规划，真正实现全民健身服务体系的快速发展。②

罗飙在以河南省郑州市为中心的中原城市群城市全民健身开展状况调查的基础上，构建出了中原城市群城市全民健身服务体系的基本框架和具体内容，并提出中原城市群城市全民健身服务体系的建立，可以在一定程度上缓解中原城市群在开展体育活动过程中场地、器材、资金、指导人员不足的情况，加快了国家全民健身政策的宣传和实施，有效地促进了群众体育事业的发展。③芦平生提出西北少数民族地区受区域经济、教育、文化发展相对滞后影响，群众生活水平发展落差巨大，城乡差距很大，群众体育发展不平衡，全民健身服务体系有效供给相对匮乏，群众享有基本体育服务环境、程度、条件有着现实的差异。为此，西北少数民族地区全民健身服务体系应以“完善组织管理体系”“形成多元化融资渠道”“举办特色赛事与体育活动”“提供政策法规援助”和“建立评估表彰机制”为初始化建设目标，并形成以西北民族文化为基因，以人文地理环境为依托的全民健身工程。该研究旨在建立平等、团结、互助、和谐的民族关系，满足各民族群众日益增长的体育健身需要，进而全面提高各民族群众体质健康水平。④侯令忠认为，陕西省全民健

① 黄义军，翟东波．全民健身公共服务体系研究现状及发展策略 [J]. 西安体育学院学报，2017，34（2）：189-194，256.

② 郑旗，常乃军，李俊明．中西部地区城镇居民健身服务体系的发展现状及对策研究 [J]. 天津体育学院学报，2007，22（1）：16-19.

③ 罗飙．中原城市群城市全民健身服务体系现状研究 [D]. 开封：河南大学，2009.

④ 芦平生．西北少数民族地区全民健身服务体系构建问题的研究 [J]. 西安体育学院学报，2009，26（3）：311-316.

身工程建设部分缓解了群众对健身场地设施的需求，全民健身各级组织体系基本建立，促进了全民健身发展。①

侯颖慧就安徽省全民健身的开展现状进行调查，从政策、制度、组织、资金和人才保障等方面构建安徽省全民健身服务体系的框架，提出系统的构建策略，为“健康中国”战略目标的达成提供参考。②

由此可见，不同区域全民健身服务体系发展现状不同，体育强国建设中人民群众日益增长的体育需求与社会所能提供的体育资源相对不足的矛盾，仍是我国体育发展过程中的主要矛盾。③在全民健身领域，政府向全民健身提供公共服务体系的职能尚未充分发挥出来，离全民健身公共服务体系均等化的目标差距相当大，构建全民健身服务体系创新任务艰巨，加快完善全民健身服务体系，广泛深入开展全民健身活动，逐步推动公共体育设施以及学校体育场馆向社会开放，重点支持西部地区全民健身服务体系创新建设，提高服务质量和管理水平，进一步增强全民身体素质是建设体育强国的当务之急。

（三）全民健身服务体系管理模式和运行机制的研究

罗飙系统地总结了我国全民健身服务体系的基本理论和运行机制，提出了全民健身服务体系运行机制具有运作主体的多元化、运作方式的非强制性、运作手段的多样性、服务对象的广泛性等基本特征，并从动态方面规范服务提供主体的管理行为，指出在我国全民健身服务体系激励机制尚未形成举国化制度、控制机制缺乏行业规范和质量控制标准、适应机制的自我造血功能不足、投资主体的多元化体制尚未形成。建议全民健身服务体系管理模式和运行机制的研究应遵循管理的分权化与社会化的“多中心治理”模式，

---

① 侯令忠．陕西省全民健身服务体系现状调查与对策研究 [J]. 西安体育学院学报，2010，27（2）：166-173.

② 侯颖慧．安徽省全民健身服务体系的构建研究 [J]. 体育科技，2020，41（2）：34-35.

③ 刘蕾．湖北省农村体育公共服务建设现状调查研究 [D]. 武汉：华中师范大学，2013.

积极培育全民健身市场，引导和刺激大众的体育健身消费应摆上重要的议事日程。①

武会利提出公益性全民健身服务体系建立与运行机制应从投入与融资机制、资源整合机制、法规保障机制等不同层面保障“体系”的有效运行；应逐步形成“政府支持、各方协作、社团管理、市民参与”的公益性全民健身服务体系社会化管理模式。②

杨鸣亮在对泸州市全民健身服务体系框架、管理模式和泸州市全民健身服务体系“一体两翼”运行机制等进行研究的基础上，提出了西部中小城市全民健身服务体系矩阵结构管理模式和与矩阵式结构的服务体系相适应，运行机制可用增加体育人口为目标的“环形”模式代替“一体两翼”运行模式③，如图 1-2 和图 1-3 所示。

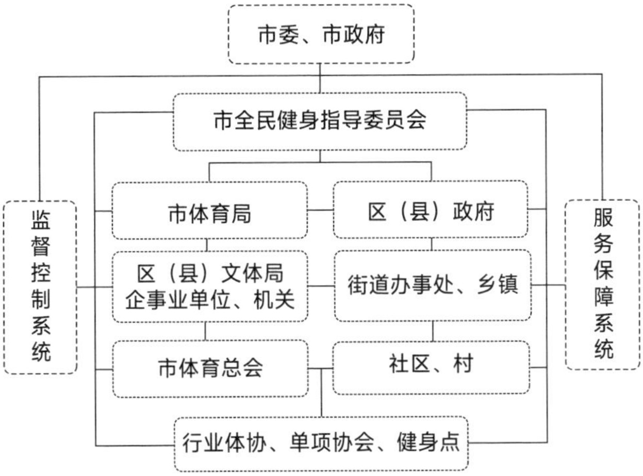

图 1-2　西部中小城市全民健身服务体系矩阵结构管理模式

① 罗飙．中原城市群城市全民健身服务体系现状研究 [D]. 开封：河南大学，2009.

② 武会利．公益性全民健身服务体系的建立与运行机制研究 [D]. 湖北：武汉体育学院，2009.

③ 杨鸣亮．西部中小城市全民健身服务体系发展现状与对策研究：以四川省泸州市为个案 [C]// 国家体育总局，中国体育科学学会．全民健身科学大会论文摘要集．广汉：中国民航飞行学院，2009：312-314.

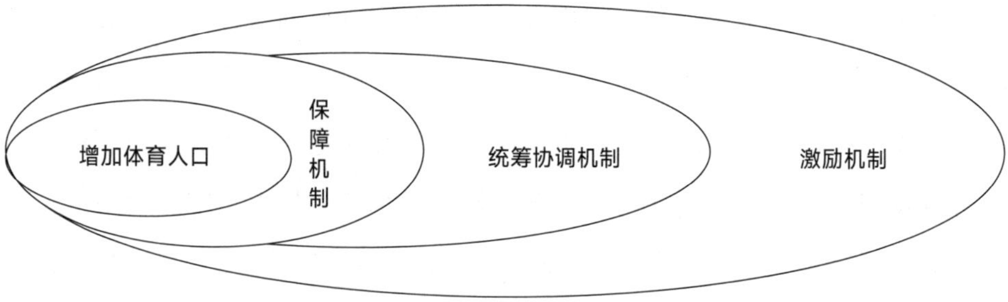

图1-3 西部中小城市全民健身服务体系“环形”运行机制

（四）全民健身服务体系构建的网络系统化研究

全民健身服务体系网络系统化是公众参加健身活动的必要条件和重要保障。全民健身服务体系网络系统化能有效整合现有的服务资源，提升全民健身公共服务供给的质量和效率。李建国针对社区体育服务的滞后现象，从理论上阐明全民健身服务的重要意义和服务网络的基本架构，以及服务的基本模式，根据社区全民健身服务网络的理论框架提出全民健身服务体系网络系统化发展的新思路。[①]张宏分析了“四大网络”全民健身服务体系概念的形成、体系的结构和特点，并构建了广东特色的“四大网络”全民健身服务体系结构。[②]范振国和张宏分析了广东省群众性体育活动网络建设的情况，提出了开展大型群体活动、实施精品工程战略、大力建设城乡社区体育文化和乡镇体育文化设施、建立健全群众体育文化社团组织是广东省群众性体育活动网络建设重要内容的设想。[③]

① 李建国．社区全民健身服务网络的理论框架 [J]. 上海体育学院学报，1999，28（4）：42-45.

② 张宏．广东省“四大网络”全民健身服务体系的研究 [J]. 军事体育进修学院学报，2009，28（3）：28-31.

③ 范振国，张宏．广东省构建全民健身服务体系中群众性体育活动网络的研究 [J]. 山东体育学院学报，2007，22（2）：27-30.

（五）全民健身服务体系评价指标的研究

《全民健身计划纲要》《全民健身计划》的实施是全面开展全民健身活动，落实全民健身服务体系的指导性文件，其评价指标也可作为全民健身服务体系创新评价体系的参考目标之一。李鹏等研制出我国城市社区实施《全民健身计划纲要》的评价指标，力求使评价指标科学可量化，真正让《全民健身计划纲要》的实施流程数字化，以高质量推动全民健身服务体系建设（见图 1-4）。[①]

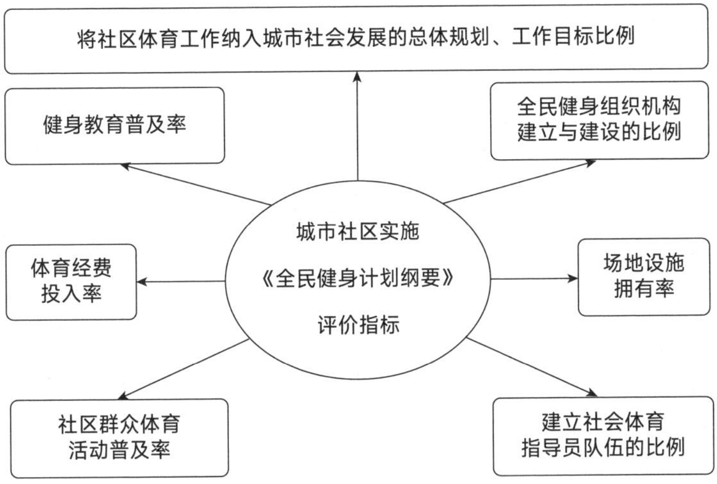

图 1-4　城市社区实施《全民健身计划纲要》评价指标

周德书等通过对小康地区全民健身服务体系检测的准则与方法进行研究，探讨了小康地区构建全民健身服务体系检测指标的要素，为突破现有全民健身服务体系研究单维度的评价视角、静态化评价全民健身服务体系要素、线性化评价全民健身服务体系维度提供参考，推动了全民健身公共服务体系的构建。[②]

---

① 李鹏，韩佐生，张震南，等. 我国城市社区实施全民健身计划纲要评价指标 [J]. 广州体育学院学报，1998，18（3）：8-11.

② 周德书，练六英，刘莹. 小康地区全民健身服务体系检测的准则与方法 [J]. 武汉体育学院学报，2005，39（10）：59-63.

郑进军认为全民健身服务体系创新是一个复杂的系统工程，其评价指标的设计与目标框架构建的完善与否、公民体育健身权利的实现程度、政府主导力量和工作绩效如何，需要借助科学手段加以衡量和评定。① 谢正阳运用文献资料法、特尔斐法、数理统计法等研究方法，根据全民健身公共服务评价指标体系的设计原则、指标选取的依据、构建指标体系的基本条件，确定了评价指标体系及其权重，制定了综合评价指标体系量表，得出了评价指标体系中若干核心指标的量化标准及基本数量底线，并提出了全民健身公共服务综合评价方法。②

（六）全民健身公共服务发展策略研究

房斌分析了我国全民健身公共服务体系构建实践中存在的问题，提出了充分体现公益性、社会性和多元化的全民健身公共服务体系构建的发展路径的实现策略。③ 王小宁和练碧贞从建立健全全民健身公共服务法规制度、深化管理体制改革、加强政府部门与社会组织协调联动、抓住主要矛盾和深化全民健身公共服务供给侧结构性改革等方面提出促进后疫情时代全民健身公共服务体系发展的策略。④ 王先亮等从调整结构，优化全民健身公共服务政策工具，协同共治，打造全民健身公共服务政策效能共同体，精准智治，推进全民健身公共服务政策供给的多维度提出驱动更高水平全民健身公共服务体系建设的策略。⑤

---

① 郑进军．全民健身社会评价指标体系的研究 [D]．长沙：湖南师范大学，2007.

② 谢正阳．全民健身公共服务评价指标体系探析 [J]．体育与科学，2013，34（1）：86-93.

③ 房斌．全民健身公共服务体系构建的发展路径及对未来发展趋势的探究 [J]．体育与科学，2011，32（5）：44-48.

④ 王小宁，练碧贞．后疫情时代全民健身公共服务体系发展策略研究 [J]．沈阳体育学院学报，2022，41（5）：64-68，88.

⑤ 王先亮，马超，石振国．更高水平全民健身公共服务体系建设的政策供给研究 .[J]．沈阳体育学院学报，2023，42（3）：9-15，55.

三、全民健身服务体系的概念

（一）全民健身服务体系的含义

在阐述全民健身服务体系的定义之前，需要对全民健身、全民健身服务以及全民健身服务体系这三方面有一个正确的认知。著名学者董新光提出：全民健身在发展过程中已经演化为群众体育，也就是说，全民健身的定义与群众体育的含义是有相似性的，都是指社会大众利用闲暇时间自主参与强身健体体育活动，以满足其身心需求的体育活动。通常所说的体系，是由若干与其相关的事物组合而成的关联结构，各因素之间既相互制约又有机统一，其定义为：由两个及以上相互关联的事物组成，既可以协同合作又相互制约。全民健身的服务质量高低，在很大程度上决定了公共体育服务体系的完善与否。

公共体育服务的本质就是在确保公共体育需求得到充分满足的基础之上，将不同的公共体育物品提供给社会大众。就现阶段而言，根据服务目的的差异，可以将其分为体育健身服务、医疗服务及休闲娱乐服务等三类。① 在我国公共体育服务框架中，最主要的构成内容就是全民健身服务。因此，全民健身服务就是以满足社会大众健身需求为主要目的的公共体育服务，是公共体育服务体系中的一种形式。按照常见的形式来划分全民健身服务体系，有以下几个方面内容：第一，体育医疗形式；第二，体育康复形式；第三，体育培训形式；第四，体育表演服务形式；第五，体育场地设施服务形式；第六，体育政策法规服务形式；第七，体育信息服务形式；第八，体育科研服务形式。前文提到的公共体育物品，指的是全民健身服务涉及的公共物品：第一，全民健身政策法规；第二，全民健身工程；第三，全民健身科研；第四，全

① 肖林鹏．论全民健身服务体系的概念及其结构 [J]．西安体育学院学报，2008（4）：6-11.

民健身信息服务等。而公共混合物品指的是有偿服务，主要为公共体育场馆以及定向群体运动场所服务。①

这里提到的公共体育服务体系是基于社会大众体育需求，由多个要素组成的全民健身服务体系。从概念方面来看，公共体育服务体系从属于公共服务系统，也就是说，全民健身服务体系是为了使社会大众健身需求得到满足而构建的多元化体育要素的有机统一体。

从特定时期的特定概念中能够分析出当时的社会经济状态与社会发展状况。全民健身体系的构建是为了促进体育、国民经济与社会企业三者之间的协调统一发展，从而实现国民整体身体素质水平的提升，同时，要确保全民健身体系的多元化发展与小康社会经济环境相契合。全民健身体系是基于服务型政府建设的背景形成的，相较于全民健身体系，全民健身服务体系的概念更为清晰，功能与作用也更加重要。

（二）全民健身服务体系的特点

全民健身服务体系构建的目的是由其自身的性质决定的，即为社会大众提供参与度较高的全民健身环境和条件、多元化发展健身服务，确保健身服务时效性，以社会大众的整体需求为主提供高质量的健身服务。

1. 全民性

随着高质量全民健身服务体系的推广，人们对全民健身服务体系关注与了解的需求有所增加，全民健身服务体系构建关注的全民性服务范围需要进一步拓展。顾名思义，全民健身服务体系服务的对象是全民，确保社会大众都能享有体育权利，满足社会大众日益增长的健身需求。侧重点在社会基层、欠发达地区，要确保每一名社会大众都可以拥有平等参与体育活动的权利，逐渐缩小各区域健身需求的差异。

① 谢正阳．全面建设小康社会目标中的苏南地区全民健身体系研究 [D]. 苏州：苏州大学，2010.

2. 服务性

以满足社会大众健身需求为核心，构建多元有机要素形成的统一机制，为社会大众提供健身环境与条件的体系，就是全民健身服务体系。由此不难看出，全民健身服务体系的核心是服务，以社会大众的健身需求为导向，为其创造必要的条件，最大限度保障社会大众公平参与健身活动的权利。尤其是全民健身公共服务数字化转型是服务性的必然趋势，对实现健康中国战略以及构建以人民为核心的更高水平全民健身公共服务体系具有重要社会价值。

3. 公益性

在诸多公益事业中，全民健身是非常典型的一种，能够为社会大众提供常规的公共体育用品和体育混合型产品。但是，全民健身具有非营利性。公共体育服务整体的工作流程都应秉承公益性原则，其投资、运营及管理方面的资金问题应属于财政拨款范畴。全民健身服务体系的公益性是我国《全民健身计划纲要》实施过程中的一个新概念，全民健身服务体系公益性发展已成为我国全民健身高质量发展的必然趋势。因此，实现全民健身服务体系的公益性，不仅有利于全民健身计划向纵深推进，也是实现构建更高水平全民健身服务体系的重要内容之一。

4. 多样性

每一名社会大众都有自己的健身需求，这就要求全民健身服务体系必须为社会大众提供多元化的服务。那么，在完善全民健身服务体系相关功能时，要从多个方面进行考量，不仅要考虑场地设施、基础设施等物质需求，还需要考虑信息查询、法律法规等方面的内容。新时代，随着我国社会、经济、文化、体育等领域发生深刻变化，精准把握全民健身服务体系的多样性特征，在国家推动全体人民共同富裕的背景下，逐步完善全民健身服务体系，促进全民健身公共服务体系优质均衡可及，成为构建更高水平全民健身公共服务体系的首要目标和重点任务。

5. 民本性

社会大众的健身权益、切身利益是全民健身服务体系的关注重点，在贯彻与落实的过程中需要秉承以人为本的理念，让社会大众主动参与到体育活动中。如果要普及推广全民健身服务体系，还需要确保此项工作在社区的落实，满足最广泛社会大众的健身需求。因此，要实现全民健身服务体系的民本性，要善于借助市场的力量，利用数字化、人工智能、元宇宙等科技手段构建更高水平的全民健身公共服务体系，创新更加适应“场景社会”“缩时社会”“分众社会”“异步社会”背景下的全民健身公共服务体系，最终实现民本性双赢。

第四节　健身路径的兴起与发展

室外健身路径是指在社区、公园等公共场所设置的，供民众健身、娱乐使用的一系列体育器械，通常称为室外健身器材、小区健身器材等。新中国成立后，大众体育运动日益受到政府重视并全面开展起来。国家体育总局为了实施全民健身计划，推动城乡居民健身活动的开展，在全国许多社区、公园内建设了大量的全民室外健身器材。这种全民健身路径是与我国社会健身活动设施相适应的。

一、健身路径的定义

20 世纪 80 年代，西方发达国家兴起了健身活动，在绿地广场、公园、河边等地方可以看到不同种类的运动、健身器材，设施与设施之间会有连通的小路，这样的路径被称作健身路径，也有地方把它们称作多功能健身路径。通常情况下，每一种健身设施或器材上都有详细的标注，方便人们了解设施、器材的名称以及使用方法，同时会标注该设施、器材的健身功能和使用过程中的注意事项等。为了方便人们理解，还会在设施、器材上绘制动作图像以及热量消耗情况等，不同的建设设施、器材采用的制作材质也不尽相同。

20 世纪末期，《关于 1996 年度体育彩票公益金用于实施全民健身计划的通知》颁布之后，公益金中的 60% 用于全民健身工程，另外还辅之以资助及援建等多种形式，在全国范围内兴起公益性的全民健身场地设施工程建设工作，主要分为四种类型：第一，全民健身路径工程；第二，全民健身活动中心；第三，雪炭工程；第四，全民健身活动基地。工程场地通常会选择在室外，以公园、社区为主，会有基础体育配套设施和健身器材，在建设方面体现出因地制宜的建设原则，工程集趣味性、健身性与科学性于一身。器材的排列分布要科学合理，易于操作，针对不同身体部位的锻炼需求设置不同类型的健身器材，符合社会大众的健身需求。在工程建设过程中还要注重健身路径的建设，完善球类场地、体质测试器材等设施。

二、全民健身路径的兴建

随着人们空闲时间的增加，经常锻炼的人数也在增加。传统、单调的体育锻炼方法和相对匮乏的健身设施远远不能满足人们的体育锻炼需求。回归自然已成为一种需要，人们开始从室内家用健身器材转向室外运动。但是由于经济条件的限制，他们通常没有在消费者俱乐部参加体育活动的经济能力。因此，近在咫尺且无须花钱的健身路径成为他们的健身首选。

在借鉴西方国家社会大众健身经验的基础之上，我国首条健身路径在广州天河体育中心开建。在健身路径建成之际，社会大众对体育锻炼的热情高涨，在一定程度上满足了社会大众日益增长的健身需求，同时解决了因场地、设施不完善而无法满足社会大众健身需求的矛盾。同时，体育健身在城镇中掀起新的高潮，甚至有些地区出现体育器材、运动设施供不应求的现象。建设路径最大的作用就是能够让原本对体育锻炼、体育健身不感兴趣的大众积极主动地参与到路径活动中，也可以说，是全民健身路径的出现为其日后的发展奠定了基础，让更多的社会大众加入全民健身计划当中。

三、全民健身路径建设的发展

近几年，健身路径发展态势较好，在积极发展动态下需要不断更新思路和理念，制定新措施和新办法，才能实现创新发展。从我国当前的建设路径来看，主要满足的对象大致分为两类：一是中老年锻炼人群；二是少年儿童锻炼人群。基于这一情况，未来要重点开展人性化、多元化以及个性化体育设施与器材的工程建设工作，使其服务能够惠及更多的年轻人。城市发展会越来越多元化和规模化，农村发展会以小型化和多元化为主。目前，健身设施已成为社区建设中的标准配套设施，所以，建设路径需要综合考虑多个方面因素，例如健身路径整体的外观情况、设施器材的造型问题、健身路径的多元化功能等。按照当前的发展形势来看，需要尽快制定出与之相适应的管理举措。

第五节　全民健身社会评价指标体系的构建

我们可以从全民健身社会评估指数中看出全民健身对社会发展的影响。只有确保市场经济持续发展，才能更好实现社会发展的终极目标，以此提升社会大众的生活水平与品质，从而实现国民整体发展。社会的发展与建设都是为社会大众提供保障和服务的，所以，全民健身计划的核心主体就是人。以人类整体发展为视角，全民健身社会评价指标体系的设计和制定应建立在有效的组织管理和社会活动基础上，这也是全民健身社会评价指标体系的出发点。

一、全民健身社会评价及其指标体系

（一）全民健身社会评价

全民健身社会评价是对特定项目的社会评估。从社会评价理论的角度来看，经济评价属于社会评价的构成要素之一。全民健身属于服务业，它具有公益性企业的性质[①]，需要基于经济评价建立全民健身评价体系中的社会评价。因此，根据全民健身发展的实际情况，本书将全民健身社会评价定义为不包括经济评价的社会评价。结合体育运动社会评价的概念，将全民健身社会评价定义为一种评估全民健身对实现社会发展目标和社会可持续发展的贡献和影响的方法。[②]这种方法包括：从整个社会的角度认识和解析全民健身；检查、分析和预测全民健身对社会发展目标的影响程度；结合健身的发展水平全面评估全民健身对社会发展的影响。

（二）全民健身社会评价指标体系

所谓全民健身社会评价指标，是指在社会评价过程中针对全民健身而设定的一系列指标。以全民健身社会评价概念、社会评价指标概念为基础，本书分析了全民健身社会评价指标的基本含义，即在社会发展目标实践过程中，能够影响全民健身发展水平，以及衡量社会可持续发展的相关标准和数据。众所周知，全民健身属于体育项目，其自身具有公益性特征，所以，全民健身社会评价指标应涵盖体育、公益性事业两个方面。

二、全民健身社会评价指标体系构建的基本原则

在体育社会评价中，全民健身社会评价是非常重要的组成部分。所以，

① 朱军．全民健身中的评价指标与体系构建研究 [J]．赤峰学院学报（自然科学版），2017，33（2）：100-102.

② 郑进军．全民健身社会评价指标体系的研究 [D]．长沙：湖南师范大学，2007.

全民健身社会评价指标体系的构建，需要建立在体育社会评价指标体系的基础上，然后进行细化。①体育社会评价指标的构建应当坚持目的性与科学性、定性与定量相结合以及联系性与可比性的基本原则，而全民健身社会评价指标体系在此基础之上还应坚持可操作性、动静态相结合以及层次性原则。

（一）目的性与科学性

全民健身社会评价指标必须具有目的性，具体包括总目的与分目的。总目的是指能够清楚认知并了解在社会发展进程中全民健身对其产生的贡献与影响，并以此作为全民健身长期发展的导向；分目的是指全民健身社会评价指标体系中每一个指标的确定，都需要考虑其自身对于整体的作用与影响，以及指标数据能否反映出评价对象的特殊性质，最终明确指标的名称与评价范围。在为评价指标定性时要有科学的数据作为理论依据，同时要确保该指标具有可操作性和时效性。通过分析和总结这些数据信息，就能研究出全民健身所具有的特征和性质，并且通过分析其运动过程，可以准确把握全国范围内全民健身发展的实时状态。

（二）定性与定量相结合

全民健身是一项由国家领导、社会支持、全民参与的全民健身事业。②全民健身社会评价指标体系的构建是一个定性与定量研究的过程，构建全民健身社会评价指标体系是落实全民健身公共服务多元协同供给，深入实施全民健身国家战略的迫切要求，是全面建设社会主义现代化国家的必然选择。社会现象在全民健身中的性质与特征呈现出的结果是定性的，若要从定量的角度考虑和分析，应该在定性基础之上作深层次的解析。社会效果呈现出量化

---

① 郑进军．全民健身社会评价指标体系的研究 [D]. 长沙：湖南师范大学，2007.

② 景雷.2010 年湖北省全民健身工程各地市州体育基础条件的比较研究 [D]. 武汉：武汉体育学院，2012.

的状态，需要量化指标做评价方面的配合。需要注意的是，定性指标不需要量化指标做评价配合。

（三）联系性与可比性

全民健身社会评价指标体系中的每一个指标都需要满足以下特征：第一，具有确定的指标含义；第二，具有清晰的指标评价范围；第三，具有准确的计算时间与空间。这几个特征需要紧密关联，这样才能更加准确地反映出全民健身社会评价内容中的关联性、规律性及数量关系等。为了保证信息的准确度，需要使用具有可比性的评价指标。所谓可比性评价指标指的是：第一，以时间或空间为评价范畴，在其范围内得出的数据具有可比性；第二，以地区为评价范畴，在其范围内得出的数据具有可比性。

（四）可操作性

构建全民健身社会评价指标体系，可操作性是不容忽视的原则。全民健身属于社会公共项目，各指标评价得出的数据来源范围较大，在数据的统计方面存在一定的难度，因此，需要在构建阶段考虑到指标的简便性与可操作性。

（五）动静态相结合

全民健身的发展几乎与社会经济的发展保持同步，所以，必须结合历史性和综合性的信息来构建全民健身社会评价指标体系。同时，要兼顾评价指标的动态性和静态性，使其能够充分反映区域社会经济发展特点和发展环境。此外，还要保证评价指标的稳定性，以及对未来发展的预见性。只有这样，所构建的全民健身社会评价指标体系才能用于评价全民健身对社会发展的影响及其内在的发展规律。

（六）层次性原则

构建全民健身社会评价指标体系是覆盖全民公益导向、科学布局统筹城乡、政府引导多方参与的复杂建设工程，其原则应彰显科学性、前瞻性和层次性，体现全民参与健身则国家强，国人强壮则国强壮。全民健身社会评价指标体系中的各项指标需要具有层次性，能够针对不同的问题提供不同的评价策略，以便及时发现问题，在评价过程中可以将全民健身数据信息从横向到纵向进行对比，提高全民健身社会评价指标体系的真实性和客观性。

三、全民健身社会评价指标体系构建的理论模型

（一）社会评价指标体系构建的理论模型分析

为了确保构建更加科学的全民健身社会评价指标体系，形成更加规范的评价过程，最终得到更为准确的结果，必须构建全民健身社会评价指标体系理论模型。在该评价体系的应用基础之上，社会评价最大限度发挥自身的作用和价值，从而促进全民健身的发展，使其与社会经济发展的目标保持一致。

1. 社区体育社会评价指标体系构建的理论模型

在社区建设工作中，社区体育和社会体育同样重要。从社区体育的行业特点能够看出，它属于服务行业和非物质生产行业。在社会市场经济的推动下，全面建成小康社会的目标已经基本实现，以此为背景来分析社区体育建设工作，其价值和意义已经与全民身体素质、传承民族文化同等重要。由此可见，社区体育建设具有经济性、社会性、公益性及全民性等特征。目前，社区体育建设工作的发展需要得到政府部门的支持和管理，也需要得到市场机制的调节，更需要得到非营利社会组织的帮助。所以，社区体育方面的评价需考虑计划机制、市场机制以及两者的有机融合。此外，还要建立健全相应的保障制度和法律法规，从而确保体育资源得到合理的分配。当前，我国

社区体育发展刚刚起步，在评价指标体系的选择上应遵循“资源—制度—服务—效益”的原则。

2. 竞技体育社会评价指标体系构建的理论模型

为了确保评价过程的规范性、评价指标的可操作性，需要建立明确的评价模式。而社会评价的作用需要辅之以合理的评价模式才能得以彰显，同时要有助于促进全民健身的发展。当前，竞技体育已成为普遍的社会现象，其行为方式具有鲜明的整体性，能够与所处的环境条件相互作用，从而发挥出竞技体育的作用，在社会环境中竞技体育已然发展出具有整体性、特殊性的组织。竞技体育的组织管理系统和财政经费都是独立的，还有很多专业人员成立了竞技体育科研队伍对其进行科学研究，这些都是竞技体育获得效益的有效资源保障，它们具有非常显著的独立性与稳定性。在竞技体育发展过程中，为了实现其自身的事业目标，需要对竞技体育已获得的有效资源进行科学合理的配置，这样才能确保体育环境的稳定性，使其得到良性发展，从而与社会发展相协调。所以，应当构建以“资源配置—运行—效益”为主的竞技体育社会评价指标体系模式。

（二）全民健身社会评价指标体系构建的理论模型的具体内容

群众体育在我国发展的主要形式就是全民健身，这也是增强我国国民整体身体素质以及实现社会发展总目标的重要手段。因此，全民健身社会评价指标体系所评价的内容有：第一，评价阶段内全民健身在我国的发展现状；第二，评价阶段内全民健身在我国的发展水平；第三，评价阶段内全民健身对我国社会发展产生的影响作用。基于这样的评价内容，可以分析出全民健身社会评价指标体系构建理论模型时需要考虑以下几个方面：第一，全民健身的性质与形式；第二，全民健身的投入与管理；第三，全民健身的社会效益。综合以上几点，能够判断出全民健身社会评价指标体系构建理论模型时需要参照体育社会评价指标体系理论模型。既然全民健身是增强我国国民整体身体素质的重要手段，那么就应当遵循以人为本的理念来进行评价。由此可见，全民健身社会评价指标体系构建理论模型时需要重点考虑以下因素：第一，社会大众在健身活动中是否在资源占有上具有公平性；第二，社会大众是否具有自主参与权利；第三，社会大众参与健身活动的相关物质条件是否得到改善；第四，全民健身背景下的社会环境是否符合大众需求。由此，可以将全民健身社会评价指标体系构建理论模型定义为“资源配置—效益”①，利用该模型评价全民健身，能够体现出三个方面内容。首先，评价健身资源在配置方面是否具有合理性和科学性；其次，社会大众参与到全民健身体育活动中是否能够获取到公平的体育利益；最后，全民健身是否有助于增强国民身体素质。通过这三个方面的评价，可以看出全民健身的发展是否与我国社会发展总体目标保持一致。

全民健身社会评价指标体系“资源配置—效益”理论模型不仅能够切实反映全民健身的本质与特征，还能反映全民健身结构中每一个要素之间的关联性，体现出评价指标体系的基本特征与主体导向。

四、全民健身社会评价指标体系构建的步骤

构建全民健身社会评价指标体系，必须保证其科学性、完备性与可靠性。一般情况下，构建全民健身社会评价指标体系分为以下三个阶段。

第一阶段，系统分析评价对象。在构建全民健身社会评价指标体系之前，需要对评价对象的功能性、特征、核心关键点、影响价值、发展目标等进行综合统计和分析。

第二阶段，初步拟定全民健身社会评价指标体系。首先，对全民健身项目进行系统分析，并分解和评价健身目标，从而构建层次结构分明的全民健身社会评价指标体系，这一阶段是构建全民健身社会评价指标体系的重要环

---

① 洪肖肖．健身服务产业链模型与指标评估研究 [J]. 商业时代，2012（32）：137-138.

节。其次，不同的评价工作人员有不同的评价立场和角度，所以，选择的评价系统与指标会存在差异。实际上，工作人员在选择评价指标体系时应遵循相关原则，从局部服从整体的角度去思考，从而得到最优的评价结果。

第三阶段，优化全民健身社会评价指标体系。经过以上两个阶段的铺垫，第三阶段的主要工作是对全民健身社会评价指标体系进行优化，优化设计手段应以多元化为主，进而才能完善全民健身社会评价指标体系。对于系统中由评价人员作出评价的模块，还需要考虑专家评价意见，这样能够确保评价系统的综合性与公平性，从而使全民健身社会评价指标体系更加完善。

第六节　改进全民健身的主要对策

全民健身体育活动的发展与社会大众的身体健康、生活工作息息相关，其目的在于增强社会大众的身体素质，也是我国体育事业发展的重点。因此，应注重《全民健身条例》的落实工作，使全民健身服务体系更加完善，为社会大众提供更加广泛的体育活动，推动全民健身事业的发展。

一、加快构建全民健身公共服务体系

现阶段，各地相关部门在全民健身方面的工作重点就是保障全民健身体育权益，密切关注社会大众日益增长的健身需求，开展形式多样的活动，提供丰富的体育资源，充分调动各相关部门的积极性，做好体育协会之间的协调工作，拓展全民健身网络组织管理体系，创建全民健身公共服务体系新的发展格局，使其成为以政府为主导、各部门协同合作、社会大众积极参与的项目。

在条件允许的情况下，要及时成立以体育专业人士为主、体育爱好者为辅的志愿者服务队伍，强化志愿者队伍的服务质量，健全以市级规模为主的志愿服务常态化机制。

二、进一步加大全民健身场地设施建设及维护力度

在拓展全民健身工作过程中，首要的任务是缩小区域间的差距，要将乡镇、社区区域内的公共体育基础设施建设作为主要工作内容，在建设模式、资金投入、设施设备、体育资源、规划布局等方面根据实际情况做适当的工作调整，确保全民健身各项工作统筹推进。在投建过程中要保证建设工作的整体质量以及建设后的服务质量，根据区域内的体育特征完善服务工作机制，定期对体育设施进行检查检修，引导社会大众文明健身、科学健身，确保体育设施得到合理运用。

同时，将区域内的绿地或牧区改建成健身区域和健身路径，选择日常活动中人群较为密集的广场或公园投建健身景观，以满足当前社会大众对全民健身的整体需求。①

三、加大社会体育指导员的培训力度

健身工程的投建工作应以社会大众、基层为主体，强化工程的整体质量，由此才能开展有效的全民健身活动，逐步扩大健身指导员队伍与志愿者队伍，提升健身指导员的整体专业水平和全民健身活动的整体质量。要想强化健身指导员的专业能力，需要定期培训健身指导工作人员，提供更加具有竞争力的薪资待遇，让健身指导工作人员切实发挥出自身的作用与价值。

四、积极开展丰富多彩的全民健身活动

积极打造全民健身日，认真贯彻落实全民健身计划，在健身活动形式与手段上不断创新，使活动内容更加丰富多彩，同时需要加强活动策划，扩大健身活动的影响力。未来以可持续发展为前提，塑造极具影响力的社会大众

---

① 厉玮．包头市全民健身活动开展现状及对策研究 [D]. 北京：首都体育学院，2013.

体育活动品牌。另外，全民健身活动还要以中学生为主体，强化现有的体育教学内容，建设校园健身文化，在运动会上融合体育健身活动，让中学生积极参与到体育健身活动中，提高学生体育锻炼的积极性。同时，需要针对与体育相关的部门和协会构建全民健身活动，使全民健身活动普及社区、企业，促进全民健身与体育事业协同发展。最重要的是全民健身要与新闻媒体保持密切的联系，最大限度地渲染全民健身活动的影响力，为社会大众创造良好的体育健身环境。

第七节　全民健身公平的必要性和途径

中国特色社会主义以和谐社会为建设目标，而和谐社会的基本要求就是公平正义，这充分体现了我国科学发展的理念。从民生角度来说，全民健身属于民生问题，全民健身计划的发展需要建立在公平的基础之上。受我国社会经济发展的影响，全民健身势必会存在区域间发展不均衡的问题。要想社会大众得到平等的体育权益，需要得到各地政府部门的支持，这是各地政府部门在体育事业发展过程中应该承担的责任，也是全民健身计划得以无差别落实的必要途径。

一、全民健身公平的内涵

全民健身就是以政府部门为主导，以增强身体素质为目的，以社会大众为参与主体的体育健身活动。全民健身不是独立存在的个体，它包含服务和保障两个层面的含义，所以，全民健身也可以称为全民健身服务与保障，简称全民健身服务。[①] 部分经济学者对公共产品给出这样的定义：在消费上具有竞争性以及在受益上具有非排他性的产品就是公共产品；反之，则属于私人

① 陈华，邹亮畴．我国实现全民健身公平的必要性及途径 [J]. 体育学刊，2013，20（4）：18-21.

产品。如果只具备竞争性或只具备非排他性，这种类型的产品只能属于准公共产品。因此，全民健身服务既具备公共产品的特性，也具备准公共产品和私人产品的特性。

我们要对全民健身公平有正确的认知。全民健身服务的主要内容为全民健身公共服务，因此从理论层面来看，政府与市场是全民健身服务体系中资源配置的主体，政府的主要目标是实现公平化，维护公共利益，而市场的主要目标是获得最大化的经济利益。公民健康权益的实现有赖于全民健身计划的保障，而不应纳入市场保障工作中。西方国家的全民健身计划多数依赖国家的大力支持，很少有以市场为主导的全民健身计划。在社会主义发展背景下，我国的政府部门能够保障全民健身计划中的公民健康权，维护全民健身计划的顺利实施。可以看出，全民健身公共服务是全民健身服务体系中不可或缺的重要组成部分，关系到国民整体身体素质的提升。

在价值判断中，最高层结构就是正义，在正义统摄下的公平、均等以及平等判断的侧重点是数量。也就是说，公平属于价值判断，应当按照规范研究来定义相关思辨内容，而均等判断是基于公平价值理念进行的数量判断，应当按照经验研究来定义其论证内容，兼有动词和名词的双重属性。如果将其视为名词，那么可理解为较为均衡对等的状态；如果将其视为动词，那么意思就是使其实现对等和平均。我们以相关概念的辨析为切入点，基于现阶段全民健身服务区域的真实状态，给出关于全民健身合理的界定：以公平价值理论为导向，在政府部门的统一领导与安排下，结合人们的切实需求将相应的健身公共服务提供给他们的过程。简言之，这一过程就是建立在公平价值理念基础之上的，在政府的统筹安排和协调下进行的，以实现均等化全民健身公共服务为目的。

二、实现全民健身公平的必要性

（一）体育健身服务需求与健身服务供给不足的矛盾

改革开放政策的实施，有力地推动了社会经济的快速发展，国民收入水平显著提高，全国贫困人口总数逐年递减。整体来看，国民基本进入小康时代，并为全面建成小康社会奠定了坚实的基础。现阶段，人们对生活的追求层次越来越高，从以往的物质追求上升为精神追求。另外，社会经济的发展为人们带来了许多便利之处。工业化与城市化的发展尽管为大众带来了便利，但是也产生了类似于现代“文明病”等诸多问题，这主要是因为人们普遍缺少运动、工作压力大以及营养不均衡等。众所周知，体育运动对身心健康发展是非常有益的，所以，当代人对运动的需求越来越旺盛，为此，我国相继出台了多项条例或纲要，为社会大众提供体育健身方面的权益保障，在一定程度上对我国社会大众身体素质的提升起到了重要的作用。但是，正因为社会大众对其认知度日益加深，现阶段的健身条件并不能满足社会大众的整体需求。

（二）体育行政部门职能转变与全民健身服务效率低下的矛盾

对我国的现实情况进行分析不难发现，政府部门深化改革的最终目的就是要构建新型的服务型政府，而政府部门的首要职能就是为社会大众提供公共服务。在这样的背景下，各地体育部门积极改革创新，强化公共体育服务质量，构建多元化的体育服务体系，进而便于更好地落实全民健身计划。虽然我国在如火如荼地实施全民健身计划，但是成效不够显著，与预期的目标相去甚远。通过查阅已有的资料不难发现，社会大众中能够坚持锻炼的人极少，而且城乡差异非常显著。虽然随着国民整体身体素质的提升，相关数据有所改善，但是身体机能综合指数这一指标出现了下降，特别是近 20 年来，我国青少年的身体素质每况愈下，在学生中出现大量肥胖者和视力不佳者。

（三）公民享有平等体育权利与全民健身服务供给失衡的矛盾

目前，越来越多的国家将公民体育权利纳入人权，并给予法律上的保障这一做法得到社会大众的认可。虽然我国法律法规当中并没有较为明确地指出应当如何有效保障公民享有平等体育权利，但是我国倡导法律面前人人平等，这就意味着政府部门要对公民公平健身权的保障负责。目前，最大的问题是全民健身服务在城乡之间的供给失衡，虽然城市土地面积很大，但是人口非常密集，健身工程可以利用的土地面积非常小，甚至有的地区无法建设体育运动场地。其次是人员问题，城市区域拥有大量社会体育指导工作者，但是在农村区域很少见。此外，农村区域很多学校并不重视体育课，甚至被其他学科占用或被取消。

三、我国实现全民健身公平的途径

（一）建立和健全全民健身公共服务体系

1. 制定总体发展规划

全民健身公平路径需要建立在经济条件、社会环境与体育发展三个因素之上，构建与之相匹配的全民健身公共服务体系，然后统筹规划其整体发展，同时要保证该体系与我国社会主义和谐社会的发展目标、评价体系相一致，最后按照具体的步骤和重点逐一落实。在这个过程中需要注意以下四点：第一，从内容以及网格管理等角度对全民健身公共服务进行全面科学规划；第二，设置全民健身公共服务的最低规范标准；第三，合理制订全民健身整体发展的计划；第四，结合当地的实际制定相关管理制度，切忌盲目和“一刀切”。

2. 确定供给内容和标准

目前，全民健身公共服务中的问题是缺少准确的内容、明确的标准以及统一的体系，导致无法更好地实现均等化的全民健身服务。要解决这些问题，必须重点考虑以下几个方面：第一，将社会大众的健身需求作为主要理论基础；第二，考虑各地区之间的梯度性，综合考量地域与地域之间的经济发展水平差异；第三，坚持起点均等的基本原则，按照国家的标准，结合当地的实际情况，协调区域内的各项标准；第四，结合社会经济、环境的变化，不断修订和完善相关标准等，使其自身的可操作性与实质性得到强化；第五，使实物与货币标准相融合。

3. 加强绩效评价和监督管理

通常而言，监督管理的最有效方式之一就是绩效评价。在全民健身公共服务监督工作中，监督供给主要以绩效评价为基本标准，管理则是采取有效的措施来管理供给程序和实施的各个环节。由此可见，绩效评价贯穿于全民健身公共服务监督管理体系当中。在落实绩效评价工作时要注意以下几点：第一，考察中层领导业绩时，将全民健身公共服务实施情况作为主要依据，并建立健全与之相匹配的监督问责机制，切实增强政府在全民健身服务中的责任意识；第二，以多元评估参与主体为主，纳入公众满意度评价指标，突出全民健身公共服务绩效考评系统中社会大众的主体形象与地位；第三，持续优化和完善，使其成为具有科学性、合理性的评价指标体系。

（二）制定和完善全民健身公共服务法律制度

1. 建立规范统一的全民健身公共服务法规体系

目前，很多法律当中都有全民健身公共服务的相关规定，基于立法，将其对应的模式划分为以下几种：第一，立法层次的强化与提升，以现有的实际条件为主，将与全民健身公共服务有关的规章制度、条例等内容进行整合，从法制层面作出有效的规制，明确全民健身公共服务内容、服务标准以及网格范围等。第二，推进和深化全民健身公共服务专项立法，全民健身公共服务需要做到均等化，就必须严格监督和有效规范服务供给工作，所以，推进和深化全民健身公共服务专项立法势在必行。第三，修订并完善现有的法律法规，以全民健身公共服务均等化的工作需求为主要目标，完善相关的法律法规。

2. 建立城乡统筹的全民健身公共服务供给制度

首先，在全民健身公共服务体系中纳入关于农村全民健身的系列内容，使农村全民健身公共服务体现出自身的制度化特征。其次，农村地区的全民健身公共服务供给力度需要得到加强，从人力和物力方面给予更多的支持。最后，拓宽农村地区的资金渠道，用于加强农村全民健身公共服务网络化的建设工作。

（三）形成全民健身公共服务机制

1. 形成稳定增长的财政保障机制

财政是政府集中一部分社会资源，用于为市场提供公共物品和服务，满足社会公共需要的分配活动或经济行为。[①]首先，政府财政支出结构是全民健身发展需求的体现，也是目标引导和制度激励约束的结果。加大财政投入力度，对全民健身公共服务具有深远的影响。一般情况下，财政投入的重点是全民健身公共服务基础设施、全民健身体育公园、全民健身步道等。其次，各地区各层级的政府需要明确各自的职能与职责，确保财政对全民健身公共服务支出的合理性。再次，需要强化全民健身公共服务机制中的财政转移支付，同时需要对这项工作进行有效监督和管理，确保对全民健身公共服务购买的有效性。最后，财政相关部门需要加大全民健身公共服务拨款力度，保障财政对全民健身公共服务全额拨款和差额拨款，发挥财政投资的引导和撬动作用。

---

① 张小航，杨华．政府购买公共体育服务中的现代财政保障机制研究 [J]. 天津体育学院学报，2018，33（3）：185-190，216.

2. 形成多元主体的服务供给机制

在政府引导下，多元主体能够参与到全民健身公共服务机制中，有效节约成本，提高供给效率，同时促进各部门之间的良性竞争。在此环节中，政府除了负责政策方面的引导，还需要为全民健身公共服务供给机制提供有效的公共资源，由此促成社会与市场二者之间的协调发展。无论是政府、社会还是市场，必须合理分工，政府在提供全民健身公共服务时要采取更加多元化的方式。

3. 形成广泛联系的分工协作机制

首先，各级政府部门必须各司其职，同时要加强彼此之间的协同配合。目前，半数以上的体育场地在各地域的院校当中，同时院校中拥有较为专业的体育人力资源。体育部门应与教育部门协同合作，以院校为圆心拓展周边社区的全民健身计划工作，为附近的社会大众构建全民健身环境，使其享受到全民健身服务。其次，各地区公共服务领域之间需要做到分工与协作。学校体育教学是宣传体育健康知识的有效途径，社会文化站同样是宣传社区体育工作的主要阵地，诸如此类的服务领域都可以利用自身的便利条件提供必要的协助。

第二章　休闲体育与全民健身的关系解析

休闲体育和全民健身之间存在密切的联系且相互影响。一方面，休闲体育可以作为全民健身的重要组成部分，推动全民健身的普及和发展；另一方面，全民健身也为休闲体育提供了更广阔的发展空间和市场需求。两者的相互促进和融合发展，有助于提高人民的生活质量和健康水平。随着我国经济文化水平的不断提高和体育事业的蓬勃发展，体育健身逐渐成为人民大众日常生活的基本需求。[①]近年来，国家在体育事业发展方面不断加大投入力度，颁布《全民健身计划纲要》，举办奥运会等重大国际赛事，极大地激发了人民群众参与体育健身的热情。当前，我国已形成全民健身环境，在此背景下，各种体育基础设施快速建设，休闲体育发展尤为关键。[②]

第一节　体育与全民健身

关于全民健身的概念，大部分学者是从对象和方法的角度进行定义的。如《全民健身计划纲要》中明确指出，全民健身计划的实施对象是全体国民。高丽洁对《全民健身计划纲要》中的“全民”作出解释，即拥有中国国籍者，不管性别如何，也不管所处地域在哪里，都属于全民的范畴。[③]所谓健身，就

① 扈龑喆，陈筱妍，李文军，等．全民健身背景下城市综合体休闲体育空间的价值及其功能组合特征探讨 [J]. 华中建筑，2022，40（12）：110-114.

② 王静丽，李勇．全民健身背景下体育公园设计 [J]. 建筑科学，2023，39（5）：224-225.

③ 高丽洁．厦门城市居民健身活动研究 [D]. 福州：福建师范大学，2011.

是维护人们的身体健康和增强其体质。赵顺来认为，全民健身是指全体人民为了增强体质，采用不同的手段、方法，达到健身的目的。[①]熊斗寅提出，全民健身是全社会各种不同类型的人在生命的各个阶段，以促进生长发育、保持旺盛精力、增强体质、增进身体健康、延缓身体衰老，以及提高生活质量、满足生活需求为目的的各类体育活动的总和。[②]这些定义反映了全民健身的全民性，但健身包括按摩健身、营养健身以及体育健身等多种方式，因此关于全民健身的定义也比较宽泛。这就造成了人们难以对全民健身的方式进行充分了解，更无法体现全民健身的重点。在不同时期，全民健身运动的定义和内涵是不断发展与变化的。

从历史进程来看，全民健身运动是通过国家号召与组织，不断完善和健全我国体育公共服务体系，动员全体人民参与体育锻炼，增强全民体质，实现“小康社会”国家战略目标的一项重大工程。[③]

一、体育与健身

什么是体育？人们对体育的认识经历了一个漫长的过程，在这一过程中形成了对体育的不同认识。特别是体育一词引自国外的翻译，把“体育运动”转换成了“体育”，造成了两个概念的理解混乱；之后把这个工作概念转换成学术概念，试图按逻辑规则予以定义，这又造成了诸多定义夹缠不清的争论。[④]对其意义的理解更是仁者见仁、智者见智。目前，国内理论界有关体育概念的表述主要包括：第一种，基于社会需求，通过开展相关运动实现社会人才培育目标的实践活动就是体育；第二种，基于人体发育、人体机

① 赵顺来．终身体育与全民健身计划的实施 [J]. 北京：北京体育大学学报，1994（S1）：5-8.

② 熊斗寅．群众体育学 [M]. 北京：人民体育出版社，2000：6.

③ 戴志鹏，王岗．我国全民健身的工作格局变迁与政策体系演进 [J]. 武汉体育学院学报，2017，51（11）：5-13.

④ 韩丹．纵论中国体育：特征、概念、历史和转型 [J]. 体育与科学，2014，35（6）：1-13，20.

能与技能规律，通过身体活动与智力活动提高整体生活品质的社会活动即为体育。[①]

二、全民健身的体育层次含义

全民健身是指全体公民在政府的领导下，通过学习健身方法、掌握健身技能，达到锻炼身体、增强体质、改善健康的目的，最终形成民族性的体育生活方式。简言之，全体国民参与的体育健身就是全民健身。目前，全民健身是促进大众体育发展的最佳途径。从体育运动视域分析，全民健身既是具有代表性的体育运动，也是维护国民体育权利的有力手段。秋实等认为，体育并非促进人类健康的唯一活动。但是，他对于体育活动在全民健身计划中的重要地位和作用给予了充分肯定。因为“国内推行的全民健身计划有两大特征，一是全员性和规划性，国家发挥导向作用，社会提供全面保障，民众实行全员参与，通过既定规划完成相关任务，最终达成计划目标；二是匹配性与战略性，既能推动社会主义现代化发展，也能适应新世纪的战略发展需求”，所以，全民健身计划的实施关系到社会的方方面面。从社会主体个人的角度来看，全民健身更加突出体育活动对个人发展的重要意义。而庄灵、于晓红认为搞好学校体育是全民健身计划实施的重点，群众体育则是全民健身计划实施的难点。

三、休闲体育与全民健身的区别

通过对比休闲体育和全民健身可以发现，两者拥有很多共性特征，然而休闲是其最大的区别所在。就运动项目而言，休闲体育不但注重休闲、健身，而且倡导娱乐、养性，既有喜闻乐见的扑克比赛，还有修身养性的钓鱼活动，但全民健身并不包含上述项目。就参与主体而言，休闲体育将中老年人作为

① 曲秀燕．对全民健身与休闲体育的协调发展研究 [J]. 安徽文学（下半月），2018（2）：217.

重点群体，而青少年是全民健身的主要对象；就管理情况而言，休闲体育并未制定严谨苛刻的管理章程，但全民健身的管理相对更为严格和规范，比如通过制订全民健身计划推动全民健身运动；就功能层面而言，全民健身的主要目的是体育锻炼，休闲体育既具有体育锻炼的功能，又具有休闲和养性的功能。

第二节　休闲体育的社会观及对个人生活的影响

随着社会经济的不断发展，人们对生活和工作有了更高的追求，希望通过休闲生活来提升生活质量与水平。目前，信息化、数据化已成为时代的代名词。无论是生活还是工作，人们都有了更多的休闲时间与空间，即便如此，还是不能避免“文明病”的出现，这是由市场激烈的竞争、巨大的工作压力导致的。如果说 20 世纪生产力发展的贡献在于减轻了人们的体力劳动，那么，在 21 世纪的经济化、数字化时代人们得到的是物质上的财富，同时拥有了更多的休闲时间。我们能够看出休闲体育给人们生活带来了改变，无论是生活质量还是健康需求，都能够在休闲体育中得到满足，也就是说，休闲体育的出现是社会发展进程中的必然产物。

一、休闲体育的社会观

（一）休闲体育的经济发展观

从西方国家已有的休闲体育发展经验来看，其国民经济的增长均与休闲产业的崛起具有非常紧密的关联性。无论是哪一个国家，当其社会经济发展到一定程度时，发展重点便会向社会生活转移，并基于公共服务、知识传播以及信息数据，逐步向社会生活产业的发展领域拓展。所以，休闲体育的服务和消费，都应当充分彰显出休闲体育的经济价值。

休闲体育产业的发展不仅能够拓展公共体育服务的供给范围，还能够进一步拓展消费市场，以达到促进社会经济发展的总目标。我们从需求的角度分析，经济增长主要受消费、投资以及进出口等三个方面因素的影响。其中，消费对经济增长的贡献最大。因此，要想确保经济的稳定和可持续发展，就必须不断增加消费需求。我国现阶段仍属于发展中国家，在社会经济发展过程中需要以内需为主，为休闲体育产业发展创造良好的内部环境，这对于拓展市场、扩大内需具有非常重要的意义，同时有助于刺激消费行为。随着假日经济的繁荣，休闲体育、休闲娱乐已经形成了相对完整的产业链，体育器材与体育产品的消费不断增加。显然，休闲体育已成为我国社会经济新的增长点。①

（二）休闲体育的多元文化观

现阶段，休闲娱乐中一个非常重要的组成部分就是休闲体育。休闲体育不仅是当代生活文明形式的体现，更是一种时尚，如果坚持参与，必然有助于改善人们的生活和工作状态。休闲体育是美好生活的标志性内容，对于提高现代人的生活质量起着重要作用。实现人民对美好生活的追求需要休闲体育在身心健康与文化生活领域提供支撑。

休闲体育的形成和发展，使保持身体健康的理念逐渐被人们认同。休闲体育在形式上比较灵活，且强度相对较低，因而受到社会民众的喜爱。人们通过活动进行交流，改善身体机能，与此同时，体育活动能够将健康与美丽展示给大家。休闲体育把丰富的情感，如爱与恨、悲伤与喜悦、期望与失望、热情与冷漠、激动与沮丧都带入了人们的内心。人们发现，一些体育游戏能够使人与自然、人与人之间的关系更加和谐。

---

① 石振国 . 休闲体育的社会发展观 [D]. 南京：南京师范大学，2005.

目前，社会大众通过健康的休闲体育项目可以获取更多的乐趣，身心双重得到满足，既有幸福感也能够获得健康，通过身体上的体验获得心灵上超越自我的愉悦感。所以，这种多元化的休闲体育形式已成为时代发展进程中不可缺少的组成部分，是满足社会大众精神需求的有效途径。

（三）休闲体育的体育教育观

休闲体育教育，即引导人们在闲暇时间通过学习休闲活动的方法和技能技巧，体验休闲心理，确立积极的休闲价值观和休闲生活方式，提升个人休闲生活质量并不断完善人格的社会实践活动。曾经有一位英国教育者提到：若是不能教会孩子合理安排闲暇时间，那么这样的教育是不成功的。同理，若是一个社会不能让大众合理安排业余时间，那么这个社会的发展也是不完善的。还有一位西方哲学家提到：不良的教育、不健全的身体会衍生罪恶，而体育运动能够帮助青少年塑造良好品质、磨炼性格和意志，正确认知法律法规。所以，在当今社会发展进程中引导社会大众合理安排业余时间，为社会大众提供更健康、更文明的休闲形式成了一项非常重要的任务。

正如前文所提到的那样，社会经济发展非常快，人们在业余时间可选择的活动项目越来越多。无论是传媒还是美食都能够从不同方面满足社会大众的需求，所以，在有限的业余时间里会有各种各样的娱乐方式，该如何选择成了一个难题。很多国家在休闲体育、休闲娱乐的过渡期没有做好准备工作，以致社会上出现了一些不良行为和问题。所以，在这样的背景和经验下，休闲体育教育工作的开展显得尤为重要。

我国倡导教育为本的理念，在休闲体育教育工作中引导学生接受健康的生活方式，帮助学生树立正确的人生观是教育工作者的基本职责。休闲体育自身特征就是积极向上的，不仅有利于学生的身心健康发展，还能提高学生的身体素质，这对于优化社会风气、促进社会进步具有一定的作用。

（四）休闲体育的社会文明观

人们在物质文明发展的过程中享受到了休闲生活，同样地，休闲生活也对社会的进步起到了推进作用。但是，并不是所有休闲体育都会产生积极作用，有的休闲体育也会产生负面影响。所以，需要引导社会大众真正了解健康的休闲生活，这将有助于社会主义精神文明建设。从发展现状来看，休闲生活和消费方面存在以下几个问题。

第一，文化消费与物质消费。现阶段，物质消费受关注程度要远远高于文化消费，社会大众往往更加注重衣食住行方面的消费，而不太重视文化消费。很多人在消费过程中，宁可花费几千元购买一双名牌鞋，也不愿意花几元钱去买一份报纸。

第二，俗文化与雅文化。很多人在提到“休闲”这一词汇时，首先想到的就是吃喝玩乐，甚至热衷于占卜、算命等封建迷信活动，这些对于身心的健康都是不利的。相反，很多高雅文化被人们束之高阁，很多艺术类的文化并没有得到广泛的宣传，这样的情况会使社会大众的精神世界出现“营养不良”的问题，在一定程度上对文明社会的发展造成影响。这些问题的存在，充分说明了社会大众对休闲生活缺乏正确和理性的认知。他们没有认识到将闲暇时间更多地用到体育锻炼上，会降低疾病发生的概率，降低违法犯罪的风险。休闲生活有助于缓解人们的生活压力，从而保持较好的工作状态，有效提高工作效率，这样闲暇时间也会越来越多。人们在健康的休闲生活中，身心能够得到积极的发展，人格与品质都会得到不同程度的完善，进而促进社会经济与文明的发展。因此，休闲体育对社会大众的生活水平、生活质量以及民族文化有一定的改善作用。休闲体育能够让社会大众的休闲时间更加丰富，让社会环境中的负面情绪和因素逐渐消退，从而对稳定社会环境具有一定促进作用。

二、休闲体育对个人生活的影响

对于个体来说，休闲体育是其完善自我的驱动力；对于社会来说，休闲体育是其不断进步的助推器。现阶段，在人们可选择的诸多生活方式中，休闲体育已成为非常重要的方式，它能够让社会变得更加美好。

（一）休闲体育与生活方式

我国的科学技术进步得非常快，高新技术逐渐渗透到人们生活的方方面面。多元化的家用电器为人们的生活带来了更多的便利，使人们获得更多的休闲体育活动时间。随着人们工作时间被有效缩短、从家务活动中解放出来，用于休闲体育活动的时间会越来越多，从而改变现有的生活方式和生活质量。但是，我们必须认识到，任何事物都具有两面性，科学技术对于社会大众来说也是一把“双刃剑”：一方面，它能够不断提升现有的生活质量；另一方面，人类的某些能力或功能将被替代，随之出现退化，不利于人类的健康可持续发展。那么，社会大众要如何面对并适应现有的生活环境和条件，是当下需要考虑和解决的问题。未来，人们的生活方式需要通过参与休闲体育活动来进行适当的调节。利用闲暇时间参与休闲体育活动，不仅可以提升自身的身体机能，还可以有效改善参与者的身体健康情况，最重要的是能够转移参与者生活与工作中承受的压力，同时可以帮助参与者养成积极、乐观的态度。休闲体育活动是调节生活方式的一种辅助手段，它对高质量生活具有非常重要的作用。

（二）休闲体育与人力资本

劳动者在劳动过程中输出的非物质资本就是人力资本。人力资本的特征表现在两个方面：一是劳动者数量；二是劳动者素质。从劳动者数量的视角分析人力资本，就是指某一国家的劳动力数量，或者在某一指定时间段内劳动力的数量。从劳动者素质的视角分析人力资本，指的是以劳动者个人的素质水平来衡量人力资本，或者以劳动者个人的技术水平来衡量人力资本。人的健康程度、文化知识水平是形成人力资本的重要指标，这些都与人本身有着非常紧密的联系。总而言之，在推动社会经济发展方面，人力资本有着不可忽视的作用，对促进社会的进步具有深远的影响。曾经有一名美国的经济学家在人力资本投资的论证过程中指出："延长公民的寿命和增进他们的体质。"也就是说，人力资本投资的本质就是保健措施，保健措施不仅可以确保劳动力总量的增长，还能够不断优化人力资源的整体质量。①

一般情况下，人力资源的投资主要针对教育方面和卫生保健方面。从医疗保健投资方面来说，指的是对人力资源有寿命影响、体力影响、精力影响、耐力影响而产生的经济成本。②那么，我们可以将休闲健身纳入人力资源投资的领域。这一投资能够与健康资本存量发生转化，从人体健康程度、疾病程度以及寿命延长等方面体现出来。健康本身就是一种有价值的人力资源。保持健康的行为会对人力资源产生积极的促进作用。

（三）休闲体育与人的个性

人类现代化对于社会现代化发展具有非常重要的影响。在现代化的发展过程中，人是其中的参与主体。如果人的整体素质偏低，那么在社会改革创新发展过程中就无法体现出人的价值，社会也不会得到进步和发展。纵观市场经济背景下的各项需求不难发现，劳动者最主要的需求就是生存。而随着社会分工的发展，劳动者往往需要重复性地完成某项工作或任务，甚至有的人终生从事相同的工作。长此以往，很可能会导致劳动者形成单面人格。如果人们能够利用闲暇时间参加休闲体育，就有机会亲近大自然，在各项活动

---

① 孙伟．国外社会体育的社会学分析[J]. 辽宁体育科技，2003（2）：74-75.

② 石振国，梁斌．社会发展与休闲体育[J]. 哈尔滨体育学院学报，2005（1）：6-9.

中彰显出自身的个性，还可以通过参加活动来结交更多的朋友，在休闲体育中能够感受到发自内心的舒畅和喜悦。这些都是缓解生活压力和工作压力的有效方式，甚至可以消除人与人之间的隔阂，最终实现每一个参与者的个性化发展。所以，人的个性需要通过一定的方式来激发，而休闲体育具有这方面的功能。

（四）休闲体育与人的体验

人们在休闲体育中能否得到丰富的体验，取决于休闲体育的形式是否丰富，具体如下：第一，以往的休闲体育不具备技战术、使用设备等方面的便利条件，现在的休闲体育不仅配备了高标准的运动场地，还能够为参与者提供专业运动设备和知识；第二，以往的休闲体育通常是个体单独参与的活动形式，当下的休闲体育则是多人参与的活动形式。参与者在休闲体育中能够娱悦身心和锻炼身体，有助于身体康复和消遣闲暇时间。众所周知，传统的体育运动与当下的休闲体育具有很大的差异，休闲体育可以让参与者充分展现个性，更好地感受大自然所赋予的阳光、空气等，对生命的意义具有更加深刻的认知。通过参加休闲体育，能够有效改善人际关系，促进人与人之间的交流。人们可以从丰富的休闲体育中享受生活，获得健康的身心，而不仅仅是物质和利益上的享受。所以，休闲体育在人们的体验过程中具有非常重要的价值。

（五）休闲体育与人的美感

实际上，休闲体育对身心健康发展具有非常重要的作用。这些运动能够从本质上突出人体的美，也是因为运动本身就蕴含美学元素。也可以说，休闲体育是一种集健康、美学于一体的造型艺术。这种造型艺术具有对称性、和谐性、统一性、节奏性及形状性等基本属性。那么，在此基础之上提高休闲体育动作的技巧性和艺术性等，比如在休闲体育伸展运动中搭配相关的音乐等，就能够体现出运动项目的美感和艺术感。另外，还需要注意健美运动中营养与素质两个要素，要想达到精神振奋、身心愉悦的运动目标，则需要注意膳食营养，提升自身的健美素质，以强化自己的身心力量。休闲体育比较注重运动美学，这是因为运动美学可以强健人体的骨骼与肌肉，提升参与者运动艺术方面的审美价值，有益于参与者的身心健康发展。

（六）休闲体育与人的健康

亚健康的状态是自身可以感知的，但在医院检查时却显示无病状态，这是身心处于健康与疾病之间的一种身心状态。世界卫生组织曾对全球民众进行健康调查，结果显示，全球范围内真正意义上达到健康标准的民众仅有5%，满足疾病诊断标准的占20%，剩余75%的人群均处于亚健康状态。通过分析中国民众的健康调查数据不难看出，符合健康标准的占比15%，符合疾病诊断标准的占比15%，剩余70%的人群处于亚健康状态。由此可以看出，在社会经济与生产力发展的影响下，社会大众的工作形式已经由体力劳动输出向脑力劳动输出转变，这也导致人们缺乏运动，产生了“肌肉饥饿”等一系列问题，进而导致心脑血管等疾病。这说明，健康问题已成为人类生存和发展的重要问题。

当前，在以人为本的发展理念以及信息时代发展背景下，社会大众越来越意识到健康的重要性。人们更愿意、更主动利用业余时间去亲近大自然、迈入休闲体育场地，在草地上进行高尔夫运动、在足球场上来一场酣畅淋漓的球赛、体验蹦极带来的惊险和刺激、尝试打一遍既有古韵又不失柔美的太极拳等。现如今，人们喜欢在自然环境下抬头望天、低头见水，喜欢林间鸟语、喜欢川流小溪，更喜欢一些户外的休闲体育项目，如滑雪、攀岩、骑自行车等。人们通过参与上述休闲体育项目体验运动之美，也能深入了解休闲体育知识。因此，休闲体育对于新型体育生活方式而言意义非凡，在未来的发展过程中会受到更多社会大众的青睐，在满足身心健康发展的同时能够有效缓解亚健康状态。

三、社会发展是休闲体育繁荣的根本条件

（一）经济发展是休闲体育繁荣的前提条件

在人类文明发展过程中，休闲是非常重要的一项活动，也是社会发展进程中的必然产物。在工业化社会结构逐渐完善之后，衍生出现代化的休闲体育运动。这是因为工业社会结构规模的扩大促进了生产力的提升，人们能够拥有更多的空闲时间。这些空闲时间能够为物质生活提供一定的保障，且大规模工业社会结构带来的是更加科学合理的管理方法，在工作时间制度的管理上提供了管理技术方面的支持。由此人们便过上了现代生活，以现代科学管理方法为基础，大规模工业产出的设施可以用于休闲生活中，也在技术手段上为社会大众的休闲生活提供了保障。简单来说，当今社会呈现出的前所未有的繁荣是大规模工业社会结构带来的，社会休闲生活也是依托于经济发展的态势衍生而出的。在知识经济时代和信息数据化时代，人们所处的社会环境以知识创造、信息化为主，不仅会转变以往的社会生产力形式，还会改变社会大众的生活方式，从侧面印证了我国休闲体育发展前景广阔的事实。

那么，我们尝试这样理解：持续提高的收入水平必然会不断提升社会大众对休闲体育的参与热情，同时可以有效提升休闲消费的水平。也就是说，在人们满足低层次需求之后，必然会对高层次需求有所追求。简单来说，当社会大众的衣食住行得到满足之后，就会追求精神层面的高层次需求。从社会大众的收入情况来看，当人均收入到达某一既定的数值时，随之而来的就是休闲消费的急剧扩张。若某些经济比较发达的区域能够突破既定收入额度，

那么这些区域的休闲消费状态就会形成一种新时尚。从城镇社会大众的收入情况来看，连年增长的收入能够赶超物价上涨的速度，城镇居民的实际收入在不断增加，人们能够拥有更多的生活结余，这样的生活状态为休闲体育的物质消费水平提升提供了保障。

（二）休闲时间增多是参与休闲体育项目的可能条件

1995 年，我国要求全面落实每周工作 5 天的新制度；1999 年，全国再度推行 3 个“长假日”。至此，我国民众一年当中可以享有高达 14 天的法定节假日。由此一来，国民便有了更多闲暇时间参与休闲体育项目。王雅林等围绕居民日常时间分配情况展开探讨，将上海、哈尔滨和天津作为调研区域，最终得出了“相较于居民的工作时间而言，他们的休闲时间明显更长”的结论。数据显示，若以日为单位，居民日均工作时长共计 261.43 分钟，而休闲时长高达 336.99 分钟，两者相差 75.56 分钟。通过调研可知，若以周为单位，相较于 18~65 岁居民的工作时间而言，他们的休闲时间多出 9 小时。对个人来讲，如果能够拥有更多的空闲时间，那么参与休闲体育的机会也会随之增加，这也是休闲时代的显著特征。

（三）人的需要是休闲体育繁荣的主观条件

在社会竞争异常激烈的当下，人们的天性也会随之发生改变。所以，人们需要在空闲时间里找回天性，而休闲体育正是帮助人们在空闲时间找回天性的有效手段。也就是说，未来休闲体育将会成为当代人生活方式中的一种必然选择。

传统社会生产力以体力劳动输出为主，只有极少部分劳动者以脑力劳动为主。现代社会结构的变化令劳动者的劳力输出形式发生了改变，当前劳动者绝大多数是以脑力输出为主。在城市建设发展过程中，越来越多的劳动力转变为脑力劳动输出，科学技术的发展逐渐替代了体力劳动输出形式，而将其成功转变为生产机器的劳动输出形式。人类的身体机能在脑力输出增强、体力输出减弱的态势下逐渐出现下降的趋势，甚至还带来一些健康方面的问题。当前，人均寿命在不断延长，大多数老年人需要增加日常的体育运动量，以此来调节闲暇时间，同时可以降低大部分老年慢性疾病发生概率。不同阶段的青年人不仅要应对繁重的学业，还面临着巨大的工作压力，通过闲暇时间调节心理状态并强健个人体魄尤为必要，同时为休闲体育的发展提供动力。除此之外，现阶段社会大众对于自身的各项指标要求越来越高，能够积极主动地参与到休闲体育中，所以，休闲体育得以繁荣发展的必要条件就是社会大众的主观需求提升。

（四）学科完善是休闲体育发展的必然条件

实际上，在人类生存过程中，最基本的需求就是“玩”。但是玩有其自身的文化，在玩的过程中要认真钻研该文化。只有掌握了玩的文化，才能进一步发展和弘扬玩的文化。换句话说，上述理念充分体现了休闲体育教育功能的意义与价值。试问，是否能够在教育领域引入休闲体育专业呢?

在国外现代教育事业中，休闲体育教育已成为其主要构成部分。在社会发展的过程中，我国与西方国家的社会经历有相似之处，我国基础教育的改革创新工作可以汲取西方发达国家的相关经验，之后建立与我国国情相符的休闲体育教育结构，这样才能使休闲体育教育体系得到完善。当社会大众处于休闲时代时，完善后的休闲体育教育理论知识能够帮助参与者树立正确的休闲观念。

第三节　休闲体育与全民健身的相互关系

一、休闲体育为全民健身活动提供更大的发展空间

休闲体育是以体育活动项目为主，以陶冶参与者情操、娱悦参与者身心、完善参与者自我为目的的体育运动形式。休闲体育倡导以自然为主，在体育运动中实现身心的放松，以真正体验到休闲的乐趣。休闲体育具有非常丰富的内容以及变化多样的形式，如各种球类运动、田径项目以及新兴的蹦极项目、越野项目等，还有比较日常的休闲体育项目，如慢跑、登山和远足等。在休闲体育中，无论是新兴的项目还是传统的项目，都具有以下特点：一是对场地的要求不高；二是适合各个年龄段的人参与。休闲体育强调的就是体育乐趣与身心放松，所以，在未来的发展过程中休闲体育会受到越来越多人的青睐。

二、全民健身对素质教育的促进作用

从当前的社会发展态势来看，全民健身是体育运动项目中非常重要的组成部分，能够对国家发展和人民健康起到深远的影响作用。无论是从当前的社会背景来看，还是从未来的发展趋势来预判，全民健身都是功在千秋的重要体育项目。从中华民族的伟大复兴角度来看，全民健身能够促进社会的全面发展，对全面建成小康社会具有巨大的推动作用。我国目前所倡导的素质教育，其根本目的就是实现全民族整体素质的提升，其中既涵盖了民族，也涵盖了个人。从全民素质教育计划的落实角度来看，全民健身运动是其主要措施之一。全民健身最显著的功能是能够提升国民的整体素质，除此之外还可以提高全民族文化素质、心理素质等基本素养。可以说，促进素质教育政

策落实的主要途径之一就是健身。实际上，素质教育实施的方式有很多种[①]，可以实施素质教育的区域也有很多，从体育教育的视角来分析，全民健身不仅能够通过学校教育来落实，还可以通过社区体育、俱乐部等途径来实现。全民健身计划是落实素质教育、全民健身的重要途径，各地政府负责监管全民健身计划的实施，并提供有益的指导。

三、全民健身与休闲体育的协调发展

总体来看，全民健身与休闲体育既有很多相同点，也存在诸多不同之处。二者之间的关联非常紧密，能够相互促进，也能实现协同发展。随着时间的推移，人们的年龄在不断增长，全民健身与休闲体育也会随之相互转化。[②]社会大众在选择运动项目时会考虑自身的年龄特点，以至不同年龄段追求的休闲体育文化有所不同，这是社会大众身心发展的基本规律。也可以说，全民健身、休闲体育的出现与发展，是社会结构不断完善和发展的必然产物，这也是社会大众对精神文明的追求。所以，研究全民健身与休闲体育二者间的关联性，是一项非常有必要的工作。

（一）休闲体育与全民健身的不同

要想切实推动休闲体育发展，势必要有充足的闲暇时间。实际上，充裕的闲暇时间是顺利发展休闲体育的关键，更是落实这项体育运动的前提，这也是休闲体育的特征之一。而全民健身与休闲体育不同，在时间条件上存在显著的区别。出于自身对体育运动的爱好程度与兴趣，社会大众会利用闲暇时间参与体育锻炼活动。只有对某项运动产生兴趣，才能确保自己会长期参与其中，也就是说，培养个人兴趣爱好是参与休闲体育的基本前提。当个人

① 曲秀燕．对全民健身与休闲体育的协调发展的研究 [J]. 安徽文学（下半月），2008（2）：217.

② 曲秀燕．对全民健身与休闲体育的协调发展的研究 [J]. 安徽文学（下半月），2008（2）：217.

喜爱某项体育运动时，将有助于提升完成该项运动的整体质量与效果，以提高参与者身心素质，同时在反复的参与过程中提升对该项运动项目的技战术掌握能力，在熟练掌握多项技战术之后，参与者的体育锻炼意识就会更加积极和迫切。

（二）休闲体育与全民健身的联系

前文提到，全民健身与休闲体育二者存在密切的关联性，具体体现在多个方面：第一，体育人口。无论是参与休闲体育还是参与全民健身的人群，他们都存在一个共性，即群体的相通性。无论是处于哪一个年龄阶段、处于哪一个居住区域、从事哪一种职业、自身的性别等，都可以自主选择参加休闲体育、全民健身或者二者均有参与。第二，体育活动。无论是休闲体育还是全民健身，在形式或者管理上都有很多的相同之处，有很多运动属于有氧运动，所以在活动的组织形式与管理方式上有异曲同工之妙。不同的是，休闲体育基本上是群众组织形式，而全民健身既由政府宏观管理，也有一部分属于群众组织管理。所以，二者之间群众组织管理的部分是相同的。一般情况下，休闲体育的场地是以露天公园、学校体育场、体验馆以及社区为主。第三，体育消费。无论是休闲体育还是全民健身，都可以在一定程度上对人们的体育消费能力起到促进作用，也就是说，人们需要通过购买的形式换取健康。综上所述，休闲体育与全民健身所面对的对象都是全体社会大众，涵盖了各类人群和各类职业。从教育的视角来看，这既是大众教育，也是普及教育，可以不断增强人们的健康意识，也能够体现出社会的进步。

四、休闲体育是全民健身的基础

推动休闲体育发展，不仅能夯实全民健身的基础，加快中国体育强国建设，还将为世界奥林匹克运动作出巨大贡献。全民健身活动要想得到长久性的发展，需要参与者真心喜欢健身活动，保证参与活动的积极性。全民健身是建立在休闲体育基础上的，所以要把休闲体育这项基础工作做好，从而进一步科学合理地开展全民健身计划。

（一）休闲体育是最积极的健身方式

休闲体育与竞技体育有着本质上的区别。休闲体育注重身心愉悦、提升身心素质，参与者在休闲体育活动中可以改善身体素质，缓解生活与工作上的双重压力，以保持良好的精神状态；而竞技体育注重取得优异的成绩和名次，这是竞技体育活动项目开展的根本目的，以不断提升与完善自身的竞赛能力来获取名次。人们在休闲体育和竞技体育的选择上，更多地选择休闲体育。这是因为休闲体育本身具有强烈的趣味性，可以让参与者在进行体育活动时感受到明显的趣味性，让参与者了解或认识到参与体育锻炼的真正意义。所以，在经济化与数字化时代，应强化社会大众对休闲体育的认知，鼓励社会大众利用业余时间参与休闲体育活动，从而推进全民健身计划的实施与开展。

（二）休闲体育能够吸引更多大众参与全民健身

目前，物质文明和科学技术都发展到了一定的高度，休闲体育的场地、器材以及设施等日益完善，从而能够为大众的休闲体育活动需求提供充分保障。① 现阶段，休闲体育对场地、器材以及设施等基础条件的要求相对较低，社会大众走出家门就能参与体育锻炼。这不仅可以有效增强参与者的身体素质，还能够使参与者娱悦身心。在体育事业的发展过程中，休闲体育的项目更加多元化，项目内容更加丰富化，体育形式也更加注重多样化，未来休闲体育将成为现代人最喜欢的一种体育活动方式，以其自身诸多的优势吸引不同年龄层的参与者，从而促进全民健身计划的落地。

---

① 邢翡．休闲体育在我国全民健身计划进展历程中的构建与作用 [J]. 品牌，2014（8）：43.

（三）休闲体育的本质特征有利于全民健身的开展

随着生活节奏的加快，社会大众所要承受的生活与工作压力逐渐增大。人们都想在工作之余来放松一下身心，休闲体育在社会发展进程中应运而生，这种体育运动的模式受到了社会大众的青睐。休闲体育的活动内容是多元化的，活动形式非常丰富，并且在参与形式上非常简单，只要休闲体育参与者有主观参与的意愿，就能够参与到休闲体育活动中，满足其锻炼与健身需求。另外，休闲体育的锻炼方式以轻松、活泼为主，可以让参与者的身心在短时间内得到放松。休闲体育活动的参与方式非常简单，倡导以身心愉悦为主，可以帮助参与者建立自信心、完善自我。总而言之，参与休闲体育活动可以让参与者认识到强身健体的意义和必要性，改变社会大众对体育价值观念的认知，从而促进全民健身计划的实施与落地。所以，休闲体育与全民健身计划的落地之间存在非常紧密的关联，它们是相辅相成的。休闲体育的特征是具有趣味性，参与者的数量非常多，体育活动的氛围非常好，不仅有助于强身健体，也能娱悦身心。这意味着休闲体育要与全民健身相结合，这是落实全民健身计划过程中不可或缺的一步。也就是说，休闲体育是奠定全民健身计划实施的基础，必须夯实基础，方可开展下一步的全民健身计划工作。①

第四节　休闲体育资源约束健身全民化进程

非体育人口向体育人口转换的过程被称为健身全民化。学术界指出，健身全民化集中体现在以下几个方面：一是体育人口的数量与质量显著提高，相关结构不断完善；二是民众参与体育活动的频次明显增加，体育产业结构

① 苏静，张秋芬，王茜．健身全民化与休闲体育资源交互耦合的理论研究 [J]. 武汉体育学院学报，2010，44（9）：58-61，65.

更新换代；三是体育人口较少区域极易受到休闲体育价值观念、精神文化及生活方式的影响。

一、“爬坡模型”与休闲体育资源约束力的概念

（一）“爬坡模型”

“爬坡模型”休闲体育资源可分为三类：一是社会型资源，主要包括休闲体育活动开展的场地、设施与服务等；二是自然型资源，主打自然生态，多为极具地方特色的风景区；三是混合型资源，除城市中常见的公园与广场以外，还有城市绿地等。[①] 事实上，“爬坡模型”休闲体育资源和社会经济以及自然生态之间存在密切的关联。在构建“爬坡模型”时，既要运用物理学领域的相关知识，也要结合系统论的相关内容。对于健身全民化系统而言，当其处于发展阶段时，会受到来自休闲体育资源系统的摩擦力，因而其大小主要与两个方面有关，一是重力，二是摩擦系数。就发展方向而言，休闲体育资源和健身全民化系统的走向截然不同，两大系统有显著的反馈和反作用过程。

（二）休闲体育资源约束力的概念

结合“爬坡模型”可知，当休闲体育资源所处的时空范围已限定时，既存的供求矛盾势必增加调整两者的难度，从而导致健身全民化进程停滞不前，此时制约休闲体育资源发展的摩擦力，不仅会降低健身全民化的整体效率，而且会缩减总体规模，难以有效提升区域体育人口比例，使其与既定目标逐渐偏离，前文所述的约束作用便是休闲体育资源约束力。

---

① 王茜，苏世亮，苏静. 休闲体育资源约束健身全民化进程的理论研究 [J]. 北京体育大学学报，2009，32（2）：23-25.

二、休闲体育资源约束健身全民化的影响因素及影响机理

（一）休闲体育资源约束健身全民化的影响因素

1. 休闲体育资源总量

研究指出，当其他条件相同时，休闲体育资源总量与其对健身全民化限制性影响的变动方向截然不同。当区域内拥有更为丰富的休闲体育资源时，虽然能够为居民参与其中提供保障，但相应的供需矛盾加剧，约束力也会随之增大。

2. 休闲体育资源质量

资源总量会随着休闲体育资源质量的降低而逐步减少，导致出现质量型资源短缺的局面，进而使数量型资源短缺的问题加剧，极易造成过度使用有限资源的情况，譬如健身器材磨损率明显提高，从而又深陷质量型资源短缺困境，不仅无法合理使用当前的健身器材，甚至让原本应废弃的健身器材再度制约健身全民化。①

3. 休闲体育资源的时空分布

结合休闲体育资源的情况可知，其时空分布情况是产生约束力的直接因素。就本质而言，是对既定时空的休闲体育资源的供求关系产生影响的过程。如果能够根据居民的切实需求配置休闲体育资源并优化空间布局，不仅可以减少休闲体育资源的供需矛盾，而且可以弱化休闲体育资源约束力，从而实现全民健身发展目标。

4. 休闲体育资源开发利用程度

对于一个区域而言，如果当地的休闲体育资源开发利用程度较低，便意味着资源供应增长前景看好。相反，若是开发利用程度较高，那么此时的资

① 王茜，苏世亮，苏静．休闲体育资源约束健身全民化进程的理论研究 [J]．北京体育大学学报，2009，32（2）：23-25.

源供给增长将处于较低水平。所以，休闲体育资源的开发利用程度会直接影响健身普及的最终效果。

5. 休闲体育资源开发成本

如果一个区域开发休闲体育资源的各项条件较好，那么既不用投入过高的开发成本，也不必应对复杂的资源供应难题。相反，一旦区域开发休闲体育资源的状态不佳，就要在扩大投资规模的同时，着手解决资源供应问题。目前，区域开发休闲体育资源愈加丰富，利用水平和开发成本也在持续提高，从而影响休闲体育资源供给。

6. 休闲体育资源的管理制度

休闲体育资源管理一方面要求根据既定规划与相关决策调整并优化休闲体育资源配置，另一方面要求加大对人类开发利用休闲体育资源行为的监管力度。优化休闲体育资源管理制度是有效解决两者之间现存矛盾的最佳方式，从而实现健身全民化的目标。

（二）休闲体育资源约束健身全民化的影响机理

健身全民化系统及其发展规模发生变化后，必然会影响到休闲体育资源的约束力，具体体现在发展的规模、速度及水平等各个层面，由此形成了全新的作用和反馈机制。

三、休闲体育资源约束力的变化规律与现实解释

（一）休闲体育资源约束力的变化规律

人口学界指出，人口的不断增长通常建立在增长模型基础之上，这得到了资源学界的普遍认同。研究认为，在强化资源开发利用能力时，首先需要确立增长模型。由增长阈值约束而来的指数增长变成拉伸状态下的“S”形曲

线就是 Logistic 增长模型。[①]从理论层面来说，当两大系统的经济与自然状态均较稳定时，两者均呈“S”形变化，区别在于前者持续增长，而后者不断下降，且降速与增速相互对称。在已知两大系统曲线变化率的基础上，先求得算术乘积，再将绝对值作为摩擦系数。此时，为了实现可持续发展的目标，需要利用多样化的手段解决两者之间的既有矛盾。通过研究休闲体育资源系统与健身全民化系统可知，如果两者的变化较为剧烈，那么在既定时间内很难有效协调休闲体育资源供需问题，导致两者之间的矛盾加剧；如果两者处于稳定状态，那么就能够在较短的时间内合理调整休闲体育资源的供需情况，从而有效减缓甚至规避两者之间的矛盾。所以，在两大系统发展的过程中，其摩擦系数呈倒“U”形曲线分布。

（二）休闲体育资源约束力变化规律的现实解释

处于变动中的休闲体育资源约束力具有内在的发展规律，即在协调两大系统的基础上追求健身全民化系统社会效益的最大化。然而，这属于一种非常理想的状态，因为休闲体育资源约束力不仅受到个人习惯与偏好的影响，而且受制于当前的利益与经济状况，最终呈现倒“U”形，相应阶段表现为“S”形或反“S”形。尤需注意的是，倒“U”形较为特殊，实际生活里极易出现不规则变动，所以必须借助实证研究深入探讨相关的变化规律和机制。[②]

① 苏静，张秋芬，王茜．健身全民化与休闲体育资源交互耦合的理论研究 [J]. 武汉体育学院学报，2010，44（9）：58-61，65.

② 王茜，苏世亮，苏静．休闲体育资源约束健身全民化进程的理论研究 [J]. 北京体育大学学报，2009，32（2）：23-25.

第五节　健身全民化与休闲体育资源的交互耦合

一、健身全民化与休闲体育资源的交互耦合关系

（一）交互胁迫论

在现代社会，休闲体育已成为人们利用闲暇时间参与体育活动的首选。在遵循既定活动规程的同时，人们更加注重内心体验，乐于在轻松和谐的氛围中体验运动乐趣。换句话说，人们健身所依赖的主要资源就是休闲体育资源。所以，丰富区域休闲体育资源能够为休闲体育产业发展提供动力。此外，健身全民化发展还会导致区域人口数量的增加，进而使休闲体育资源消耗量过大，由此使得有限的体育资源承载过重，很难提升区域体育人口比例，健身全民化进程发展滞缓。由此不难看出，区域休闲体育资源愈加稀缺，致使健身全民化进程受到限制，健身全民化和休闲体育资源当中存在的交互胁迫关系即交互胁迫论。

（二）交互促动论

党的十八大召开之后，人们开始以更加积极的态度投入全民健身当中，为休闲体育产业发展提供了充足动力。国家体育总局指出，国内体育产业的发展不仅能够满足人民对日益增长的美好生活需要，实现个人全面发展，而且能够有效深化供给侧结构性改革，通过拓展消费容量以实现质量提升，构建符合当下发展的全新格局。我国通过完善全民健身场地设施和开展群众性体育赛事活动等手段，持续提升全民健身水平，不断优化群众生活方式。全民健身事业的建立过程，既要依托休闲体育产业的发展，也能为休闲体育资源发展提供支持。

目前，国民高度关注“健身去哪儿”的问题，所以必须稳步落实全民健身战略。我国还颁布实施了关于体育强国目标实现的纲要，在《关于加强全民健身场地设施建设发展群众体育的意见》中指出，必须从政策层面对健身设施建设提供保障，以丰富我国的休闲体育资源。2022 年国家统计局发布的《中华人民共和国 2021 年国民经济和社会发展统计公报》显示，2021 年末全国共有体育场地 397.1 万个，体育场地面积 34.1 亿平方米，人均体育场地面积 2.41 平方米。这也为我国体育产业营造了良好的发展环境，使其成为国民经济发展中的支柱产业。因此，必须全面贯彻落实体育强国建设的相关规划，准确把握国内社会主要矛盾的变化情况，坚持高质量发展。在深化供给侧结构性改革的基础之上，不断提高体育产业要素的创新水平，不断丰富该领域的产品与服务供给，为市场注入更多消费活力。持续拓展市场主体规模，完善产业发展环境，在全面融合全民健身和休闲体育资源的基础上，满足人民日益增长的美好生活需要。随着我国健身全民化进程的推进，国民不仅逐步形成了正确的健康价值观念，也开始接纳体育生活方式，同时休闲体育资源配置的科学性与合理性得到提高，休闲体育资源短缺问题也得到了有效解决。

（三）耦合共生论的观点

社会学家认为，耦合共生是指两个或多个生态系统之间的相互作用，其中每个生态系统都受益于合作关系。随着全民健身和休闲体育发展的深入，健身全民化与休闲体育资源的交互耦合成为必然趋势。随着我国国民健康意识逐步提高，休闲体育行为不断优化，大众休闲体育运动需求向日常化、科学化转变，最终助力全民健身与全民健康的深度融合，推进体育强国和健康中国战略的实施。

由此可见，随着健身全民化的推进，休闲体育市场结构、休闲体育市场行为、休闲体育市场绩效、休闲体育人口发展和休闲体育资源既相互促进，也相互制约，学术界将此命名为耦合共生论。

二、健身全民化与休闲体育资源交互耦合的演化阶段

在国民经济持续发展的过程中，民众利用闲暇时间参与休闲健身的需求不断提高，以强身健体和保持心理健康。顾名思义，体育旅游主要由体育和旅游两部分构成，属于融合性较强的产业形式，能够使人们在自然环境中放松并娱悦身心。城市体育和休闲体育资源交叉耦合时便会衍生出休闲体育，并已成为促进现代体育旅游发展的新动力。

发展休闲体育意义重大，既能提升民众生活品质与综合素质，也能提高经济能力与文化水平。目前，关于全民健身与休闲体育产业融合的研究虽多，但缺乏足够的广度和深度。两个产业的融合在初期阶段还缺乏理论基础和实践经验。从产业整合初始阶段的产业耦合出发，通过理论研究和实际操作，达到由耦合向融合转化的条件。目前，休闲体育产业与全民健身的融合缺乏条件和动力。休闲体育产业只是一个概念，不是一个独立的产业形态。所谓产业耦合，是指产业生产链上的某些环节发生变化，影响到相关产业生产链上的各个环节，从而产生的战略的变化和行为的响应。它通常用来描述产业制度之间的相互作用以及市场活动、绩效和结构之间的动态关系。

简言之，产业耦合是指两个或两个以上产业通过市场、技术、资源和制度相互作用的产业发展的动态过程，体现为对自身发展的及时响应和及时调整。主要包括以下两类：就产业外部而言，两个或多个关联性产业在高效利用资源并再次定位市场基础上的横向扩展耦合；就产业内部而言，在调整与优化产业链的基础上将其发展空间拓展至生产全程的纵向延伸耦合。

目前，休闲体育产业属于我国服务业产业范畴，不仅有助于最大限度地降低污染和能耗，也比较符合绿色环保观念。实际上，两者属于相互补充的

统一体。有关产业平台的建立是推动休闲体育产业快速发展的前提，其与全民健身产业之间存在耦合发展的关系。纵观产业耦合可以发现，在充分彰显市场基础性作用的同时，要强调政府的调控与促进作用。换句话说，两个产业的耦合发展既要借助政府的经济政策，也离不开政府的行政手段与法律规定。实践证明，基于我国市场和政府政策之上的两大产业间的耦合发展切实可行，现已成为推动体育产业规模化发展的新路径。在此期间，既要发挥两个行政部门的引导作用，也要严格落实国家体育总局及文化和旅游部的政策措施。只有这样才能够更好地促使休闲体育产业和全民健身产业耦合，从而加速推动体育产业发展。

从理论层面分析，当健身全民化系统和可利用休闲体育资源所处的经济与自然环境趋于稳定时，前者呈“S”形变化且处于增长状态，后者呈倒“U”形变化且处于下降状态，此时降速与增速相互对称。结合现况，联系前文所述的耦合共生论可知，如果两者处于剧烈变化状态，此时无法在既定时间内有效协调休闲体育资源供需矛盾，从而导致矛盾加剧；如果两者处于稳定状态，此时可以在短时间内合理调整休闲体育资源的供需情况，从而达到减缓甚至规避两者矛盾的效果。

（一）低水平协调阶段

全民健身计划提出之后，多数民众能够积极主动参与其中，但是真正能够坚持下来的人非常少。这一方面源自全民健身活动缺乏有效的内在驱动；另一方面由于受到社会经济、休闲时间等因素的影响，体育锻炼体系难以有效融入人们的社会生活当中，进而限制了民众的参与。而休闲体育的出现，丰富了全民健身的模式，同时为体育锻炼带来了更加灵活的选择，很大程度上调动了民众参与锻炼的积极性，推动了全民健身事业的进一步发展。休闲体育使运动项目更加具有针对性，满足了全民健身的实际需求，不仅有效激发了民众参与健身活动的热情，还培养了人们的体育精神，为全民健身发展创造了必要的条件。通常情况下，在全民健身和休闲体育融合发展的初始阶段，各区域内体育人口的聚集情况会受到关注，其中以点状分布的区域人口发生率上升较为显著。目前，健身全民化发展相对较慢，尚未达到资源累积效应的拐点，因此难以通过休闲体育资源对全民健身形成强有力的约束，也不可能通过健身全民化对休闲体育资源的利用形成有效驱动。

（二）中水平协调阶段

就大区域而言，健身全民化以城乡人口体育行为扩张为主。当健身全民化愈加胁迫休闲体育资源时，后者的约束力会明显增强，进而加剧两者之间的矛盾。目前，我国健身设施发展不足且失衡的情况同国民对体育健身需求越来越高之间的矛盾愈加明显，“去哪儿健身”的问题仍未得到较好解决。下文从五个角度展开论述：一是总量不达标，并未在老百姓周边建立充足的健身设施；二是结构不合理，城乡与区域之间分布失衡；三是载体老旧，相关场地与周边生态环境和自然环境的结合度不够；四是管理与保护力度不足，管理制度和服务机制都不完善；五是社会参与热情不高，投资主体较为单一。健身全民化与休闲体育资源之间发展的拮抗作用尤为显著，资源累积效应不断显现。

在全民健身运动高速发展期间，休闲体育资源约束力已然达到极限，难以满足体育人群对休闲体育资源更高的需求。随着休闲体育资源短缺问题日益凸显，休闲体育设施的投资规模和服务人员数量也在不断增加。目前，多数国民习惯于选择静态的业余休闲活动，长此以往，不仅不利于国民体质健康发展，甚至可能会演变为社会问题。而通过增加休闲体育资源的供给能够使该问题得到有效缓解，其形式多样的锻炼内容能够吸引民众主动参与，利用业余时间参加体育锻炼，从而促进其身心健康发展。此外，大众在业余生活中对休闲体育具有强烈需求。因此，休闲体育的发展对于全民健身计划的实施具有积极的推动作用，使“城市淡漠化”问题得到缓解，增加居民之间的沟通和交流，在降低精神压力的同时，提升民众的身心健康指数。另外，在打破传统区域休闲体育发展观念的过程中，既完善了体育人口结构，也提高了民众的适应能力，休闲体育资源日益弱化的约束力不仅让两者间的矛盾有所减缓，资源累积效应也逐步下降。

（三）高水平协调阶段

高水平协调阶段集中在健身全民化成熟发展的中期和后期。在健身全民化发展的过程中，其与休闲体育资源中的矛盾逐渐消失，两者呈现出彼此促进、协调发展的局面，资源累积效应也处于延缓平稳状态。全民健身和休闲体育间相互关联，存在一定的辩证关系。一方面，两者相互促进补充，协同进步与发展，休闲体育在满足内在需求的同时，能契合全民健身的发展需求，在全民健身规范有序的指导下稳步发展。另一方面，两者在适用范围、锻炼强度等方面存在显著差异。因此，需要深入科学分析两者的联系，促进二者的协同发展，最终提升全民素质教育水平。经济发展对各领域的建设具有积极的推动作用，对于全民素质教育同样如此。经济发展水平越高，民众对健康生活的追求就越强烈，对体育锻炼的需求也会增加。随着社会环境的不断变化，民众的物质需求得到基本满足，精神层面的需求更为强烈，这实际上为休闲体育的发展指明了方向。休闲体育与全民健身不但注重民众身体素质的提升，还注重素质教育以及民众精神层面需求的满足。民众只有具备较强的心理素质和身体素质，才能有力推动社会经济发展。尤为值得注意的是，前文所述耦合规律是以健身全民化系统持续发展且与休闲体育资源系统之间协调发展为基础，休闲体育通过健身全民化提高效益能力。

三、健身全民化与休闲体育资源交互耦合的演化类型

以健身全民化构筑全民健身公共服务体系是实现全地域覆盖、全项目设置、全龄化参与全民健身活动的重要举措。休闲体育是健身休闲产业的重要组成部分，是以休闲体育活动为载体、以参与体验为主要形式、以促进身心健康为目的，向大众提供相关产品和服务的一系列经济活动。[①] 国务院办公厅发布的《关于加快发展健身休闲产业的指导意见》中明确指出，到 2025 年健身休闲产业的总规模将达到 3 万亿元，基本可以形成功能优化、布局合理的发展格局。因此，在健身全民化时代，各区域中健身全民化发展的路径和拥有的休闲体育资源有所区别，除社会因素与政策因素以外，还会受到心理因素的直接影响。所以，两者间的交互耦合既能体现交互作用的演化趋势，也能反映一般规律，即健身全民化与休闲体育资源交互耦合低级协调型、资源主导型、同步协调型、健身全民化滞后型、逐步磨合型、健身全民化超前型、休闲体育资源稀缺型、低级磨合型、不可持续型。

（一）低级协调型

低级协调型区域的休闲体育资源整体状况较好，健身全民化处于稳步发展状态，休闲体育资源受到的影响有所不同。因此，提升健身全民化与休闲体育资源交互耦合低级协调型的辐射效应，更需要让休闲体育在人们的闲暇时间中占据更多分量，做好规划为百姓提供更多的休闲体育场地和场景，结合中国传统文化设计出更多创新性的运动项目，让科技在休闲体育中发挥更大的作用。

（二）资源主导型

资源主导型区域的休闲体育资源整体状况较佳，健身全民化发展滞缓。

① 苏静，张秋芬，王茜．健身全民化与休闲体育资源交互耦合的理论研究 [J]. 武汉体育学院学报，2010，44（9）：58-61，65.

不仅健身全民化胁迫休闲体育资源的效力不足，而且体育资源约束健身全民化的能力过低，从而与休闲体育资源阈值逐渐偏离。结合休闲体育资源约束力可知，这种变化拐点在较长的时间后才出现。资源主导型休闲体育活动资源优势十分明显，但区域经济不是很发达的地区，可以充分发挥地方特色，通过国家在资金、政策上的扶持，选择有代表性的项目合理布局，有重点地进行开发，使资源主导型休闲体育资源的吸引功能得到最大限度的利用，完成休闲体育资源优势向产品优势的转化。

（三）同步协调型

推动健身全民化与休闲体育资源同步协调发展可实现休闲体育高质量发展，实现两者同步协调具有鲜明的时代性、深厚的服务性、科学系统性，以人民为中心促进休闲体育与健身全民化同步协调发展，最终达到同心同向的协同目标。健身全民化与休闲体育资源同步协调发展不仅有利于增强人民体质、保障人民健康，还是推进共同富裕现代化进程中不可或缺的重要一环。由此可见，同步协调型区域的休闲体育资源条件较优，能够推动健身全民化的快速发展。当休闲体育约束力无限接近最大阈值时，可以借助调控措施减缓健身全民化发展速度，以减少两者间的矛盾冲突，所以在早期便出现了变化拐点。

（四）健身全民化滞后型

休闲体育是全民健身的基础，在全民健身中发挥着重要作用，全民健身的发展离不开休闲体育，并对休闲体育的推广具有推动作用。休闲体育与全民健身之间是相互促进的关系，相互影响，联系密切。①健身全民化滞后型区域的休闲体育资源条件较为一般，健身全民化发展速度较慢。健身全民化胁迫休闲体育资源的效力不足，无法快速推动休闲体育资源发展。休闲体育

① 沈芸．休闲体育与全民健身研究 [M]. 陕西：西安交通大学出版社，2017.

资源约束力不仅会随着体育设施投资规模的扩大有所弱化，还会随着休闲体育产业的不断发展而逐渐缓和。随着全民健身政策的落实，要想实现大众化、多元化和专业化的健身全民化，不断满足人民群众日益增长的多元化健身需求，需要逐渐改变健身全民化滞后型的发展状况，进一步推进落实全民健身国家战略，共建高品质全民健身公共服务体系，推进休闲体育产品与服务标准化建设，加大政府购买休闲体育服务力度，支持区域休闲体育发展、休闲体育服务质量提升，多措并举补齐健身全民化滞后型的短板，让健身全民化与休闲体育资源交互耦合多元化，促进休闲体育消费与产业融合，推动全民健身与全民健康深度融合发展。

（五）逐步磨合型

休闲体育是群众参与全民健身和全民健康的一种体育活动形式，因其参与人口众多，方式方法方便快捷，场地局限性小，市场发展前景广阔。逐步磨合型区域的休闲体育资源条件较为一般，健身全民化发展滞缓。在健身全民化阶段，休闲体育资源消耗逐渐增大，约束力也逐渐增强，最终达到阈值。当该区域休闲体育资源对健身全民化的约束力不断增强时，将会直接减缓健身全民化的发展速度。当今时代，随着科技快速发展，数字化、智能化、自动化、信息化让人们的生活更加便利，但久坐生活方式导致很多人缺乏运动，罹患肥胖、“三高”等疾病的人群日渐增多，因此要加快健身全民化与休闲体育资源交互耦合的发展，让休闲体育活动成为普遍生活方式，凸显健身全民化与休闲体育资源逐步磨合的动力和活力，破解现代社会生产生活方式容易增加人们的疏离感并导致归属感缺失，影响身心健康的难题。

（六）健身全民化超前型

健身全民化是指非全民健身人口转变为全民健身人口的过程，表现为全民健身人口的数量增多，尤其表现在儿童少年的健身人口、女性健身人口、农村健身人口、残疾人健身人口的增多，特别是老年健身人口的增多。在实施广泛开展全民健身活动的大背景下，休闲体育活动逐渐常态化、休闲化、全民化，促进健身全民化与休闲体育资源交互耦合向超前型发展。健身全民化超前型区域的休闲体育资源条件较为一般，健身全民化处于高速发展状态。根据该区域休闲体育资源现状可知，其阈值较低且在较短时间内接近阈值水平。因此，在健身全民化超前型阶段，要保持区域的休闲体育资源的稳定性、增加健身全民化超前型区域的休闲体育资源的健身价值，需要加大数字经济赋能力度，以“满足人民日益增长的美好生活需要”为根本目的，以“创新、协调、绿色、开放、共享”为根本理念，搭建健身全民化与休闲体育资源交互耦合数字化平台，整合休闲体育资源，推动基础设施智能化更新，满足休闲体育消费者高品质健身需求。

（七）休闲体育资源稀缺型

随着全民健身的推进，以休闲体育资源为健身元素，特别是与自然生态融为一体，集合各类运动场地和设施以及休闲体育活动空间的缺乏，形成了健身全民化与休闲体育资源交互耦合的资源稀缺型。主要表现特征为区域休闲体育资源条件较差，不仅健身全民化能够有效胁迫休闲体育资源，而且体育资源能够对健身全民化形成强有力的约束。在两者相互适应的过程中，休闲体育资源对健身全民化的约束作用持续下降，在早期便出现了变化拐点。

休闲体育资源是体育资源和旅游资源结合的共生体，休闲体育资源包括休闲体育自然资源和休闲体育社会资源。因此，在健身全民化与休闲体育资源交互耦合资源稀缺型的发展阶段，通过培育组织、技术与产品创新优势，拓宽健身全民化与休闲体育资源交互耦合资源稀缺型的传导渠道，增加休闲体育资源的附加值。

（八）低级磨合型

健身全民化与休闲体育资源交互耦合低级磨合型时期，低级磨合型区域的休闲体育资源条件堪忧。一旦休闲体育资源对健身全民化的约束力持续增强，将会越来越接近休闲体育资源阈值。实践证明，必须通过协调健身全民化和社会经济发展步伐的方式应对持续增强的休闲体育资源约束力。扩大休闲体育投资规模与丰富休闲体育设施都是优化与完善休闲体育资源条件的有效方式，从而达到弱化约束力的目的。

（九）不可持续型

不可持续型区域的休闲体育资源条件堪忧，健身全民化处于高速发展状态，导致休闲体育资源约束力骤增，现有矛盾无法得到有效解决。通常情况下，只能从理论层面对社会发展规律之外的状况进行阐释，无法通过现实生活予以印证。①

第六节　休闲体育对全民健身运动的影响及对策

在传统文化中，人们在思想意识上对休闲娱乐存在一定偏见。②现如今，随着社会的不断发展，社会大众拥有了越来越多的业余时间，体育健身群体对休闲体育活动的喜爱程度也在不断增加。这是因为休闲体育倡导的是以人为本的理念，能够通过体育项目输出人文关怀，而且休闲体育活动中的内容与形式都非常丰富，与传统体育相比具有潮流性、时尚性及小众性等特征。参与者在休闲体育项目中能够感受到大自然的鬼斧神工，能够收获身心方面

① 苏静，张秋芬，王茜．健身全民化与休闲体育资源交互耦合的理论研究 [J]. 武汉体育学院学报，2010，44（9）58-61，65.

② 张雪山．休闲体育对全民健身运动的影响及对策研究 [J]. 山西师大体育学院学报，2006（S2）：5-7.

的愉悦，领略体育锻炼最本真的乐趣和魅力。因此，便会有越来越多的体育爱好者参与到休闲体育活动中。所以，在当前全民健身如火如荼的发展进程中，需要进一步讨论全民健身中休闲体育产生的影响和作用，这将会对全民健身计划的落地实施产生深远的影响。

一、休闲体育对全民健身发展的积极影响

（一）休闲体育是我国实现全民健身计划的重要途径之一

我国颁布《全民健身计划纲要》对国内体育健身计划进行宏观指导，该纲要在实施期间得到社会各界的全力支持，使全民都能参与到目标明确、任务清晰、措施妥当的体育健身活动当中。全民健身计划与社会主义现代化发展的目标一致，属于社会体系中一个重要的组成部分，也是体育事业发展进程中的一项战略规划。要想促进全民健身活动的持续稳定发展，需要让每一名参与者在体育活动中感受到健身的乐趣。前文不止一次提到，休闲体育的趣味性非常强，体育活动氛围十分轻松，是最容易收获乐趣的活动形式，与此同时，能够让参与者通过健身活动认识到健康生活的价值，为参与者创造健康生活、积极工作的便利条件。所以，《全民健身计划纲要》的目标需要建立在休闲与健身有机结合的基础上，由此才能从真正意义上实现全民健身的根本目标，这也是实现全民健身计划的主要途径。

（二）休闲体育是一种积极有趣的锻炼与健身方式

休闲体育活动拥有多元化的内容、丰富的活动形式以及简单的参与方式，只要参与者具有主观参与的意愿，就能够参与到休闲体育活动中。通过这种活动形式，参与者能够很好地满足锻炼与健身需求，感受到大自然的鬼斧神工，收获身心方面的愉悦，领略到体育锻炼最本真的乐趣和魅力。现代人紧

张的生活方式需要通过参与休闲体育来进行适当的调节，若是能够利用闲暇时间参与休闲体育活动，不仅可以提升自身的身体机能，还可以有效改善参与者的身体健康情况，最重要的是能够转移参与者生活与工作中承受的压力，同时可以帮助参与者培养积极、乐观的思想意识。

（三）休闲体育能够推进全民健身的普及

物质文明和科学技术目前都发展到了一定的高度，职业体育、休闲体育的场地、器材以及设施等日益完善，能够为大众的休闲体育活动需求提供充分保障。①

现阶段，休闲体育对场地、器材以及设施等基础条件的要求相对较低。这就意味着大众体育娱乐水平将会在一定程度上得到提高，进而提高竞技体育水平，从而能够为职业体育队输送更加专业的体育人才。同时，职业娱乐体育活动自身具有的高级技战术水平也会对大众娱乐体育提出更加严格的要求。在体育事业的发展过程中，休闲体育的项目更加多元化，项目内容更加丰富化，体育形式也更加注重多样化，未来休闲体育将成为现代人最喜欢的一种体育生活方式，也会因为自身诸多的优势吸引到不同年龄层的参与者。

（四）休闲体育的发展符合全民健身的要求

休闲体育倡导的是以人为本，能够通过体育项目输出人文关怀，而且拥有较为丰富的内容和多样化的形式，具有潮流性、时尚性及小众性等特征。参与者在休闲体育项目中能够收获身心方面的愉悦、领略体育锻炼魅力、改善人际关系等。通过休闲体育，参与者可以从生活与工作的压力、沮丧和焦虑中解脱出来，体验生活本真。所以，参与者在休闲体育中不仅能够放松身

① 王晓瑞．生态文明视域下城市居民休闲体育消费发展研究思路构建 [J]. 西安电子科技大学学报（社会科学版），2022，32（2）：24–28.

心，还能够在轻松的氛围中收获乐趣。与此同时，能够让参与者通过健身活动认识到健康生活的价值，为参与者创造健康生活、积极工作的便利条件。

二、休闲体育促进全民健身发展的对策

休闲体育是我国体育产业的重要组成部分，持续三年的新冠疫情虽已结束，但其对我国休闲体育所造成的伤害仍未完全消失，加之我国目前正处于经济增长速度换挡期、结构调整阵痛期、前期政策消化期的“三期叠加”阶段[①]，后疫情时代休闲体育的发展形势将受到严峻挑战。为促进休闲体育的高质量发展，国务院办公厅正式印发《关于促进全民健身和体育消费推动体育产业高质量发展的意见》，明确提出“大力培育健身休闲，提升体育服务业比重”的发展目标。

（1）围绕《全民健身计划（2021—2025 年）》，在休闲与健身有机结合的基础上，才能从真正意义上实现全民健身的根本目标，这也是实现全民健身计划的主要途径。休闲体育自身具有趣味性特征，参与者的数量非常多，体育活动的氛围非常好，不仅强身健体，也能娱悦身心。可以开展不同的球类运动、田径项目以及新兴的蹦极项目、越野项目等，还有比较日常的休闲体育项目，如慢跑、登山和远足等。要在《全民健身计划（2021—2025 年）》的指引下，落实全员参与健身的目标，同时要提高参与者的科学健身意识。

（2）全民健身活动场地通常会选择公园、社区等室外场所，并因地制宜地设置相应的配套设施和健身器材，富有趣味性、健身性与科学性。通常情况下，器材的排列分布非常科学合理，体育设施易于操作，民众的健身需求基本得到满足。此外，顺利开展全民健身计划既需要国民的广泛参与，也离不开社区的体育指导。在城市区域中有很多社会体育指导工作者，在农村区

① 袁纯清．改革要抓住关键点[J]. 先锋队，2014（5）：1.

域内却很少见。所以，要利用当地的设施和工作人员，开发一些趣味性较强的健身项目，或者开发一些符合当地风俗、特色的体育运动项目，这样能够提升参与者的积极性。

（3）高度重视传统体育项目的魅力，要将传统体育休闲项目融入全民健身计划中。这些项目在当今社会中仍具有非常旺盛的生命力以及稳固的市场占有率，因为其发展历史悠久，在社会大众心中已经根深蒂固。从心理上来说，人们比较容易接受此类项目。同时，传统体育休闲项目的文化内涵较为深厚，教育价值、健身意义较高，且富有艺术气息。这些传统休闲体育项目可以让参与者在锻炼中得到身体素质上的提升，形成良好的思想道德情操。所以，可以在某些地区挖掘传统体育休闲项目，将其与全民健身相融合，这样就能够吸引更多的爱好者参与到健康运动中来。

（4）充分挖掘休闲体育中的功能特点，突出其健身、健心以及健美特性，从而吸引更多的参与者。在文明社会，人们需要利用闲暇时间进行一些娱乐活动。与其他形式的娱乐活动相比，休闲体育活动这种以身体活动为主要形式的娱乐项目更容易受到社会大众的青睐，这是因为休闲体育活动有益于身心的双重发展，满足人们自我发展的需求。休闲体育在某种程度上可以提升人的文化素质，提高人的审美能力，让人们在压力较大的工作环境中得到身心的释放，使人们能够更加全身心地投入工作，进一步提高工作效率，进而获得更多的闲暇时间。在健康的休闲生活中，人们的身心能够得到较好的发展，有效改善人格与品质，进而促进社会经济与社会文明的发展。在休闲体育活动中，健美和健身操是不错的选择，能够对身心健康产生积极的影响。

这些运动均具备“三健”（健身、健心及健美）功能，所以，可以尝试开发该类型的休闲体育活动项目。

（5）以老年人和妇女为主要群体，开展与其相关的休闲体育活动，这是使全民健身队伍不断壮大的重要途径之一。我国老龄化现象比较严重，且老龄化人口基数还在不断增加。由此可以看出，老年人是一个非常庞大的体育群体。此外，人均寿命也在不断增加，多数老年人需要增加日常的体育运动量，以调节闲暇时间，同时这将有助于减少大部分老年慢性疾病的发生。近几年，以老年人为主的休闲体育已经在全球范围内得到普及和发展。相对其他运动形式来说，老年休闲体育并不是单纯的体育运动，更倾向于社交运动。老年人也需要在闲暇时间利用休闲体育活动来改善身心健康情况。休闲体育强调的就是体育乐趣与身心放松，老年人也能很容易在休闲体育项目中找到适合自己的运动方式。所以，休闲体育将会受到越来越多人的青睐。由调查数据能够看出，妇女群体在休闲体育活动中的参与度越来越高，这说明了我国社会经济在不断发展，女性获得了更高的地位。在社会竞争越来越激烈的今天，妇女群体需要在闲暇时间充分参与休闲体育活动。在未来全民健身计划的发展中老年人群体与女性群体很有可能成为主力军。

第三章　全民健身视角下的休闲体育发展

第一节　全民健身与休闲体育的辩证关系

实际上，休闲体育属于新兴的概念，随着人们生活水平的不断提升而产生。之所以会出现休闲体育，是因为人们需要合理利用和支配自己的休闲时间，同时要达到提升自身健康、身体素质的目的。另外，人们希望通过休闲来满足自己精神层面的需求，释放生活与工作中不良的情绪，完善自我人格，人们参与休闲体育的心理和生理需求与全民健身的实施目标是一致的。简单来说，在可支配的时间范围内，自主选择参与的项目或者运动形式就是休闲体育。休闲体育能够在很大程度上满足当代人身心发展的需求。足够的闲暇时间是落实休闲体育的前提条件，也是必要因素之一。全民健身与休闲体育二者的关联紧密，全民健身是建立在休闲体育基础上的，基于这样的观点，我们详细分析下面的内容。

休闲体育与全民健身计划的落地二者之间存在非常紧密的关联，它们是相辅相成的，全民健身是建立在休闲体育基础上的。休闲体育倡导以人为本，通过体育项目能够输出人文关怀。无论是参与休闲体育的人还是参与全民健身的人都具有共性，即群体的相通性。无论是处于哪个年龄阶段、处于哪个居住区域、从事何种职业等，都可以自主选择参加休闲体育、全民健身。体育活动中的休闲体育和全民健身，在形式或者计划上有很多的相同之处，很多运动都属于有氧运动，所以在活动的组织形式与管理方式上非常相似。在休闲体育中，无论是新兴的项目还是传统的项目，对场地并没有过多的硬性要求。一般情况下，休闲体育的场地是以露天公园、学校体育场、体验馆以及社区为主。未来休闲体育将成为现代人最喜欢的一种体育生活方式，鼓励社会大众利用业余时间参与休闲体育活动，以便于推进全民健身计划的实施与开展。

虽然全民健身与休闲体育之间存在非常紧密的关联，但两者在价值与组织等方面存在非常明显的差异。从价值追求的视角来看，全民健身重点在于提高参与者的身体素质，改善现有的健康状况；休闲体育运动倡导的是精神层面的满足与放松。相较于全民健身，休闲体育运动的个性化色彩更加强烈，这也是当前社会大众更愿意选择休闲体育运动的根本原因。比较常见的休闲运动还包括冲浪、蹦极等极限运动，这些运动包含非常多元的个性化色彩。人们在休闲体育活动中可以改善现有的身体素质，减轻生活与工作上的双重压力，从而保持良好的精神状态。不同年龄段追求的休闲体育文化也是不同的，这是社会大众身心发展的基本规律。然而，极限运动在全民健身活动中的发展空间非常有限，难以普及。另外，极限运动对体育消费也有一定的要求，需要参与者具备经济独立支配的能力，这样的需求在全民健身计划中也是不常见的。从价值与组织管理形式层面来看，全民健身计划由各地政府监管，负责计划与管理和必要的指导，确保全民健身计划在社会大众的热情参与下、社区体育指导的引导下得以顺利开展。

通过以上分析能够看出休闲体育运动与全民健身二者之间的共同点，就是二者所面对的对象是全体社会大众，涵盖了各类人群和各类职业，而且二者的参与目的是协调统一的。现阶段，人们对生活有了更高层次的追求，从物质追求上升为精神追求，也就是说，人们在满足低层次需求之后，必然就会对高层次需求有所追求。简单来说，当社会大众的衣食住行需求得到满足之后，就会追求精神层面的高层次需求。那么，可以得出这样的结论：全民健身目标可以被视作休闲体育的发展目的，二者属于处在不同发展阶段的同一个事物。

第二节　全民健身背景下休闲体育发展存在的问题及对策

全民健身是国家战略，党的二十大报告强调，要广泛开展全民健身活动。2022 年，《关于构建更高水平的全民健身公共服务体系的意见》提出的主要目标为“到 2025 年，更高水平的全民健身公共服务体系基本建立”。休闲体育作为促进全民健身活动的重要驱动，在这样的环境背景下飞速发展，其发展形态体现在社会大众的关注度以及生活方式的改变上。现如今，休闲体育已成为一种全新的生活模式，是当代人文化生活领域不可或缺的一项重要内容。当前，人们的物质生活水平在不断提升，随之增长的还有社会大众参与休闲体育的热情。体育领域的各位专家对这些现象给予了一定的关注，并对这些现象进行详细的探索和研究。在休闲体育运动的实践活动中，休闲体育理论的发展能够为休闲体育的实践活动提供正确的发展方向。在理论研究的辅助之下，休闲体育实践活动的开展能够保持蓬勃的发展态势。另外，在休闲体育实践活动中，能够明显看出参与者的人数在不断攀升，这就意味着休闲体育的规模在逐渐扩大，这一部分的扩大主要指的是休闲领域。如今，休闲体育实践活动的场地和设施也在不断增加，参与者的自由支配时间也在逐渐增多，但是在实际发展过程中休闲体育仍面临一些不可避免的问题。

一、休闲体育发展存在的问题

（一）休闲体育的参与者在项目的选择及运动负荷强度等方面具有盲目性

当前，一些参与者在选择休闲体育项目时通常会缺乏主见，看见某一项目有很多人选择，就盲目地跟着选择，并没有考虑自身的情况是否符合该运动对体能的要求，在运动过程中极易出现肢体损伤。另外，一般的参与者不具备专业的休闲体育运动知识，所以很难掌握运动负荷强度，从而出现运动负荷过量或者过低的情况。基于这样的情况，参与者在休闲体育运动中很难得到身心上的放松，通常会出现运动无效的情况，甚至还会对参与者的身体造成损伤。

（二）区域间发展不平衡

我国的地域非常辽阔，各区域之间的经济水平存在一定的差异，社会发展进程也会存在一些差异。这些差异在休闲体育运动发展方面的体现是，休闲体育运动中最突出的问题是缺少准确的内容、明确的标准以及统一的体系。我国东部沿海地区的休闲体育发展态势较好，已经拥有较为稳定的群众基础，全民健身也得到了良性的发展。但是，我国西部内陆地区与东部沿海存在非常大的差距，休闲体育的发展举步维艰，从而导致全民健身计划的实施进度受到严重阻碍。

（三）缺乏充足的资金支持

中国健身休闲产业属于新兴产业，且迎合了人们对于绿色环保理念的追求，所以大量的投资者纷至沓来，成为中国经济新的增长点，在中国产业结构中占有重要地位。中国健身休闲产业目前处于发展的关键时期[①]，但缺乏充足的资金支持，且尚未建立起现代化的经营管理模式，产业运行机制无法满足当前的市场经济发展需求，居民消费水平低等制约增长的体制性障碍依然存在。风险投资的实施可以有效地促进体育资源的优化配置，进一步拓展体育市场。政府要在产业稳定有序发展的基础之上，结合自身的切实需求以及经济实力等，选择与自身相适合的健身休闲产业，并且要立足于中长期的发

---

① 尚慧娟，周结友，郭修宽．我国健身休闲产业领域存在的主要问题、成因及解决策略 [J]. 福建体育科技，2022，41（1）：1-5，19.

展需要合理对健身休闲产业发展进行统筹规划。这就决定了中国政府在发展健身休闲产业方面的重要责任。但在履行职责的过程中存在职能缺失的现象，如政府无法对健身休闲产业的健康长远发展提供有效指导。

（四）居民休闲体育消费意识不足

居民休闲体育发展受到诸多因素的制约，具体体现在收入状况、经济环境、城市化进程以及人们的体育消费意识等方面。

一方面，居民消费类型以物质消费为主，观赏型体育消费不足。由于收入、性别、年龄和文化的差异，消费者在消费观念上也存在差异。受传统消费观念的影响，居民对体育消费的娱乐价值、审美价值等认识不足，有些人甚至对体育本身存在偏见，从而影响了体育消费，消费者没有形成持续参与的概念，人们的心理对体育消费产生了消极的影响。体育消费属于第三产业，提高居民收入意味着提高居民体育消费水平。着力推动社会主义市场经济的发展，搭建各种促进就业的平台，使居民的就业率得到显著提升，增加居民经济收入特别是低收入人群的收入，是扩大体育消费需求的关键。

另一方面，在人均占有面积方面，休闲体育空间的建设相对不足。我国已经建设的各种体育设施和体育场馆无法满足人们的现实消费需求，对体育消费的增长形成了极大的阻碍，由此严重挫伤了居民参与锻炼的热情，难以增加在该领域的消费。我国人民的休闲体育空间难以满足居民体育活动需求，由此对居民体育消费产生了不利的影响，使其参与活动的积极性大幅降低。所以，激发居民消费需求、满足居民休闲体育锻炼活动的要求成为发展城市居民休闲体育空间的最主要问题之一。

（五）休闲体育空间供给不足，产业经营缺乏合理的管理体系和运作机制

休闲体育空间必须保证自身的便利性。具体而言，就是要保证居民能够非常便捷地进入休闲体育空间，这不仅与城市的道路、空间位置及个人出行

能力有关，还与休闲体育空间的开放、经营管理方面有关。因此，休闲体育空间的便利性体现了一个城市的综合实力。目前，许多城市的休闲体育空间的便利性相对缺失，道路、河流等方面的问题也会对建设便利的休闲体育空间产生极大的阻碍，且大部分休闲体育空间处于半封闭状态，使用率偏低，人们的休闲体育锻炼和活动需要无法得到最大限度的满足。大部分城市在休闲体育空间方面没有形成较为合理和均衡的供给结构，主城区内的休闲体育空间相对密集，而城区外相对较少。通过研究发现，休闲体育空间是以大型体育场馆或设施为中心进行布局的，更多的是为体育比赛服务，而不是休闲体育，与国外按照生活圈布局的休闲体育空间相比，我国城市居民休闲体育空间供给结构不均衡。此外，城市居民休闲体育空间供给质量不高且没有得到重视，原有场馆、设施等休闲体育空间的改造和功能挖掘也没有得到足够的重视。我国城市居民休闲体育空间的供给属于政府部门的职责范围，如果政府部门不重视城市居民休闲体育空间的规划供给，必然会严重制约城市休闲体育空间的发展。由于政府部门长期以来忽视休闲体育，对休闲体育空间的规划供给缺乏足够的认识，未能合理制定休闲体育空间的供给规划。政府部门应统筹规划休闲体育空间，确保休闲体育空间的功能得到充分发挥，为更多的城市居民服务。

体育产业的经营对休闲体育的发展具有显著影响，这种影响主要体现在两个方面：一方面，受管理体制影响，比如大众体育缺乏较为完善的组织管理体制、体育组织化程度较低等。而大众体育俱乐部具有较强的活力，但是由于缺乏充分的法律法规保障，没有科学的政策指引，很多消费市场机会白白流失。另一方面，受运作机制影响，主要体现在缺乏较为专业化的工作团队。很多管理者往往是兼职，本职工作本来任务就比较繁重，所以在社会体育工作方面所付出的精力必然有限，难以充分保证群众体育活动开展的成效和质量，由此会限制和阻碍参与型体育消费。由于开发的无序性以及只注重效益的发展模式，休闲体育市场中的投资行为存在很大的盲目性，造成了资源的极大浪费。此外，未能形成具有组织化和社会化特征的娱乐体育服务组织，需要深入挖掘娱乐体育产品资源。综上不难发现，当前体育管理体制改革的难点和重点就在于，促进休闲体育产业发展的合理化和规范化，逐步构建起组织化和社会化的休闲体育体系。

二、休闲体育发展的对策

促进休闲体育产业发展需要多渠道改变当前区域发展不平衡的现象。首先，将社会大众的休闲体育运动需求作为基础；其次，要考虑各地区之间的梯度性，综合考量地域与地域之间的经济发展水平差异；最后，要做到起点均等的基本原则，按照国家的标准并结合当地的情况协调区域内的各项标准，结合社会经济、环境的变化作出适当的调整，使其具有更强的可操作性。在休闲体育的发展与普及过程中，参与者已经不再满足于现有的锻炼活动项目，而是需要更加专业的指导。所以，要通过不同的途径和手段来构建完善的指导咨询途径，提升大众体育的科学性。另外，要让休闲体育较为发达的东部沿海地区带动西部内陆地区发展。

（一）积极开展休闲体育的宣传教育和学术研究

对休闲体育所具有的社会价值等要有全面和正确的认知，我国在进行各级教育规划的编制时也要重点考虑休闲体育教育的发展。提升素质教育，实施全民健身计划，促进人的全面发展是必然要求，以便组织、计划和培养年轻人的休闲态度、行为习惯和价值观。同时，为适应时代的发展，还要通过休闲体育教育，积极培养休闲体育专家、休闲体育管理人才和教练，大力发展休闲体育咨询机构，确保休闲体育的科学性。加大休闲体育宣传力度，使人们在思想观念上能够重视休闲体育所具有的价值。休闲体育从某种程度上体现了一国的生产力水平，是对社会文明程度进行评价的重要指标，是文明健康的生活方式的体现。休闲体育的发展与居民传统生活观念的变化和生活质量的不断提高有关[①]。因此，各级政府部门应继续增加休闲体育广告的投放，并借助各种现代化的以及传统的传播媒介来大力宣传，使休闲体育真正惠及广大群众，让人们能够在闲暇之余享受运动的乐趣[②]。我们应当认识到，休闲体育是人们维持身心健康的重要手段和方法。所以，政府应积极组织开展休闲体育和健身活动，指导人们树立科学和健康的休闲体育价值观。当代社会节奏加快，人们工作压力越来越大，对健康也越发重视，所以，全面的“休闲时代”必将到来。

当前，我们在休闲和休闲体育方面的实践较少。随着城市化进程的加快，各种休闲娱乐活动越来越丰富，人们对休闲体育的需求日益增加，迫切需要休闲体育的科学理论指导。然而，中国的城市休闲体育研究才刚刚起步，相关理论研究成果非常少。因此，必须从多角度以及更广泛的领域研究我国休闲体育。比如，教育当局应将休闲体育教育纳入高校体育教育体系，设置与休闲体育有关的专业课程，加强相关的理论和实践。

（二）建立和逐步完善休闲体育的消费和服务体系

休闲体育产业的主体是指直接提供休闲体育活动产品和服务的产业。[③]相关产业是指间接提供产品和服务的产业，既包括体育旅游、体育表演、健身休闲等主要产业，还涵盖了电子竞技产业、体育传媒产业等。[④]休闲体育产业的快速发展，加速了休闲产业与体育产业的融合，促进休闲产业和体育产业

① 张良．我国休闲体育的现状与发展策略 [D]. 重庆：西南大学，2010.

② 喻坚，钱伟良．南太湖地区休闲体育产业发展研究 [J]. 山西师大体育学院学报，2008（1）：12–14，17.

③ 曹琛．中外休闲体育产业比较研究 [D]. 北京：首都经济贸易大学，2005.

④ 李东鹏，梁徐静，邓翠莲．“互联网 +”背景下休闲体育产业发展趋势、动力和创新路径研究 [J]. 广州体育学院学报，2017，37（4）：33–36.

的业态泛化和休闲体育产业链的延伸。但目前我国休闲体育产业竞争力不强，休闲体育产品和服务无法满足持续增长的大众需求。①其经济效应尚未有效体现，规模发展总体不大、结构不甚合理、产业组织弱化、创新创业不足等问题依然存在。②

近几年，我国居民体育消费越来越多元化、个性化及休闲化。在这种情况下，必须充分整合休闲体育产业，确保各种新出现的体育消费需求得到充分满足。而通过研究其他国家相关产业的发展历程不难发现，休闲体育产业融合是大势所趋。欧美发达国家休闲体育产业的先期发展经验为我国休闲体育产业的发展提供了诸多借鉴和启示，包括：欧美发达国家休闲体育供给充足、需求旺盛，各阶层民众都能便利地获得；休闲体育文化对休闲体育产业起到了重要的推动作用；休闲体育产业链的整合与延伸带动了相关产业的发展；因地制宜，区域协同发展休闲体育产业。③

首先，休闲体育产业作为国民经济的重要组成部分，在英美国家得到政府的高度重视，然而在我国休闲体育产业发展才刚刚起步。④加快发展体育休闲产业，一方面，需要加快供给侧结构性改革，推进休闲体育市场供给多元化，落实促进休闲体育消费的制度性安排，不断优化产品和服务的供给结构。另一方面，从理念和发展策略上培育休闲体育消费，推进自下而上的内源性休闲体育发展模式，进一步优化休闲体育产业结构升级转型，推进健身休闲业和健康休闲业融合发展。强化多元市场休闲体育产业主体地位，完善休闲体育产业政策供给体系，推进休闲体育消费政策落实，全面提升休闲体育产

① 赵乐发，李军岩．当前我国休闲体育产业竞争力提升的障碍性因素分析 [J]. 沈阳体育学院学报，2017，36（4）：31–35.

② 杨磊，时传霞．休闲体育产业的经济效应和演进规律 [J]. 山东体育学院学报，2017，33（4）：20–25.

③ 周阳，谢卫．欧美发达国家休闲体育产业发展启示：以美英澳三国为视角 [J]. 人民论坛，2016（14）：245–247.

④ 任波，黄海燕．英美休闲体育产业发展特征与启示 [J]. 体育文化导刊，2020（10）：98–104.

业服务质量。

其次，休闲体育企业要创新自身的管理体制机制、休闲体育产业服务质量以及管理模式等，以确保休闲体育消费者日益增长的个性化需求得到最大限度的满足。比如针对妇女、儿童等的年龄特征制订休闲体育方案，结合现代科学技术研发可穿戴智能设备等。

最后，通过充分融合其他行业，将更加丰富多元的休闲体育服务呈现给消费者，并结合实际休闲体育消费需求有针对性地提供休闲体育产业服务。休闲体育企业要在资金层面支持体育场馆建设，拓宽赛事转播渠道。建立健全休闲体育产业公共服务体系，使人们的健身休闲需求得到满足的同时，获得更加显著的经济效益。[①]休闲体育经营者要立足于现实以及潜在需求，以市场需求为核心，加强对相关产业的拓展，比如建立集娱乐和健身于一体的综合性服务组织，使大众休闲体育需求尽可能得到满足。

（三）转变休闲体育产业经营机制

休闲体育产业承载着提高人民生活质量，促进社会经济协调发展的重要使命。[②]新时代新征程推动休闲体育产业发展，应从思想上高度重视休闲体育市场的发展，加大对休闲体育市场的拓展力度，对国外的成熟经验进行充分借鉴，同时立足于我国国情构建与之相适合的运行机制、管理体系以及组织体系，使之成为助力体育强国建设的重要驱动力。在此过程中要构建科学完善的政治体系，确保各部门、各行业权责清晰，促进休闲体育市场效率的有效提升。休闲体育企业要转变自身的观念，创新组织机构，严格监管质量，围绕休闲体育市场需求来设计产品和服务。经营管理者必须一诺必诚，在休

---

① 尚慧娟，周结友，郭修宽．我国健身休闲产业领域存在的主要问题、成因及解决策略 [J]. 福建体育科技，2022，41（1）：1-5，19.

② 陈晓峰，康健，朱兰芳，等．区域一体化发展背景下长三角区域休闲体育市场秩序重构研究 [J]. 首都体育学院学报，2023，35（5）：568-576.

闲体育企业发展中重视创新发展，并充分融合其他产业的发展，使休闲体育产业的发展更具活力。持续深化改革现有的体育体制机制，为体育产业的发展提供强大的驱动力。从战略层面统筹规划城市发展，着力打造具有知名度的国际休闲体育城市。要大力发展和建设健康城市，从体制机制建设上给予充分保障，使各个区域的民众都能够公平地享受体育服务。近几年，通过不断融合和整合医疗、教育以及体育等资源，构建“休闲体育 +”的发展模式，充分发挥各种资源的合力，实现了合作共赢的局面。另外，休闲体育产业还要广泛吸纳社会资本，对世界体育休闲时代区位经济进行优化调整，为休闲体育产业与相关产业的融合发展提供助力。

（四）增强或积极培育居民的消费意识

把握休闲体育消费者行为的变化特点，在目标市场、产品、价格、服务等方面作出相应的调整，将有助于休闲体育的发展。首先，要确定消费群体的工作性质。一般来说，主要目标消费群体应该是企业员工这样的上班族，新兴的自由职业人士和学生也是不可忽视的市场。然而，消费者对体育产品价格的接受能力仍然有限。因此，市场管理者可以通过不同项目和产品的灵活搭配，针对不同人群提供不同价格的产品套餐，同时应完善附属设施和服务，以方便消费者运动后恢复体力和满足其娱乐需求。其次，为了提高锻炼者的忠诚度，俱乐部应注意改善环境、设施，不断提高教练素质，加强品牌建设，从而吸引顾客。

从体育消费者的角度来看，树立正确的体育消费观念不仅关系到消费者满意度的高低，而且会直接影响到整个产业的发展。首先，消费者必须彻底扭转将健身休闲视为福利的思想，树立正确的消费观。其次，消费者必须理性消费，根据实际需求消费，切忌盲目消费。最后，消费者要立足于长远来统筹规划体育消费，既要确保投资的科学合理性，又要保证生活质量。

（五）休闲体育产业发展要重视休闲体育消费的大众化、普及化

党的二十大强调要增进民生福祉，提高人民生活品质，而休闲体育作为生活富足的人们在闲暇时间所从事的群众性体育活动，其高质量发展契合生命体对身心健康的追求，符合其对休闲体育消费的大众化、普及化的需求。① 休闲体育产业市场发展的主要影响因素就是人们的体育健身需求。建立健全完善的休闲体育产业市场，对于满足人们的体育健身需求具有积极的促进作用，而人们的体育健身需求对于构建完善的休闲体育产业市场同样具有极大的推动作用。在传统文化的熏陶和影响下，人们会越来越喜欢这种消费。因此，必须充分结合公众的现实消费需求来研发休闲体育用品，并且要坚持以人为本的经营理念，确保所提供的休闲体育产品和服务能够充分满足消费者的切实需求。

（六）增加资金投入和加强场馆建设

对于人们而言，健康生活方式之一就是休闲体育。休闲体育的发展关系到国民身体素质的提高与和谐社会的建设。② 通过现代化媒体的广泛宣传，人们在意识形态上认识到休闲体育是大众体育的基础，是现代文明社会不可或缺的一个方面。人们对休闲体育的认识已经发生了重大转变，愿意在休闲体育方面投入更多的费用。另外，作为公共福利的体育场馆建设资金相对短缺，因此，必须坚持“多条腿走路”的原则，以公共投资为主，以社会参与为补充，多渠道筹集资金，围绕基础设施建设不断满足全民健身背景下休闲体育

① 王盈盈，邓万金，黄旭佳 . 休闲体育增进民生福祉的逻辑、挑战与创新路径研究 [J]. 广州体育学院学报，2023，43（4）：44-54.

② 谢庆芝，徐国根 . 南昌市居民休闲体育行为及影响因素研究 [C]//Intelligent Information Technology Application Association. Proceedings of the 2011 Second International Conference on Education and sports Education（ESE 2011 V5）. 南昌大学教育学院体育系，江西师范大学体育系，2011：4.

发展的需求。坚持群众体育公益性原则，在各级政府财政预算中增加全民健身计划资金，并保持稳步增长。同时，制定优惠政策，引导股权投资，建立多元化的投资机制。此外，应充分发挥各种体育设施的优势，坚持多元化发展原则，充分发挥休闲体育设施的功能。① 此外，还要将运动场馆建设纳入城市总体建设规划，在社区、公园、广场附近建设运动场馆，为居民提供良好的身体锻炼环境，让群众在业余时间积极参加休闲体育活动。

（七）充分开发户外休闲体育项目

“十四五”时期，我国进入新发展阶段，休闲体育迎来发展新机遇。休闲体育是否具有较高的体验质量主要是由环境条件决定的。因此，休闲体育服务组织应以保护和改善环境为主要任务。“十三五”时期，随着全民健身与全民健康深度融合，休闲体育逐渐成为人民群众喜闻乐见的运动方式，休闲体育产业实现快速发展。一是参与人数持续增加；二是产品供给日益丰富；三是场地设施逐渐完善；四是政策体系不断健全；五是我国拥有大量户外运动资源，可用于大力发展陆地、水上和空中各种休闲体育。此外，还要大力宣传休闲生态的理念，在充分保护自然环境的基础之上开展休闲体育活动，从而推动个人和社会的健康长远发展。

三、我国休闲体育发展的现实困境

（一）GDP 增长的幻影

我国居民获得了更加丰富的物质财富，但是平均到每个人的身上就显得捉襟见肘。虽然人均国民总收入的增长较为明显，但还是远远落后于发达国家，中西方之间的差距非常明显。农村人口对休闲体育也有着非常迫切的需

① 肖虹．贵阳市体育产业发展现状与对策研究 [J]. 兴义民族师范学院学报，2017（5）：55-58.

求，但是这并非专家学者所指的休闲体育，因为农民相对更加注重满足基本的物质生活需求，对于他们而言，为来年的丰收做准备才是最为重要的。开展的民俗体育、赛马等活动也并非出于休闲的需要，而是具有其他的意义，生存才是农民更关心的事情，因此，中国农村当前的主要任务之一就是开展健身体育，休闲体育仍是可望而不可即的事情，城市才是发展休闲体育的主战场。

（二）闲暇时间管理的失序

目前我国公共假日与周末假日已经达到 116 天，新假日制度为全民休闲体育健身提供了充足的时间保障。[①] 除此之外，学生也有寒暑假，而农民通过充分应用各种现代化的机械设备使生产更加高效，从而有了更多的空余时间。国家不断优化升级和调整产业结构，导致出现了从业人员过剩的情况，退休人员越来越多，年轻人的就业方式也更为灵活。在这些因素的影响下，人们的自由支配时间更多，但是由于人们大多未能合理安排这些时间，导致这些时间的利用效率低下，最终不利于体育休闲产业的发展。

（三）休闲体育与群众体育的抗争

进入 21 世纪以来，我国顺应国际体育发展的趋势，各类体育在我国竞相发展，如休闲体育、阳光体育等，形式更为丰富和多样。普通民众虽然也有体育和休闲的需求，但是他们参加体育活动的首要目的是强身健体以及消磨时光，而适合他们参与的乒乓球、羽毛球等运动由于缺少活动场地而无法更好地开展。相反，很多只服务于极少数人的高尔夫球场在各地纷纷出现，普通大众的需求根本无法得到满足。

---

① 刘全，张勇，王志学 . 现代休闲体育的特质、发展态势及策略研究 [J]. 北京体育大学学报，2017，40（11）：22-27.

第三节　全民健身理念下的休闲体育空间

休闲体育是闲暇时间里的一种健身方式，既具有文明特征又具有健康理念，深受社会大众的喜爱，已成为社会大众休闲生活中不可或缺的组成部分。自从国家提出发展健身休闲体育这一理念以来，休闲体育在国家发展规划当中的地位越来越重要。在城市化发展进程中，城市人口日益增长，社会大众的健身需求也随之增多。所以，休闲体育空间布局与规划需要更加合理、科学，这样才能使全民健身活动的开展具有深远的影响和意义。

一、休闲体育的空间形态

（一）公园休闲体育空间

众所周知，公园是为社会大众提供休闲娱乐的场所，能够为文娱体育活动提供场地，也有较为完善的配套公共绿地。在休闲健身活动发展过程中，公园已成为休闲健身的主要场地。在绿地广场、公园等地方可以看到不同种类的运动、健身器材，设施与设施之间会有连通的小路，每一种健身设施或器材上都有详细的标注，方便人们了解设施、器材的名称以及使用方法，同时会标注该设施、器材的健身功能和使用过程中的注意事项等。不同的设施、器材采用的制作材质也不尽相同。以公园、公共绿地为主，会有集趣味性、健身性与科学性于一身的基础体育配套设施和健身器材。通常情况下，器材的排列分布是十分科学合理的，体育设施操作起来非常方便，符合社会大众的健身需求。不同类型的健身器材能够锻炼不同的身体部位，可以从多元化的角度满足当前社会大众对全民健身的整体需求。在城市化进程的推动下，全民健身的热度居高不下，以公园为主的全民健身场地也不断地完善，现今已经建成的区域有休闲广场、专用跑道以及灯光球场等，相比传统的体育锻炼项目，全民健身的运动功能十分齐全。

（二）广场休闲体育空间

广场休闲体育空间是由人创造的公共休闲体育空间，其作为城乡游憩空间在推动广泛开展全民健身活动中发挥着重要作用。在日常生活中，人们往往喜欢在广场休息或者聚会聊天。人们在广场上通常以步行的运动方式为主，每一个广场都有自身的主题，是城市户外活动最为典型的公共空间之一。当下城市中的广场基本上可以分为三种类型，即综合性广场、交通广场、商业广场。通过对比不难发现，符合社会大众对休闲体育空间需求的只有综合性广场，这是因为综合性广场的功能主要为紧急疏散、体育休闲，能够为社会大众提供休闲体育设施保障。城市建设的空间非常有限，所以有些广场会被社会大众用来开展休闲体育活动，但实际上有些广场休闲体育空间并不具备健身功能。新时代对广场休闲体育空间服务功能提出了新要求，要优化广场休闲体育空间体育场地设施、完善广场休闲体育空间多元化服务功能、推进广场休闲体育空间场馆智能化改造、打造广场休闲体育空间服务综合体。

（三）学校休闲体育空间

在学校空间内为社会大众提供休闲体育活动场地，有助于学校体育与社会体育的共同发展。学校体育教学是宣传体育健康知识的有效途径，休闲体育运动不仅要以学生为主，强化现有的体育教学内容，建设校园健身文化，提高学生体育锻炼的积极性，还需要在不影响校园正常授课的情况下，将一部分空间作为社会大众休闲体育活动的共享区域，以弥补城市公共体育空间上的不足，能够让校园体育与城市公共体育有效衔接在一起。将学校体育场地设施向社会开放办成民心工程，不仅可以有效缓解人民群众日益增长的休闲体育活动需求与健身设施不足之间的矛盾，扩大社区居民休闲体育活动空间，还可以减少城市休闲体育空间建设的重复投资，促进公共休闲体育活动资源充分有效利用。

（四）公共体育场馆休闲体育空间

公共体育场馆休闲体育空间是指城乡中可供居民进行休闲体育活动的场所，是由政府主导或直接提供的。公共体育场馆休闲体育空间具有层次性、开放性、渐变性等特征。[①] 中大型公共体育场馆休闲体育空间是开展全民健身活动的重要载体，目前我国大多数场馆在各大高校内，可将其作为社会大众的共享公共体育场馆休闲体育空间。因此，逐步优化公共体育场馆休闲体育空间设施，为满足人民美好休闲体育生活的需求提供保障是推动广泛开展全民健身活动的重要保证。

二、休闲体育的空间特征

（一）生态性

绿地广场、公园等地方健身设施与设施之间会有连通的小路，这样的路径是健身路径。利用闲暇时间投身于城市休闲体育，就有机会亲近大自然，在各项活动中彰显出自身的个性，还可以通过活动来结交更多的朋友。投身于自然环境中能够感受到和煦的阳光、温暖的沙滩、新鲜的空气等，在城市休闲体育项目中能够感受到大自然的鬼斧神工，娱悦身心，参与者能够通过城市休闲体育领略到休闲体育健身最本真的乐趣和魅力。参与者迈入休闲体育场地，在草地上进行高尔夫运动，在足球场上来一场酣畅淋漓的球赛，等等，这些都是大自然回馈给人们最珍贵的礼物。

（二）社会性

在引导城市居民积极参与全民健身运动的过程中，城市休闲体育起到了

① 刘举胜，李超然，朱洁训，等．公共体育场馆协同治理研究：基于演化博弈分析框架 [J]. 复杂系统与复杂性科学，2024，21（1）：23-27.

非常重要的作用。从空间角度来看，城市休闲体育能够为城市居民提供良性的健康生活空间；从塑造城市形象的角度来看，有助于树立城市化建设良好的形象；从生命力角度来看，无论是在城市化建设方面，还是在强化城市整体功能方面，城市休闲体育空间都为城市的发展带来了鲜活的生命力。全民健身活动不断普及和发展，休闲体育空间的发展也趋于多样化。这样的发展趋势促使城市居民走出原有的生活空间，走向大自然，参加社会实践活动，从中享受到全民健身的乐趣。休闲体育空间的发展方向是要把满足社会大众日益增长的健身需求作为主要目标，提供更多形式的活动和体育资源，调动相关部门的积极性，协调体育协会之间的职能，极力拓展全民健身网络组织管理体系，为全民健身公共服务体系创建新的发展格局，使其成为由政府主导、各部门之间协同合作、社会大众积极参与的项目。在城市建设中，休闲体育空间应该得到有效的开发与利用，这样才能促进体育社会化的形成，体现出体育社会化的核心价值，更好地服务于和谐社会的构建工作。

（三）开放性

所谓开放性的体育空间，是指在城市中能够转化和补充体育空间的非体育类型空间。通常情况下，主要分为居民日常生活空间和社会公共使用空间两类。具体而言，包括公园、广场、水滨场地和户外场地、公共绿地、文化场馆等。[①]这些空间在城市休闲体育空间建设过程中逐渐被转化成休闲体育空间。开放性需求调查结果显示，30% 的市民选择在居住地周边进行日常休闲体育活动，39% 的市民选择在居住地范围内进行日常休闲体育活动。居住地范围及周边的休闲体育空间开放性与市民日常休闲体育活动关系密切，了解居住地范围及周边 15 分钟生活圈内的休闲体育空间的开放性功能和市民需求尤为重要。

---

① 胡小妹．全民健身理念下宿迁市休闲体育空间研究 [J]. 运动，2016（9）：8，140−141.

（四）便捷性

通常情况下，城市休闲空间应秉承方便为上的原则，选择合适的位置，合理进行布局。同时，城市休闲空间需要满足既定的服务半径。若半径设置过小，会导致城市休闲空间的可利用率不高；若半径设置过大，会影响可达性，导致城市居民的健身热情难以维系。一般情况下，以步行或者非机动车辆等出行方式就能够到达的城市休闲空间，属于中小型的运动场所，而需要以机动车为出行方式才能到达的城市休闲空间，则属于大型的运动场所。无论是大型运动场所还是中小型运动场所，都需要确保交通的便利性。

三、休闲体育空间利用及发展对策

（一）全民健身理念指导下实施休闲体育空间均等化建设

我国体育事业的发展重点是群众体育。目前，城市化建设进程加快，城市人口逐年递增，城市居民对休闲体育的需求也越来越多。休闲体育是国家基本公共服务的重要内容，公共体育服务由政府主导提供。我国“十三五”公共体育服务体系建设牢固树立“创新、协调、绿色、开放、共享”的新发展理念，增强人民体质，提高人民健康水平，不断满足人民群众日益增长的体育健身需求，坚持“政府主责、多方合作，保障基本、引导预期，改革创新、完善制度，统筹规划、均衡发展”，强化基本公共体育服务保障，提高共建能力和共享水平，努力提升群众的获得感。“十四五”公共体育服务体系建设需要不断完善城市休闲体育空间结构。从全民健身的角度来看，政府应该从休闲体育和空间的均等化着手，加大建设的力度并加快速度，以城市居民的实际需求为主，提供与其需求相符的城市休闲体育空间，同时要保证城市休闲体育空间布局的合理性，并以此为基础，构建大、中、小型休闲体育场馆。乡镇地区则可以将公园、广场转化为休闲体育空间。

（二）学校体育空间积极融入休闲体育空间，发挥主阵地作用

通过研究与健身相关的条例可以看出，公办院校有义务对外开放院校中的体育场地及相关设施，并且鼓励民办院校学习公办院校的做法，为社会公众提供便利的健身、休闲场地和设施。实际上，从全民健身计划的落地与实施角度来看，学校既是传播体育知识、专业技术的主要阵地，也是宣传与普及全民健身计划的有效区域。城市居民在院校中开展休闲体育活动，能够发挥院校自身的教育与宣传功能，同时，可以在城市休闲体育空间紧张的情况下，解决城市休闲体育空间不足的问题。一般情况下，院校体育场地在假期时间段是闲置的，所以具备为城市居民提供公共休闲体育空间的能力。但是，学校在安全性、管理问题以及相关政策法规等方面存在顾虑。所以，政府部门应采取必要的保障措施，使学校开放公共休闲体育空间的风险得到规避，例如，院校可以和社区街道协同制定共同发展城市休闲体育空间的机制，也可以和居委会联合制定这样的机制，从而为区域内的城市居民、院校学生提供公共休闲体育空间。另外，在院校课程得到保证且不受干扰的前提下，为城市居民提供有偿、无偿等多种形式的休闲体育空间，以此加快全民健身计划在城市化建设中的实施进度。

（三）完善休闲体育空间建设，不断优化品质

休闲体育已经发展成为当今社会生活中常见的消费方式，受城乡区域经济、文化、旅游等众多因素影响，其组成要素正在发生结构性重组。城乡休闲体育空间建设成为社会生活关注的重要话题，尤其在实现全体人民共同富裕的时代背景之下，人们的休闲生活方式正发生相应变化，休闲体育逐渐成为生活追求的重要内容。因此，从休闲体育的蓬勃发展中可以预见，当代人将会更加追求生活质量以及重视生活方式。城市居民之所以更愿意选择休闲体育活动，是因为城市居民在城市化进程中获得了高品质的休闲体育空间，

城市休闲体育空间功能不断完善，局部环境和休闲体育设施配置也越来越得到优化。

（四）建立多层次休闲体育空间，提升全民健身参与度

休闲体育将成为现代人最喜欢的一种体育生活方式，也会因为自身诸多的优势吸引不同年龄层的参与者。人们的年龄在不断增长，全民健身与休闲体育就会随着这一变化而相互转化。社会大众会根据自己的年龄特点选择适合的运动项目，所以，不同年龄段追求的休闲体育文化也不同，这是社会大众身心发展的基本规律。无论处于哪个年龄阶段、处于哪个居住区域、从事何种职业等，都可以自主选择参加休闲体育。一般情况下，城市居民的休闲时间非常有限。所以，多数城市居民会在居住地周边进行休闲体育活动，比如社区的广场、绿地或者小型空地、主题游乐园等。周末或者假期，居民会选择距离稍远且自然环境较为优美的森林公园或者综合性较强的体育场馆，这种类型的休闲体育空间是城市居民在假期中体育运动场所的首选。为了让城市居民在日常生活、假期中都能享受到休闲体育活动的乐趣，社区应该重视绿化景观建设工作，也可以基于社会微模块构建街区公园，缩短服务半径，保证休闲体育活动场所的提供，满足休闲体育需求。若城市化建设中有滨水区域，可以在这个模块中增加休闲体育活动设施，如沙滩、浴场及健身跑道等，在市郊可以建造主题游乐园。只有让休闲体育活动空间的建设逐渐趋于城市层级化，这样才能满足不同的休闲体育活动需求。

（五）发展生态休闲体育空间，带动全民健身活动持续开展

城市休闲体育空间的开发和利用，需要遵循生态环境可持续发展的原则，保护植物、保护动物，确保生态环境不被破坏，尽可能保持生态环境的原有风貌。要秉承因地制宜的原则，先考虑城市区域模块内休闲体育空间的承载

能力，掌控生态容量，然后考虑休闲体育空间的利用率。在开发休闲体育空间时要以自然资源的利用率、生态环境的承载力为基础，对休闲体育活动区域进行科学有效的规划，确保其承载量的合理性。在开发和利用城市休闲体育空间时切忌盲目性。为此，可以组建一支具有生态体育理念、工作目标较为明确、业务能力和执行力较强的专业队伍，以更好地开发利用城市休闲体育空间，使其与生态环境的保护相统一。在城市休闲中，倡导人类与环境的和谐，始终要遵循可持续发展的理念。由于城市休闲功能的实现有赖于自然资源的保障，所以，必须在保护的基础之上适度开发和利用自然资源，保证城市休闲体育空间更加具有生态性、健身性和趣味性，并且为城市居民开展全民健身运动创造必要的条件。总而言之，只有保持人与自然和谐相处，才能不断提升生活质量，在生态城市休闲体育空间中获得更多的幸福感。

第四节　全民健身背景下的休闲体育发展的趋势预测

一、休闲体育与全民健身的联系将更加紧密

一般来说，休闲体育是指人们在闲暇时间以增进身心健康、丰富和创造生活情趣、完善自我为目的的身体锻炼活动，具有自由性、文化性、非功利性和主动性等特点。[①]随着国务院办公厅《关于加快发展健身休闲产业的指导意见》的实施，人们对生活的追求有了更高的层次，从以往的物质追求上升为精神追求。[②]在人们可选择的诸多生活方式中，休闲已经成为首选。在社会竞争异常激烈的情况下，人们的本性也会受到影响，唯有在空闲时间里才能找回本性，所以，未来休闲体育必将成为当代人必选的生活方式。

① 董晓青．高职院校休闲体育教育对心理健康的影响 [J]. 改革与开放，2011（8）：165.

② 刘全，张勇，王志学．现代休闲体育的特质、发展态势及策略研究 [J]. 北京体育大学学报，2017，40（11）：22-27.

二、休闲体育逐步与国外接轨，实现产业化健康发展

20 世纪 80 年代，健身活动已经在西方发达国家兴起。而我国在 1997 年才颁布《国家体委关于 1996 年度体育彩票公益金用于实施全民健身计划的通知》。研究西方国家在社会大众健身方面所取得的经验不难发现，我国与西方国家的社会发展有类似之处，因此可以汲取西方发达国家的相关经验。我国首条健身路径建于广州天河体育中心，在健身路径建成之际，社会大众对体育锻炼的热情高涨，在一定程度上满足了社会大众日益增长的健身需求。建立与我国国情相符的休闲体育结构，有助于参与者形成正确的休闲观念。

三、普及率进一步提升，受众日益增多

我国体育的发展以推行全民健身计划为主，这对休闲体育的宣传、推广和普及具有积极的影响。目前，参与全民健身活动的人越来越多，已经能够正确认知休闲体育运动的价值和意义。现有休闲体育运动具有较强的参与性，人们在参与过程中会得到身心上的满足。因此，这些休闲体育运动项目能够更好地在经济欠发达地区得到推广。在经济水平不断提升的过程中，这些地区的社会大众可以自主选择休闲体育项目，在政府部门的正确引导下，逐渐认识到休闲体育和全民健身的意义，将其视为生活与工作中不可或缺的构成部分，有助于培养终身体育理念。

第五节　全民健身与休闲体育发展分析

休闲体育和全民健身与社会的发展息息相关，社会经济的不断发展也会对休闲体育和健身运动的开展产生重大影响，因此，其发展必须与社会的发展相适应。研究社会发展和人类需求的规律可知，经济发展水平越高，人类

发展水平越高，精神需求也会更为强烈，这决定了休闲体育和健身运动必将向个性化以及民族化的方向发展。休闲体育将有助于培养人们形成健全和独立的个性。国际化和民族化的统一是国际社会未来发展的方向。没有优秀的民族文化，就不会有国际化。这是休闲体育的文化根源，也是休闲体育发展的趋势。①

一、全民健身运动与休闲体育的发展背景之间的关系

从日常生活的角度来分析，休闲体育已经渗透到居民的日常生活当中，人们有充足的时间用于休闲体育活动。随着生活节奏的加快，社会大众所要承受的生活与工作压力逐渐增加，人们希望在工作之余放松身心，由此便诞生了休闲体育。正因如此，这种体育运动模式才受到了人们的普遍欢迎。随着国家实力的增强以及人们生活水平的提高，人们对自身的健康状况更为关注。但是从现实情况来看，多数老年人缺乏运动，且在日常生活中营养摄入不科学，从而引发心脑血管疾病、肥胖症等。所以，人们越发重视运动，并利用业余时间来进行体育运动，以防范因为缺少运动而导致的患病风险。社会大众能够在全民健身体系的支持下积极参与到体育健身活动中，不仅有助于满足社会大众日益增长的体育健身需求，提升我国国民的整体身体素质，还有助于进一步完善社会功能。社会大众在社会结构变化与发展的影响下，逐渐萌生出返璞归真的思想，更关注自身的全面发展，从而更加积极地参与到全民健身活动当中。在城市健身设施尚不完善的情况下，社会大众也会创造出富有趣味性的健身活动项目。自 2009 年起，我国将 8 月 8 日设定为全民健身日，这意味着我国更加重视健身活动项目的开展。这不仅有助于开发更多富有文化性和趣味性的体育健身项目，也将赋予人们在体育运动中更多的自主权，激发人们参与全民健身的热情。另外，各地区政府也从场地建设等

① 王加伟 . 论休闲体育教育与全民健身的协调发展 [J]. 中国科教创新导刊，2009（14）：209.

方面提供了有力支持，在推动城市发展进程的同时，为全民健身计划的实施奠定了坚实基础。

二、全民健身与休闲体育的发展关联性分析

全民健身与休闲体育关联紧密，具体体现在体育人口、体育活动以及体育消费等多个方面。全民健身是体育运动项目中不可或缺的构成要素，这对国家和人民的影响深远。无论是从当前的社会背景来看，还是从未来的发展趋势预判，全民健身都是功在千秋的体育项目。休闲体育是全民健身计划的重要构成部分，所以必须夯实基础，确保全民健身计划的顺利实施。

（一）全民健身意识的崛起成为休闲体育发展的前提

随着生活节奏的加快，社会大众所承受的生活与工作压力也逐渐加大。在这种情况下，人们更加注重自身的健康问题，希望利用工作之余放松身心。然而个人的力量是非常有限的，必须通过个人的行动来带动更多的人参与到健身活动当中，从而推动全民健身计划的有效实施。当越来越多的人聚集在一起时，就会出现不同的健身运动需求，可以通过讨论的形式研究出与其需求相符合的健身路径，既要确保运动的趣味性又要兼顾可操作性，从而为休闲体育长期发展奠定基础。

（二）休闲体育项目和形式的完善提高了全民健身的可行性

竞技体育已经成为一种常见的社会现象，其行为方式具有较强的整体性，能够与环境条件相互作用，从而发挥出竞技体育的功能。在社会环境中，竞技体育已然发展成为具有整体性、特殊性的体育组织形式。竞技体育更加注重优异的成绩和名次，这是竞技体育活动项目开展的根本目的。休闲体育与竞技体育具有本质上的区别，休闲体育倡导的是身心愉悦，参与者在休闲体

育活动中可以提高身体素质，缓解生活与工作上的压力，以保持良好的精神状态。休闲体育可以让参与者在体育活动中感受到运动的乐趣，认识到参与体育锻炼的意义。同时，各地区政府在城市化发展过程中提供了场地、设施等方面的支持。

（三）全民健身与休闲体育相辅相成共同发展

推动全民健身与休闲体育事业协同发展。积极开展全民健身日活动，认真贯彻落实全民健身计划，不断创新健身活动形式，使活动内容更加丰富多彩，扩大健身活动的影响力，为社会大众提供参与面较为广泛的健身活动项目。将来还要在可持续发展理念的指导下，拓展更加具有影响力的休闲体育活动空间和项目。全民健身与休闲体育关联紧密，能够相互促进，实现协同发展。

三、全民健身与休闲体育的未来发展与规划的思考

休闲体育、全民健身二者之间相互依存，为社会大众的和谐生活、健康生活提供了更加多元化的模式和项目。然而这两者之间尚存有一系列问题需要解决，在完善与优化全民健身、休闲体育的进程中，有赖于政府职能的充分发挥，同时社会大众要更加积极热情地参与到休闲体育和全民健身活动当中。

（一）树立正确的健身意识，正确看待全民健身活动

全面引导市民树立正确的健身意识，正确看待全民健身活动的现状，了解市民对全民健身活动的真正需求，对提高全民健身与休闲体育的未来发展与规划的科学性、指导性和可操作性具有重要作用。目前，有许多人对于健身锻炼敷衍了事，这源于其自身在认识上的偏差，未能真正认识到全民健身对于个人乃至是国家和社会的积极作用。归根结底，这是由传统思想观念的束缚所造成的。为此，需要结合每个人的个性化需求制订有针对性的健身休闲计划，使人们能够充分认识到健身的重要意义以及现实的可能性。

（二）打破场地限制，落实惠民政策

体育场地是指在各类土地上建设的用于体育运动或比赛的场地，包括室内和室外场地。公共体育场馆、学校操场、商场健身房、户外的健身步道等都属于体育场地的范畴。就现阶段而言，越来越多的人以更加饱满的热情投入健身活动当中，这对健身的硬件设施提出了更高的要求。就目前来看，多数健身场地已经非常拥挤，甚至有的人会因为场地发生冲突[①]。一旦这些问题继续恶化，将会大幅打击社会大众参与全民健身的积极性。公众对体育场地多样化需求的调查结果显示，接近半数市民认为日常使用的体育设施无法满足锻炼需要。进一步调查发现，体育设施类型少、老旧或损坏严重是影响体育设施使用的主要原因。因此，有效供给多类型的体育设施才能充分满足市民的全民健身和休闲体育活动的需要。所以，开放现有院校的体育场地，是落实全民健身计划更加有效的方式，但这需要得到政府及其他相关部门的支持，需要政府和相关部门落实好惠民利民政策。

（三）加强运动健身活动和项目的安全性引导

无论是全民健身活动还是休闲体育活动，都要建立在安全基础之上。所以，在开展休闲体育活动时，要考虑这些运动项目的可操作性与安全性，不要开展带有高度危险性的休闲体育项目，要以快乐体育、趣味健身为主，为社会大众构建健康的生活方式。另外，政府和相关部门需要定期进行监督检查，确保社会大众的健身场所是安全的，所参与的体育项目具有可操作性。为了增强健身活动的趣味性，可以定期举办健身秀场，让参与者分享并展示自我。

休闲体育与全民健身的完善需要较长的时间，现阶段人们注重追求生活

---

① 张龙，于波．全民健身与休闲体育相互促进分析 [J]. 运动，2013（22）：134-135.

的质量，同时要思考时代变化带来的改变，以及身体情况与时代的适应性。休闲体育和全民健身需要不断调整现有的体育项目，才能让二者协调发展。当前，全民健身计划实施的关键在于向社会大众传递正确的健身理念。就休闲体育来说，则是要不断提升体育项目的可操作性和安全性，这样才能使休闲体育在全民健身计划的执行过程中发挥出自己的作用。因此，我们需要更多安全性较高的体育项目与体育设施。这就需要政府和相关部门在软件、硬件方面同时给予支持，拓展全民健身的发展路径。

全民健身可以看作政府精神文明建设和社会和谐发展的重点，也是人类在现代社会中的重要目标。休闲体育具有很深的历史渊源，其发展几乎与人类的生产生活发展保持同步。在此过程中，人们的生活水平不断提高，对于精神方面的需求也越来越高。就结构层面而言，全民健身的主要构成部分就是休闲体育。无论是运动项目和运动形式，还是满足大众需求方面，两者都存在相似之处。从发展的角度来讲，两者相互促进、相互提高。虽然在其他的方面也存在不同之处，但确定的是，休闲体育服务的对象就是全民健身，必须统筹发展休闲体育和全民健身。

第四章　休闲体育发展的必然性与可持续性

第一节　休闲体育兴起的社会动因

一、经济发展

20 世纪 80 年代以来，中国从计划经济转向社会主义市场经济，并进入了城市化的新时代。从生产技术、个人定位、社会制度和文化观念的角度来看，城市化是中国从落后向现代化转型的先决条件。它从根本上改变了中国社会的性质和结构，也从根本上改变了中国人的生活环境。休闲体育作为一种社会现象和文化实践受到城市化的全面和彻底影响。新中国成立以来，中国的休闲体育运动是在非常复杂的社会、文化和政治环境下发展起来的。在城市化的新时代，中国人的体育参与具有新的特点。特别是 20 世纪 90 年代以来，城市的体育参与者数量有了显著的增长。城市化对休闲体育发展的影响主要体现在两个方面：第一，城市化通过体育战略、政策、行政结构和职能的改革，刺激了体育体制的制度重构，这是一个自上而下的过程，旨在满足经济和社会发展背景下，人们日益增长的体育运动需求。第二，城市化促进了体育的社会文化重建，改变了体育基础设施、参与模式和体育价值观，这是一个自下而上的过程，是由中国基层民众的多元化需求所驱动的。

休闲体育的发展不仅与技术创新、经济发展以及工作时间的减少有关，而且与国家内需的增加等因素有关。发展休闲体育不仅会改变人们惯有的生活方式，而且会提高人们的生活品质。改革开放以来，国民经济发展态势迅猛，既打破了人们传统的生活方式，也提升了整体的生活水平。我国人均GDP已实现12500美元，接近高收入国家门槛，而不断提高的生活水平也让人们对休闲体育提出更高要求。相关研究表明，当恩格尔系数达到65%时开始出现娱乐消遣性消费；当恩格尔系数接近50%时，这类消费可呈现持续性增长。目前，我国恩格尔系数在30%上下浮动。所以，国内休闲体育发展前景被看好。发展休闲体育产业不仅能够激发内生动力，不断创新的休闲产品也将促进社会经济的可持续发展。休闲体育在发展的过程中不断开拓新的目标群体，转变人们的价值观。

二、闲暇时间增加

1995年至今，我国一直实行五天工作制，1999年又规定了春节、“五一”劳动节和国庆节三个长假，假期的增加极大地提高了城市居民在休闲和旅游方面的兴趣。休闲体育有着参与性、观赏性、健康性、挑战性和娱乐性的特点，能够极大地满足城市居民的需求，使他们乐于享受更高层次的文化服务。由此可见，休闲体育旅游市场拥有广阔的发展前景。

休闲时间和社会进化之间联系密切。休闲时间并不是独立于其他个体社会领域发展而来的，在研究休闲时间演变历史的过程中，多数专家更注重分析个人非工作时间延长的过程。要区分人类特定时间的活动和欲望，闲暇时间属于重要的参考因素。就中国社会而言，无论是在人们闲暇时间的数量上还是对时间进行灵活分配方面都呈现出明显的社会差异。除扩大非工作时间之外，21世纪实际收入的增加以及技术创新都对活动领域的扩大和多样化产生了重大影响。家庭收入中人们用于购买日常必需品的比例越来越低（如衣、食、住、行）。人们也可以考虑调整家庭收入分配比例，以便在闲暇时间消费。但此种发展并没有惠及所有群体，人们收入不同，能够用于闲暇时间消费活动的机会自然也存在差异。休闲时间发展的革命还以技术创新为标志，例如，书籍和杂志的大规模生产扩大了此类产品的消费规模，而通信和交通领域的革命性发展拓宽了消费者的活动领域。总的来说，在整个现代社会中，人们在闲暇时间的消费需求增加了，此种变化也和新的闲暇时间供应的扩大趋势存在紧密联系。

三、生活方式和价值观念转变

社会学家长期以来一直在讨论价值观的有关问题。价值是对期望有意识或无意识的表征，在选择选项时表现为偏好，是建立在人格结构上相对稳定的、普遍的理想价值的表征。在特定的人群中，价值观会导致行为主体对对象、情境或行为的偏好或排斥。人格结构和社会结构的双重价值基础连接着社会各个阶层，价值体系可以作为人们在社会中生活的指导方针而存在并发挥其指导作用。当价值观具有指导方针的功能时，价值观的改变就会引起指导方针的移位，而此种转变意味着一旦进入过渡阶段，价值观需要重新构建。一方面，在过渡阶段，如果传统价值观内容得以保留并融合了其他创新元素，那么则可以观察到多个价值类型。另一方面，因为价值观多元性的存在，决策主体的决策能力能够因此而显著提升。社会价值观的普遍变化主要归因于工作中价值观结构的变化。在某种程度上，工作丧失了其功能和价值，人们的空闲时间也需要重新定义。可以认为，我们目前处于向休闲社会过渡的过程中。

在工业革命的影响下，各地经济制度不断完善，技术应用领域不断扩大，高生产力和资本的合理运用已成为各产业一致追求的目标。此观点一经提出便得到了学术界的广泛响应。一方面，一些学者认为此种发展具有积极性，如更高的生活水平、不断提升的消费量和设施的优化，最重要的是，人们拥有了更多的自由时间。另一方面，工业化进程引发了一系列负面问题，比如工作时人们通常缺乏运动；在工作中存在工作环境污染、劳动者情感交互有限等问题，焦虑心理逐渐滋生。由于此方面因素的存在，人们可能患有的疾病种类也随之增加，例如，肌肉骨骼系统疾病、精神障碍、糖尿病、高血压、代谢障碍以及心血管疾病。人们对疾病的恐惧导致了对健康生活的强烈渴望。这些疾病很可能源于个人的不良生活方式，所以人们可以通过健康的生活方式降低患病的风险。

随着个人自由时间的增加，生活方式也随着价值观的改变而改变，这一过程可以被描述为“个性化和差异化”，诸如婚姻、家庭或宗教等传统价值和标准正日益失去其约束力。事实上，专业角色和意识形态价值失去了其重要性，人们不得不扮演许多角色。个体不再感到“他 / 她就是他 / 她自己”。无论如何，人类的身体是要伴随其一生的，人们也越来越关心自身的健康。因此，人们总是试图基于自己的身体（外壳）来建立身份。人们想为自己和自己的身体做点什么，这样他们就能以最舒适和简单的方式找到自我，了解自己的身体。他们希望自己能够决定在闲暇时间进行锻炼的时间、频率和地点。健康中心比较适合这类人群，因为其有助于他们完成自我实现。在那里，他们可以找到更适合他们个人需求的活动，而且时间灵活。

四、消费结构转变

随着现代科学技术的不断发展和创新，大数据时代已经到来，并对人类社会产生了巨大的影响，体育产业也面临新的机遇和挑战。分析与挖掘数据对体育产业至关重要，此举既能为体育用品产业发展提供数据支持，也能满足体育休闲健身赛事的数据需求。通常来讲，体育产业从业者必须具备两项能力：一是准确分析产品和消费者服务流量，掌握消费者体验情况；二是通过线上渠道联系消费者，既要了解对方的兴趣和爱好，也要掌握消费者年龄与收入，在全面分析各类信息的基础上持续优化并改进产品和服务，从而提高消费者的消费体验。以体育场馆市场为例，既可以通过互动网页抓取观众眼球，也可以利用直播体育赛事提高活动热度；在利用有关观众喜好的大数据进行生产时，企业更能提供契合观众需求的数据产品，让收视率一路飙升。譬如，国外的美国职业篮球联赛，电视转播商主要通过两种方式提高收视率，一是球星技术特征，二是球星生活数据。再如中国的游泳健将孙杨，电视台既可以在赛前追踪和展示他的备赛状态，也可以讲述他在训练中的各种故事，从而提高收视率。目前，大数据营销利弊共存，利在于其能够正向推动体育产业发展，弊在于处理大数据的技术需求与智力水平仍有待提高。实践证明，在全面整理与分析大量数据的基础上，既能验证传统的体能训练方法所具有的优势，也能证实规律数据的“预测”理论，从而降低体育竞赛环境的复杂程度。

我国的健身休闲活动消费需求发展情况主要包括：健身休闲活动消费需求持续扩大；消费者健身休闲活动需求多元化。根据中国国家统计局的数据，2015 年全国体育产业总产值（总规模）为 1.7 万亿元，实现增加值 5494 亿元，占同期 GDP 的 0.8%。其中，体育健身休闲活动总产值 27.69 亿元，实现增加值 1294 亿元。2016 年 1—11 月，中国群众性体育活动及健身活动广泛开展。体育产业、企事业单位营业收入比 2015 年增长 50.5%。由此可见，健身休闲产业的消费需求正在不断扩大。[①] 2016 年京东发布的《2016 中国体育消费生态报告》显示，2016 年上半年骑行用具、钓鱼用品的消费增速均超过 75%，运动人群的注意力逐渐从传统运动转向休闲户外活动。新生代户外休闲活动消费热潮兴起，休闲体育消费需求趋于多样化。[②] 进入“十四五”时期，随着人们生活质量的提高，人们对满足幸福理念、注重体验感受、追求个

---

① 国家统计局 .2015 年国家体育产业规模及增加值数据的公告 [EB/OL].（2016−12−27）[2024−09−10]. https：//www.stats.gov.cn/tjsj/zxfb/201612/t20161227_1446406.html.

② 21 世纪经济研究院，京东 .2016 中国体育消费生态报告 [EB/OL].（2016−08−07）[2024−09−12]. https：//www.useit.com.cn/thread− 13121−1−1.html.

性化需求的“服务型”产品的消费逐渐增加。2022年全国体育产业总规模与增加值数据公告显示，2022年全国体育产业总规模（总产出）为33008亿元，增加值为13092亿元。与2021年相比，体育产业总产出增长5.9%，增加值增长6.9%。从内部构成来看，体育服务业增加值为9180亿元，占体育产业增加值的比重为70.1%，比2021年提高0.1个百分点。体育用品及相关产品制造增加值为3686亿元，占体育产业增加值的比重为28.2%，比2021年提高0.2个百分点。体育场地设施建设增加值为226亿元，占体育产业增加值的比重为1.7%，比2021年下降0.2个百分点。[①] 休闲户外活动是以自然环境为载体，以旅游、健身、休闲等为主要形式的户外休闲活动[②]，“90后”和“00后”是最大参与群体，占比达到36.1%。同时，户外休闲活动参与群体表现出较强的性别特征，女性参与者数量高于男性，占比为59.9%，传统意义上男性主导户外休闲的格局正在被打破，女性参与户外休闲活动的热情高涨。[③]

第二节　休闲体育发展存在的问题

一、全球疫情影响

随着新冠疫情的暴发，不同背景及文化程度的人们都在此过程中受到了或大或小的影响。人们的生活方式在此过程中逐渐发生变化，包括休闲体育在内的各个产业领域都受到了不同程度的影响。休闲的方式可以分为在家休闲和外出休闲，学者们立足于此，针对2020年出现的全国性静默以及人们选

① 国家统计局.2022全国体育产业总规模与增加值数据公告[EB/OL].（2023-12-29）[2024-09-12]. https：//www.stats.gov.cn/sj/zxfb/202312/t20231229_1946084.html.

② 曹松.户外运动激发产业发展潜力[N].经济日报，2023-11-01（12）.

③ 蒋全虎，陈家起，高奎亭.新时代我国户外运动产业高质量发展思考[J].体育文化导刊，2023（9）：76-83，90.

择的休闲模式展开了研究。通过分析体育活动对 GDP 的影响、英国国家统计局（ONS）的调查数据和英国体育卫星账户数据（SSA）可以发现，由于体育行业对人际接触依赖性较强，其下降速度比整体经济下降速度更快。此外，这一发现与 2020 年消费休闲支出存在紧密联系，数据显示此阶段多数家庭的家庭休闲支出增加，但户外娱乐支出大幅下降。GDP 的下降极有可能会缩小企业的利润空间，从而威胁到民营企业的生存，最终导致长期公共资金减少并诱发其他问题。疫情还严重影响了体育和休闲活动的开展，许多体育和休闲设施关闭，这严重影响了许多专业体育活动和业余体育活动的正常进行。2020—2021 年，因疫情英国全国封锁，一些学者分析了该国的体育参与模式。例如，Robinson 等表示，第一次封锁后，2020 年 4—5 月人们的身体活动水平受到了一定的负面影响。从宏观角度来看，在英国封锁期间，有 220 万名英国成年人的体育活动活跃度下降，年轻人和一些种族聚居区（亚裔和非裔）的居民身上也出现了类似问题。以步行和骑自行车为休闲方式或乐于从事健身、游泳和团队运动的人数不断减少。

二、经济发展不均衡限制休闲体育发展

要分析休闲体育发展和区域经济结构离不开现实社会发展水平及其相应地区的发展状态。特别是我国的南北及东西部地区在区域社会经济发展方面均存在差异，北部和西部地区生产总值较低，而南部和东部地区生产总值较高。将经济水平作为划分国内地区的主要依据，说明民众参与休闲体育活动的普遍性与休闲体育发展之间显著相关，既不因年龄与健康情况生变，也不被性别与健康左右。

导致我国城乡体育公共服务发展及其空间结构严重失衡的原因有二[①]：一

① 陈方煜．基于新型城镇化视角下农村公共体育服务发展模式研究 [J]. 体育科技，2018，39（5）：76-77，80.

是国内推行的城乡二元结构体制；二是各区域经济发展悬殊。研究国内体育公共服务现状可知，其空间结构明显处于非均衡性发展状态。举例来说，相较于东部沿海地区而言，中西部地区的经济水平本就落后，基层政府不得不将原本不足的经费追增至民众生活领域，此时想要增加体育公共服务的财政预算可谓难上加难，这就导致中西部地区的体育公共服务远不及东部沿海地区。同时，由于地区经济发展不均衡，不同地区公共体育设施水平存在差距，这是限制较落后地区发展休闲体育的根本原因，也是当前提高我国整体休闲体育水平最棘手的问题。

三、体育设施建设不足

由于中国居民对休闲体育不太了解，政府忙于主导体育发展战略，最终很可能忽视了休闲体育发展的投入，导致其产业发展不到位，基础设施不足，人均体育场地面积不足，休闲体育发展存在严重的失衡。再从企业投资方面来看，他们愿意把更多的财力、物力集中在贵族休闲运动，而非大众化运动上。这些都说明了中国休闲体育产业的落后。

中国社会长期处于“城乡二元结构”的状态，体育场地的城乡差距恰恰体现了这种二元结构存在的弊端。城市体育场馆数量和面积分别是农村的 1.42 倍和 2.18 倍，城市室内场馆数量和面积分别是农村的 4.71 倍和 10.8 倍。可见城乡之间存在明显的差距，特别是在室内场地方面。城乡体育设施水平的差距导致城乡居民参与休闲体育的力度呈现出不均衡的状态，显而易见的是，农村的体育设施建设严重不足，这会使得更多的农村居民因体育设施不足而无法参与到体育项目中。

四、休闲体育人才匮乏

休闲体育不同于竞技体育，也与传统意义上的群众体育和社会体育有着明显的区别。对于竞技体育来说，参与群体主要是运动精英，最终目的在于赢得比赛并获得优异成绩；就群众体育而言，其参与群体主要是广大民众，人们主动利用闲暇时间参与各类体育活动，最终目的在于强身健体、休闲娱乐以及促进人际交往等；就社会体育而言，其参与群体主要是街道居民、农民与职工，他们主动参加各类身体运动，最终目的在于强身健体。休闲体育指的是以满足普通大众休闲生活中的健身需求和娱乐身心的需求为主要目的的体育活动，其追求的是休闲化、个性化，并不会过分地强调运动的风格和技巧。因此，休闲体育行业从业人员必须具备一定的专业知识和专业技能，例如，休闲哲学知识、休闲社会学知识、休闲经济学知识以及休闲心理学知识等，如此才能对休闲体育参与者加以指导，以保障休闲体育活动的顺利开展。这就决定了我国休闲体育在发展过程中将会需要大量的休闲体育指导人员。不仅如此，随着我国休闲体育产业的发展，休闲体育管理人员和休闲体育经营人员的需求量也会随之增加。然而，纵观我国休闲体育行业从业人员的发展现状可以发现，我国休闲体育方面的专业人才非常匮乏，随着未来我国休闲体育的发展，这一人才缺口还会进一步扩大。由此可知，专业人才匮乏已成为影响我国休闲体育发展的关键问题之一。

第三节 休闲体育发展的可持续性展望

一、休闲体育未来发展趋势

趋势一：随着国人对休闲体育的需求日益增加，休闲体育势必将发展成为一种全新的体育形态。对于国人而言，参与休闲体育活动既能强身健体、改善心态，也能优化生活方式、丰富文化内涵，因而此类活动颇得大众喜爱。传统体育理论从三个方面解释了体育的构成情况，主要包括竞技体育、体育产业和群众体育，但其中并未提及休闲体育。这是因为休闲体育属于典型的新体育形态，虽然并不属于传统体育的概念范畴，但是与传统体育的构成部分紧密相关。

趋势二：在融合“休闲体育 + 旅游”的基础上，为人们提供接触自然的机会并使其体验在自然环境中参与运动的感受。我国旅游业既要合理设置景点项目，也要加大运动休闲开发力度，同时关注游客的生理体验和心理感受。尤需注意，旅游景区只有设置了极具体验性的休闲体育项目，才能实现体育旅游从 2.0 进入 3.0 时代。

趋势三：我国已逐渐开放休闲体育赛事，与之相关的市场与服务体系将得以完善。国民不仅可以通过参与休闲体育活动提高身体素质，而且可以在观赏休闲体育赛事的过程中获得精神慰藉，从而提高国人的幸福指数。

趋势四：我国休闲体育活动如雨后春笋般蓬勃发展，体育消费中的休闲体育消费占比将超过 70%，从而推动休闲体育产业发展。据估计，我国该产业总值在 2025 年将增至 3.5 万亿元，为体育产业发展提供强大的推动力量。显而易见的是，国人对于休闲体育产业和休闲体育活动的接纳度与认可度将持续提高，持续发展的休闲体育也将进一步刺激家庭体育消费。

二、休闲体育可持续发展的几点建议

（一）加大宣传力度

政府应加强管理和对体育健身知识的宣传，起到有效的组织宣传作用。对于集体运动项目，政府应加大监管力度，扮演好“管理者”的角色，使城市休闲体育朝着规范化方向发展，使体育爱好者掌握基本的运动常识。各地政府要因地制宜，结合地域特点和文化传统，重点宣传具备群众基础与发展特色的传统体育活动，充分借助各种媒介开展全方位、多角度、立体化的集中宣传和全面推介，全力打造一批特色品牌赛事以及全民健身系列品牌赛事。

要善于学习借鉴先进经验，加大政策叠加扶持力度，引导和支持体育社会组织等社会力量举办体育活动，推动休闲体育产业高质量发展。

（二）加快场地设施建设

我国既要根据国内发展现状引进符合本国发展需求的健身娱乐设施，也要保证国人能够在丰富的休闲体育健身活动中体会到乐趣。地方政府要为休闲体育活动基础设施提供更多预算，体育主管部门也应加强建设力度，推动创意休闲健身服务发展，尽快建成休闲体育生活区，为节假日中的公民提供体育服务。假期生活区主要面向民众提供休闲体育服务，包括建设公共体育设施、商业体育设施以及社会公共体育设施等多元化的休闲体育健身娱乐服务基地。[①]此外，随着城市化的发展，房地产开发商应在整体规划中建设休闲运动健身设施，如广州南奥林匹克公园、重庆奥林匹克公园等。

公共体育场地为全民健身提供了物质空间，亦是推进国家公共卫生事业的重要资源。因此，加快公共体育场地建设一直是众多体育事业发展的重点内容之一，自然也是全民健身事业的重点内容之一。体育场馆的推广措施应着眼于新资源和现有资源，中国社会则应致力于大力拓展新的健身资源，确保人均健身面积持续增加，特别是增加多用途小面积运动场、城市健身步道等大众健身场所。我国应当开发并改造更多的公共开放空间以用于建造体育场馆，如城市公园和城市空置区域、旧工厂、仓库、旧商业设施等。政府需要进一步盘活现有资源，并密切关注体育场馆和设施的使用、管理和升级。特别是要确保具备开放条件的公共体育场馆和学校体育场馆全面向当地居民开放。

（三）加快我国休闲体育产业专业人才的培养步伐

随着中国经济发展水平的逐年提高，在民众生活品质显著提升的同时，

① 孙军．合肥市社区体育发展现状与制约因素研究 [J]. 青春岁月，2015（7）：257.

中国体育产业发展事业增添了新的活力。体育产业包括产销体育产品的各个环节，其涉及国民经济的诸多产业，如建筑业、制造业、交通与通信、食品卫生和信息服务业。① 目前，世界各国都已意识到休闲体育产业的巨大潜力，在全球经济日益发展和民众生活水平日渐提高的前提下，其发展前景十分广阔，高校体育教育专业更是培养休闲体育人才的摇篮。如何转变体育教育观念，使学生深入掌握基础理论知识，优化整体教学结构，拓宽体育专业培养范围，是摆在体育工作者面前的首要任务。虽然我国在体育人才培养中一直倡导复合型人才培养模式，但以往由于历史和社会原因，许多传统培养模式与复合型教育模式存在差异，因此，目前要加快完善我国休闲体育产业复合型人才培养策略，以促进中国体育产业的发展和创新。

（四）优化政府规章制度保障措施

首先，加强政府职能，使其得到有效革新和完善，从制度层面对体育主管部门和公安部门提出合作要求，明确公共安全服务供给规定，优化安全管理举措，制定符合发展需求的应急处置机制，针对体育场馆的安保情况设立等级评价制度，并配备所需设备与相关设施，全方位完善安保业务。② 同时，完善工作机制，既要倡导体育部门与财政部门开展合作，还需要求发展改革部门与旅游部门共同协作，由此构建覆盖多部门的联席会议制度，分时段汇报分析健身休闲产业状况，针对现存问题提出解决办法。其次，协会要依据国家现行法律、当前政策以及行业标准履行监管之职，利用评比手段和大会表彰等形式督促行业自省自律，加大对休闲健身类企业的监管力度，全力推动休闲健身产业发展。

---

① 卞伯高，冯毅翀，马少辉．大力发展我国体育健身娱乐业的必要性及对策研究 [J]. 福建体育科技，2010，29（3）：8−10.

② 江西省人民政府办公厅．江西省人民政府办公厅关于促进全民健身和体育消费推动体育产业高质量发展的实施意见 [J]. 江西省人民政府公报，2020（17）：14−20.

第五章　休闲体育的发展及休闲体育教育与经济的关联性

第一节　休闲体育的发展

在国民经济高速发展期间，人们对休闲提出更高要求，休闲体育对人的发展影响日益增大。所以，研究休闲体育与国民发展之间的关系具有重要意义，可为我国当前形势下进行体育教育改革和创新提供理论依据。

一、关于人的发展

人的发展通常被看成个体内“自然人”向“社会人”的转化过程。它会受到遗传、环境、教育和个体能动性等因素的影响。也有学者提出人的发展可分为三个方面：一是生理发展，包括肌体发育，体质增强，神经、生殖、运动等系统的完善等。二是心理发展，包括感觉、记忆、思维及语言等发展，以及情感、兴趣、意志的形成和个性的完善等。三是社会发展，包括人际关系、社会经验和文化知识的掌握，社会行为规范等的习得等。①

二、关于休闲体育

从目前的研究情况来看，众多学者对休闲体育的定义并无统一范式，然而其基本释义大同小异。石振国、田雨普等经研究对休闲体育作出以下定义，

---

① 姚林群 . 课堂中的价值观教学 [D]. 武汉：华中师范大学，2011.

即人们自愿在闲暇时间以身体参与来调节身心、强健体魄、减缓压力以及休养生息的一种活动方式。

三、休闲体育与人的发展

人是社会的基本构成单元，因而，人的发展决定着社会的发展程度，反过来社会的发展也影响着人的发展方向。当知识经济时代来临，社会生活方式发生了巨大改变，人们闲暇时间增多，受激烈竞争和“文明病”的影响，人们的压力越来越大。在这时，休闲就成为人们生活的必需。在这一背景下，社会成员应当首先实现自我发展，以期更为快速地适应社会现实，社会也会通过教育手段使人们掌握休闲的技能，以此来满足个体发展的需求。

（一）休闲体育是人生理发展的需求

个体的生理发展是人发展的基础。要想实现个体的健康，首先要实现生理的健康，而体育运动恰恰是实现个体生理健康最有效的手段。实践证明，通过适当的体育活动，可以促进人的各项生理机能的发育与成熟，增强人的体质。为了促进人生理健康的发展，体育教育成为教育活动的一个重要组成部分。当今社会，随着生产力的发展，人们伏案工作的时间显著增加，飞快的现代生活节奏和激烈的竞争使人的生活方式产生了巨变，从而滋生了大量的“文明病”，这对人的生理健康发展无疑提出了严峻的考验。因而，大力发展休闲体育教育，使人们利用适当的方式和手段，科学地进行锻炼，促进其生理健康发展，逐渐成了当下社会的迫切需求。

（二）休闲体育对人的心理发展具有促进作用

研究指出，人体参与体育活动时会分泌内啡肽，还会产生 LHD-2，从而产生振作精神、调整情绪的效果。对于个人而言，合理参与休闲体育可以有效排解自身压力，减缓焦虑心态，规避抑郁状态。

个人意志是支撑个人肌体通过承担相关负荷来完成该项运动的关键，通过持续对抗生理与心理上的种种不适感，达到强化肌体能力的目的。因此，人们在休闲体育运动中遇到的负荷难题能够磨砺人的意志。

休闲体育运动的多数项目具有竞争性，人们在参与运动的过程中培养了勇敢、顽强、果断和坚持不懈的优良品质。同时，休闲体育运动能够改善大脑的供血和供氧状况，增强大脑皮层的兴奋性，由此强化神经在使用阶段的灵活程度，以确保身体在第一时间对外界刺激作出反应，提升大脑的工作能力。

（三）休闲体育对人的社会发展起到促进作用

社会是人的社会，人是社会的人，人是具有社会性的动物，人不能脱离社会而存在。所以，人的社会发展是人区别于动物的高级发展。良好的人际关系是人类社会发展的标志，但是由于市场经济下功利意识强化和现代生活节奏加快带来紧迫感，传统的人际交往方式产生了变化，而且随着信息技术的发展，人与人之间的信任和情感逐渐出现了危机。在这一情况下，休闲体育为人际关系的健康发展提供了广阔的空间。体育运动与休闲理念相结合，呈现出的是一种淡然超脱的生活气质，使淡泊代替了功利，将沉迷于虚拟世界中的人们重新拉回现实，促使人们在现实中寻找快乐，积极交流，摘下虚伪的面具。

休闲体育不仅是一种人们喜闻乐见的健身模式，而且是人们排遣寂寞，增强沟通的重要渠道。人们在体育运动中积极活动，在与他人共同运动的过程中产生共鸣，可见其对人际关系的改善起到了积极的作用。而休闲体育活动的平等性会使人们在活动中转换角色，大家凭着对运动本身的爱好和热情以同一种角色参与其中，消除了因社会等级差异带来的不良影响。同时，在休闲体育过程中人们要遵守一定规则，而且在运动中常常以小团体的形式出现，这就使人们在它提供的情景中增强了社会规范意识，并可以通过社会模拟掌握一定的社会经验。

四、发展休闲体育的整体构想

（一）休闲体育的参与价值分析

休闲体育活动项目具有社会文化特征，休闲体育能够在很大程度上满足当代人身心发展的需求。在健康的休闲生活中人们的身心能够得到积极的发展，人格与品质都会得到不同程度的完善，由此便会促进社会经济与社会文明的发展。在工作时间被有效缩短，家务工作负担极大减轻后，人们就会空余出更多的时间用来休闲或者自我提升，以此来改善其现有的生活方式和生活质量。休闲体育具有潮流性、时尚性以及小众性等特征，其活动内容与形式都非常丰富，参与者在休闲体育项目中能够感受身心方面的愉悦。休闲体育已成为一种崭新的生活模式，是当代人文化生活领域一项不可或缺的重要内容。

通常来说，休闲体育运动以身体活动为主，肢体运动能够在某种程度上刺激感官系统，在这一作用力下，人体的生理结构和机能会发生改变，这些改变既具有适应性，也具有变化性，在这种变化下人体的健康水平就会大幅提升。通过分析医学数据能够看出，参与休闲体育运动能够有效预防一些现代“文明病”，甚至可以通过参与休闲体育健身活动来预防一些疾病，从而彰显休闲体育的核心价值。

高层单元住宅在客观上将人们互相分离，减少了邻里之间交谈的机会，淡漠了人们之间的感情。休闲体育能够缓和僵硬的人际关系，帮助参与者改善当下冷漠的沟通模式，所以，休闲体育既有情感培养的作用，又有体验生活本真的意义。

休闲体育的活动内容具有多元化的优势，其活动形式丰富且参与形式简洁，只要参与者具有主观参与的倾向，就能够参与到休闲体育活动中，休闲体育活动能够很好地满足参与者的锻炼与健身需求。器材的排列分布十分科学合理，体育设施操作起来亦非常方便，符合社会大众的健身需求，不同类型的健身器材也能够锻炼到人体不同的部位。大多数人每天最多有 5 小时的时间用于休闲体育活动，在假期，则会有更多的休闲体育时间。在周末或者假期，居民会选择距离稍远且自然环境较好的区域来进行休闲体育活动，参与者在休闲体育中不仅体会到身心上的放松，还能够认识到健康生活的价值。

综上，可以将休闲体育运动看作一种精神活动，这种精神活动不存在功利性，而是将精神层面的内容视为追求的目标，在达成目标的过程中，人们可以体验人生的意义与价值。以全面建成小康社会为背景进行分析，可知休闲体育运动在小康社会建设进程中具有非常重要的意义。

在全面建成小康社会的发展进程中，社会大众的日常生活方式不断创新，休闲体育活动就是其中一种。休闲体育活动已成为当代人追求的新型生活方式，从中亦能够看出社会变迁与发展的历程。新事物的出现势必会带来新的问题，现阶段，社会大众对休闲体育的认识仍旧较为模糊，社会结构中的休闲体育方式也过于单一，同时，休闲体育的项目内容亦过于平淡。在当今时代背景之下，可供人们选择的休闲方式越发丰富，但是综观现实情况可以发现多数人更倾向于物质享受，并不会主动选择积极健康的休闲生活方式，对于休闲方式的选择较为单一和传统，如看电视、打游戏等都是比较流行的休闲方式。但是这种休闲方式为人们带来的不过是片刻的欢愉，其后续效果并不明显，甚至还会影响人们的身心健康。所以，现在人们会更倾向于将休闲体育运动与生活质量、生命价值紧密相连。但是在这个关联闭环中，人们没有将休闲体育运动视为社会现代化发展进程的产物。需要明确的是，休闲体育能够彰显特定区域的经济生产水平，同时是一种较为客观的指标，能够用来对该区域的社会文明层次加以评估。

2008年，在中国顺利举办奥运会后，我国社会各领域发展水平均出现了显著提升，休闲体育运动以创建文明、健康生活的形式正式进入社会大众的生活与工作模式中。各级地方政府部门加强休闲体育宣传工作力度，以广播、电视、报纸，或文学、摄影、音乐和其他媒体等多渠道、多途径的方式进行宣传，此类媒体形式能够在宣传过程中向社会大众介绍休闲体育项目，还通过出版书籍让社会大众在闲暇时间对休闲体育运动产生正确的认知，增强全民健身意识。休闲体育活动项目具有社会文化特征，其能够在很大程度上满足当代人身心发展的需求。

（二）加强休闲体育教育

就中国现实情况来看，全社会对于休闲体育的认知与见解大多浮于表面，很少有人能够正确认识到休闲体育活动的价值，此方面的教育也不够普及，只有在中小学阶段才设置此类课程。虽然在国家的鼓励和推动下，人们有了越来越多的休闲时间，但是如何高效且正确地利用起这部分时间是多数人尚不了解的。如此一来，虽然人们的休闲时间充裕，但是其观念没有与时俱进，休闲选择大多十分单一，人们很难在休闲体育过程中掌握真正健康和实用的运动技能。因此，加强对国民的休闲体育教育在今日的小康中国势在必行。休闲体育教育包括以下几方面。

1.加强休闲体育人才的培养

目前，我国休闲体育业发展中的突出问题是缺乏专业技术和服务方面的人才，同样缺乏规范化的管理和服务。[①] 虽然以广州体育学院、武汉体育学院、成都体育学院等为代表的部分高校的相关院系率先设置了与休闲体育相

① 云学容，王志刚，谢盛.发挥地方资源优势，构建我院社体专业户外休闲运动方向特色课程[J].乐山师范学院学报，2009，24（11）：100-102.

关的专业，但这并不能充分满足我国日益发展的休闲体育市场的需要。因此，加强休闲体育专业人才的培养是发展我国休闲体育产业的当务之急。各高校应挑起这一重任，在体育、经济、管理、社会院系增加相关专业和课程的设置，培养既懂休闲体育技术，又懂休闲体育策划、开发、营销、管理等技能的复合型人才以满足市场的需要。

2. 丰富中小学体育课程设置，普及休闲体育健康观念

各中小学校应引导学生养成运动休闲这种文明、健康、积极、科学的休闲生活方式，社会公众则可以通过社区、各类活动中心、社会团体等宣传运动休闲这种积极健康的休闲方式，通过休闲体育教育，大众能够认识休闲，懂得休闲，从而促进大众的身心健康，提高人民的生活质量与生命质量。

（三）休闲体育必须承担起推动经济发展的重任

纵观全世界各发达国家的休闲体育产业发展状况，若国家自身的经济发展水平较高，那么其休闲体育产业在其国民经济中的地位就会相对较高。就英国来说，英国政府每年均能获得 24 亿英镑以上的休闲体育产业税收收入，而美国每年的休闲体育产业税收收入可超过 4000 亿美元，甚至比其国防开支或房地产业收入都高，而且美国政府甚至不需要特别对此产业进行投资，因为运动休闲已成为美国国民认可度极高的一种休闲方式。休闲体育可选种类繁多，在一定程度上推动了美国旅游、航空、餐饮等行业的发展。

就亚洲国家来看，韩国的休闲体育产业市场近年来蓬勃发展，目前已经跻身世界第二，发展前景极为可观。中国的休闲体育业尚处于初级发展阶段，但已显示出良好的发展态势，在新时代中国人的生活方式中，运动休闲这一重要组成部分也反映着小康中国的繁荣风貌。

第二节　休闲体育教育与经济的关联性

一、休闲体育教育的界定

体育活动具有健身、竞赛、游戏、娱乐等属性，可以促进人们的身心健康，提高人体功能水平，人们可以充分利用其空闲时间以满足自己的发展需要，并以高尚的文化品位为目标进行身心运动。这些属性和功能正是休闲体育所具有的，由此可见，休闲体育活动在人类生活中占据着越发重要的地位，而且具有越来越强的独立性。大众体育是一项具有健身、娱乐和社交互动作用的大众体育活动，从广义上讲类似于休闲体育，休闲体育可以被理解为其中的一部分。①休闲体育是个人在空闲时间自由选择和控制的一项活动，能够为人们带来兴奋感和满足感，活动内容充满艺术表现力。在休闲体育中，人们可以充分发挥个人能力和个性。

“无论是学校教育还是社会教育，都应该为休闲体育教育承担起各自的教育任务。”这说明，体育教学学科应该得到进一步完善。体育教育是对受过教育的人进行体育技能和有关知识的教育，使他们掌握必要的体育锻炼方法并学习一些体育技能。这种技术和方法将成为人们未来生活中的一种常规休闲体育形式，它将使人们终身受益。休闲体育和其他运动区域具有较强的连接性：在将某种类型的体育活动用于比赛时，可以将其视为竞技运动；当将其用于娱乐和休闲时，可以将其视为休闲体育运动。各种体育活动的类别属性取决于其目的和功能。在休闲体育教育工作中引导学生接受健康的生活方式，帮助学生树立正确的人生观是教育工作者的基本职责。通过强化现有的体育教学内容，建设校园健身文化，可以有效提高学生体育锻炼的积极性。

---

① 王政芳．城市小学生休闲体育行为养成研究 [D]. 上海：上海师范大学，2019.

二、健康生活消费理念

（一）消费的理智选择

社会大众需要塑造良好的消费观念，人们应从个人习惯做起，清晰认知消费概念，并培养积极健康的消费心理。从当今社会大众的健康程度来分析，对其健康造成影响的因素多数来源于非理性的消费理念。所以，当务之急是转变当代大学生的消费方式，并且帮助他们构建良性的生活方式。[①]实际上，要想养成健康的生活方式，就要注重生活习惯的培养，在良好生活习惯的培养过程中建立起健康的生活方式。这里之所以提到大学生，是因为大学生这一年龄段是养成各种生活习惯的黄金时期，教育者们要在教学与生活中重视大学生的体育锻炼情况，让大学生养成通过体育锻炼释放身心压力、消除学习疲劳的良好习惯。另外，针对高职阶段的学生，需要设置健康管理教育内容，帮助学生强化健康卫生意识，让学生懂得用积极的方式和手段保护自己的身心健康，健康理念会对学生的思想意识产生积极的影响。

（二）休闲体育教育内涵

在当代人的生活方式、生活内容以及生活目标的追求中都渗透着休闲体育，这也意味着人们已经意识到健康的重要性，能够感受到自己的行为模式很可能对其生命健康产生一定的影响。休闲体育是能够促进人们身心健康的一种健身娱乐形式，同时，休闲体育运动的可参与度是非常高的，也没有对人们的体育能力设定最高和最低标准，可以说，不同年龄、不同职业、不同爱好的参与者都能在休闲体育运动中找到适合自己身心发展的项目。基于这样的特性，休闲体育的传播性较高，能够遍及社会结构中的每一个角落。休闲体育倡导的是轻松和娱乐，这样的理念可以让人们从繁重的压力中得到身

---

① 李莺歌，于仁新．休闲体育教育与经济互动问题探讨 [J]. 当代体育科技，2012，2（26）：71，73.

心层面的释放，能有效提升人们的生活质量和幸福感。

休闲体育运动是以身体活动为主，肢体运动能够在某种程度上刺激感官系统，人体的生理结构和机能会因此发生改变，在这种变化下人体的健康程度会大幅提升。休闲体育既具有娱乐性，也具有教育性，是集多元化特征于一体的一种社会实践活动，其根本的教育目的是实现参与者的全方位发展，最终提升其生命质量。①

休闲体育教育的主要内容可以分为以下几点：首先，在教学过程中让学生理解各项休闲体育活动的相关专业知识与技能，通过基础与理论知识的学习，清楚且正确地认知休闲体育的价值观，从而改变学生对体育价值观原有的态度，在参与休闲体育活动时学生们也会表现出更高的积极性。这种教育方式能够帮助学生养成正确的休闲观念以及休闲价值观念。其次，以休闲体育教育的方式为主，参与者能够从教学结构中掌握休闲健身娱乐项目的科学方法，以及正确的运动技能和技巧。在休闲体育教育中，教育者要不断引导参与者对自身的休闲体育运动行为作出评价，这样能够帮助参与者发现更适合自己的休闲体育运动项目。最后，教育者在休闲体育教育中需要宣传和普及健康的休闲体育理念，这样能够在一定程度上规避不良休闲体育现象的出现。

三、通过休闲体育教育改善学生的消费生活方式

（一）树立正确的消费方式

真正从根本上影响人的行为模式的是价值观念。休闲体育自身具有人文性，它倡导的是自然与身体的接触和平衡，从而通过参与休闲体育活动来消

① 高文华 . 浅析休闲体育教育与经济互动的发展 [J]. 商场现代化，2012（8）：130.

除人与人之间的交流障碍。在休闲体育运动项目的选择上存在高度的自主性，所有休闲体育项目的可操作性都非常强，能够帮助参与者构建新的精神家园。在这个新的精神家园中，人们的身心会朝向健康的方向发展，人们对生活和工作会抱有更大的热情和更高的积极性，这有助于大学生在休闲体育中养成健康的生活习惯和生活方式。人们需要扮演的社会角色复杂而多样，这也造成生活行为的冲突以及生活方式不协调。因此，休闲体育活动本身重视追求和享受体育活动的乐趣，其自我完善和自我充实的理念更是有助于克服这一缺陷，正确的消费方式能够帮助人们培养良好的生活习惯，从而拥有健康的生活方式。

（二）转变教育方式

帮助大学生构建健康的生活方式，需要从两个方面着手考虑：第一，大学生需要认识到身心健康的重要性；第二，大学生需要拥有明确的价值取向。人的社会行为会受到知识储备量的影响，大学生也不例外，针对他们展开的健康生活方式的教育工作需要建立在专业知识的基础上，这样才能影响大学生的休闲体育行为和态度。在落实休闲体育健康生活方式的教育工作时，需要教育者从陈腐的教育思想中解脱出来，不要沿用传统的教育习惯，一定要了解大学生的身心发展需求，并以此为核心构建新型的教育工作模式，这是时代发展过程中相关教育工作需要进行的改革与创新。在教学中，教育者要注重改善学生与外界的关系，而不是立足于传统的师生关系来传授知识。教育者在安排健康教育课程时需要做好工作计划与教学安排，协调多学科之间的交叉教育功能，通过多个学科来实施渗透教学，这样才能深化健康生活方式教育工作的意义，而且学生能够通过更多的途径来了解和学习健康生活方式，从而对这一观念有正确的理解和认知。

（三）以休闲体育的参与来改善生活方式

要从不同的角度、通过不同的途径、以不同的方式来改善大学生的生活方式。休闲体育的本质是通过参与休闲体育活动来强化人们的身体素质。当今，人们的物质生活水平不断提高，人们的消费观念正在发生跳跃式的改变，人们内心长期被压抑的情绪和欲望在这一时期迸发，会有一部分人的消费行为变得盲目而缺乏理性，例如，会有人一味地追求刺激与享受，而其生活方式和习惯的改变也导致了一系列现代“文明病”。① 休闲体育可以使学生培养健康的生活理念，使其健康需求得到充分满足，同时丰富其文化生活并改善他们的生活观念，有效提高他们的生活质量。从休闲体育倡导的生活方式与消费行为这两个方面来看，休闲体育教育的目的是通过多元化的教育手段引导大学生对生活持有更加积极的态度，使其能够在学习与生活中更加热爱休闲体育。②

① 李莺歌，于仁新．论休闲体育教育与经济互动问题 [J]. 当代体育科技，2012，2（26）：23-26.
② 高文华．浅析休闲体育教育与经济互动的发展 [J]. 商场现代化，2012（8）：130.

第六章　休闲体育的社会建制

政策法规是休闲体育发展的基石，对于规范市场行为、保障各方权益具有重要意义。在政策法规制定方面，应充分考虑休闲体育的特点和需求，制定一系列符合实际、可操作的法律法规，如可制定休闲体育产业发展促进法、休闲体育市场管理办法等，为休闲体育的健康发展提供有力保障。国家方面应当建立起健全的社会建制及社会规范，以推动休闲体育事业发展。这不仅使国民的休闲体育行为更加规范，也能够培养其树立积极的休闲体育观念，使休闲体育活动的发展空间更为广阔和安全。

第一节　休闲体育的社会建制的构成要素

一、休闲体育社会体制化

（一）休闲体育社会体制化的基本内涵

休闲体育社会化是促进全民健身和体育消费并推动体育产业高质量发展的驱动力，实现休闲体育社会化既是落实全民健身国家战略、推进健康中国建设并将其放在突出位置的重要标志，也是构建更高水平的全民健身公共服务体系、广泛开展全民健身活动的重要体现。社会及各行业的发展应当以严明的体制规范为前提和标准，在休闲体育发展和成熟过程中，社会体制化的重要性不言而喻。只有形成了既定的严格制度并使休闲体育活动具有大众化的优势和发展趋势，才能使越来越多的国民在参与休闲体育活动的过程中感受到运动的意义和快乐。

（二）休闲体育社会体制化的演化过程

在一些电影作品中抑或人类对自身生活实际的体悟上，体制化越来越多地被认为是一种习惯化的概念。在体制化形成初期，其具有一种潜在的强制性，人们通常需要“不得不”遵守这种体制规定。久而久之，人们逐渐熟悉了这种既定的生活方式，甚至乐于延续这种生活方式，认为此种习惯在自己的生活中已经不可或缺，体制化也就在此过程中得以形成。随着休闲体育运动的发展和渗透，人们逐渐习惯于此种运动模式出现在自己的生活中并产生影响，随着人们适应度的提高，休闲体育运动也变得必不可少，使人们从适应这种运动形式到离不开这种运动形式，休闲体育运动的体制化转变就此正式形成。

（三）休闲体育社会体制化的构成基础

休闲体育和社会共同构成了其体制化框架，既然存在被体制化的需要，则可知休闲体育自身亦应当存在能够被体制化的资质。人之所以存在被体制化的可能，其重要原因之一就是人拥有思维，能够培养继续生存的技能和习惯，故而更容易融入社会环境之中；若休闲体育被社会规则束缚和掌握，则其体系中的参与者、服务者等个体均应当在这个整体中发挥其作用。社会是休闲体育系统的构成基础，社会本身就应当制定一系列的规则制度，以此营造适合休闲体育发展的环境，使人们的休闲体育活动受到约束。

二、休闲体育主体的价值观念

休闲体育作为社会体育的组成部分，是一种人们在现代社会中增进健康、丰富生活、完善自我的社会性活动。休闲体育的质量高低将直接影响社会的和谐发展与进步，进而影响人的现代化全面发展。休闲体育因其本身的特质及社会发展的必然趋势而具有了一些社会性功能的时代价值。休闲体育不仅是全民健身文化的核心，也将成为破解现代“文明病”，促使人们主动寻找积极、健康生活方式的动力。制度目标及其价值能够通过价值观念得以体现，就休闲体育而言，其存在的意义即其自身的价值观念。此种社会建制存在的目的就是使休闲体育理念得到广泛传播，并获得社会各界人士的支持和参与，同时需要以社会为基础服从于相关制度和规范。

三、休闲体育主体的行为规范

休闲体育主体行为规范是指影响、约束休闲体育行为的社会伦理道德的总和。个体或某人类群体在参加休闲体育活动的过程中需要遵循既定的规则，即此活动的行为规范。在运行休闲体育社会建制的进程中，参与主体的规范性起到基础性的作用，人们会在进行休闲体育活动的过程中自觉遵守相关的道德及法律规范。需要注意的是，作为休闲体育活动的参与主体，其需要遵循的规范并不是固定的，随着社会变革和休闲体育内容的变化，相关规范也会改变，这与休闲体育及社会层面要求是高度相符的。如 2016 年国务院办公厅印发的《关于加快发展健身休闲产业的指导意见》、2017 年国家体育总局印发的《关于进一步规范广场舞健身活动的通知》等，都有相关公众参与休闲体育的社会规范的要求，为规范休闲体育主体的行为提供了指南。

（一）休闲体育的组织系统

在休闲体育体系中，其组织系统具有极为重要的地位，休闲体育活动的参与者、服务者等均掌握着不同的职能，追求着不同的目标。组织规范能够对组织内成员的行为加以约束和引导，建立起较好的组织秩序。在此过程中，政府具有主导性的地位，其应当加大在此领域产学研事业的投入，坚持政策创新，打造创新情境，使产业内部创新主体的权益得到有效保障。① 一些金融机构也针对休闲体育产业进行了投资，这在很大程度上推动了休闲体育产业的成熟和进步。不过金融机构的投资对此产业的影响并不明显，其主要原因很可能源于法律资信评级问题、资本投资逻辑矛盾等方面。所以，政府应当在政策上适当倾斜，通过税收及财政政策的辅助吸引更多的投资资金，以此对体育类企业加以鼓励，提升其上市速度。同时可以考虑发行债券，使 PPP 模式得到完善和成熟。在休闲体育产业的发展过程中，民间资本的作用同样不可小觑，政府应当建立对应的产业服务平台，对此产业的投融资模式进行持续创新。高等院校及科研机构拥有较为丰富的学术和人才资源，此类机构可以增添休闲体育产业的科技元素，从而促进其快速发展。立足于此，各高校可以组织研讨会等学术活动，为休闲体育产业各方面人员提供沟通环境和条件。政府也可以通过投资形式对科研项目加以鼓励，引导研究机构将研究重点更多地集中于休闲体育领域。休闲体育项目级别和类别不同，资金支持力度亦有所不同。总而言之，要促进休闲体育产业高质量和高速发展，创新乃是一切进步的生命力之源。

优化产业发展环境，凸显政府职能。首先，政府需要在政策层面加以引领，例如，可以针对休闲体育产业出台对口政策，为其未来发展提供引导。与此同时应当完善相应的法律法规，构建更加健全的市场体系。在政策执行过程中，政府应当跟进评估政策执行的有效性，使休闲体育在其发展过程中不断推陈出新，获得更好的发展前景。其次，加强监督管理力度，政府方面也应当切实提升监管水平，使其政策及相关制度的实施力度得到保障，完善休闲体育产业的营商环境，稳定市场秩序，保障消费者的合法权益，提升休闲体育市场的有序性。与此同时，政府应当对资金使用加以科学引导，建立功能较为完备的产业发展平台，积极组织各类休闲体育类赛事，使休闲体育

① 高乐．我国休闲体育产业高质量发展评价及其影响因素研究 [D]. 太原：山西财经大学，2021.

企业加速成长和成熟。最后，政府可改善原有的传导机制，将自身打造成为公共服务型政府，对大众加以引导和鼓励，使其能够更加主动地参与到休闲体育活动当中，构建起自下而上的现代化传导机制，通过多方协作推动休闲体育产业的蓬勃发展。

（二）休闲体育的物质支撑

中国休闲体育产业发展会不可避免地受到各方面因素的影响，如经济发展程度、产业投入等。通过分析其综合发展水平得知，此类因素的发展能够促进休闲体育事业的进步，具体因素类别及其影响力如下。

第一，在休闲体育产业的发展过程中，人力资源具有核心性的作用和地位，各主体均应当将发展重点集中于此类要素之上。政府应当立足于市场需求制定针对性的人才政策，对一些专业水平较强的高校加以鼓励，使其主动申报更多休闲体育相关的专业，以此扩充休闲体育专业人才队伍，提升高校培养此方面人才的积极性和主动性。政府亦应针对休闲体育产业人才出台激励政策，以此有效完成人力资源整合工作，构建全方位人才激励体系，积极培养复合型人才以应对休闲体育的复杂变化，为休闲体育产业注入创新元素，推动该产业高效、迅速发展。在进行人才培养的过程中，政府应当提高教育投入，使休闲体育人才综合素质得以显著提升。

第二，以资本要素为基础来获取其他生产要素。政府方面应当对资本要素加以重视并吸引社会投资。政府应当积极改革行政体制，通过简政放权降低对休闲体育产业的干预，吸纳更多的社会资本以支持休闲体育产业发展。[①] 在各级政府部门的引导之下构建起结构完善的产业资本市场，并突出金融业的功能及作用，增大对休闲体育产业的资金投入。休闲体育相关企业应构建投融资平台，以市场化手段吸引各类社会资本，以此促进企业发展。[②]

① 高乐 . 我国休闲体育产业高质量发展评价及其影响因素研究 [D]. 太原：山西财经大学，2021.
② 赵红梅 . 休闲体育产业生态系统演化分析 [D]. 太原：山西财经大学，2020.

第三，休闲体育的发展能够使其他产业得到带动并促进国家经济增长，政府应当致力于凸显休闲体育产业的主导性，促进休闲体育产业升级，优化其产业结构并完善相关政策，从而对此产业加以有效引导和调控，使其所处市场秩序得到规范，推动休闲体育产业的高质量发展。不仅如此，休闲体育产业的发展也需要器材、设施等方面的物质支撑。随着国家经济水平的提升，人们对于休闲体育活动的需求也越发强烈，这使休闲体育产业能够获得较为充足的物质支撑。

第二节　休闲体育的社会建制的管理与运行

一、休闲体育的社会建制的管理特征

首先，需要认识到人是社会的核心构成，而人类社会的形成更需要以管理为基石，故而可以认为休闲体育管理活动是一种社会活动。其次，对休闲体育活动进行管理的过程中，其主体为各级人民政府，其在此过程中扮演着管理者的角色；而各级政府的管理对象不只是休闲体育组织系统，同时有政府自身，即政府应对自身工作加以管理。

二、休闲体育的社会建制的管理意义

随着经济社会的高质量发展，休闲体育已进入一个新的发展时代，其内涵及作用发生了深刻的变化。休闲体育作为一种崇高精神追求，一种特殊的体育公共服务产品，日益在社会管理创新中彰显出独特的功能与作用，已成为社会管理创新、促进社会和谐的一种不可或缺的方式和平台。在管理休闲体育社会建制的过程中，各级人民政府可以通过监管行为提高人们参与休闲体育活动的积极性和兴趣，同时可以引导民众将参与休闲体育发展为一种习

惯，使人们下意识地在参加休闲体育活动的过程中对自身进行约束和管控，并且在充足的物质支撑背景下，休闲体育工作能够更为高效和有序地得以推进。

三、休闲体育的社会建制的运行

休闲体育的社会建制的运行离不开其构成要素的支撑。在各级人民政府的监管之下，休闲体育的社会建制得以成立并运行，在规则的约束和管制之下，公民得以根据自身需要参加休闲体育活动，而服务者负责在此过程中向参与者提供服务，经营者需要负责经营和管理工作，以保证休闲体育的社会建制得以继续运行。因此，休闲体育的社会建制的运行需要发挥休闲体育健身价值的引领作用，倡导文明生活方式和培育和谐社会心态；发挥休闲体育沟通交流的功能和作用，构建和谐邻里关系；发挥休闲体育组织管理作用，促进城乡社区自治。

第三节　休闲体育的组织与管理

休闲体育的特征具体如下：一是自主性；二是选择性；三是灵活性；四是多目的性。由此可见，休闲体育活动具有较强的个性化特征，从原则上看，其并不需要组织管理。但是也正是因为上述特点的存在，休闲体育在其发展过程中逐渐出现了一些问题，如秩序性差、质量差异过大等。在进行管理的过程中，管理者需要整合各项资源，以此推动主体的高效运转并促进其发展。要实现管理目标，管理者首先应当培养起自身的组织职能。[①] 故而，我们应当从休闲体育所具有的特点入手，有针对性地进行高效的组织管理，以此保障休闲体育活动持续发展。

---

① 罗林．休闲体育的认识深化及在我国的发展研究 [D]. 苏州：苏州大学，2005.

一、休闲体育的组织形式

要有效地组织和管理休闲体育活动，首先应当对休闲体育的大众参与情况及其组织形式有初步了解。笔者立足于人们参与休闲体育活动的现状将社会大众参与休闲体育活动的组织形式进行划分，主要分为以下几类。

（一）个体型

个体型是指在自身个性条件的基础上，根据各项因素的变化来选择与自身身心需求相符的休闲体育项目。随着年龄的不断增长，人们选择运动项目时通常会将自身的年龄列入参考条件范畴，以至于多数人在不同年龄段追求的休闲体育文化也是不同的，这是社会大众身心发展的基本规律。无论处于哪一个年龄阶段、处于哪一个居住区域、从事何种职业或是性别如何，各主体都可以自主选择参加何种休闲体育活动。也就是说，参与休闲体育活动是自主选择的结果，可以不与其他人形成特定的群体，人们对于休闲体育活动的偏好不同，如垂钓、登山等都是相对独立的活动，此类运动的偏好者可以在运动过程中体会独处的乐趣，这也是完善自我的一个过程。

（二）家庭型

人类个体在每一个阶段都会发生不同的转变，从生物人转换为社会人的过程中，家庭无疑是连接两者的纽带。人在家庭休闲体育活动中逐渐掌握了向社会人转化的手段和方法，实际上，大部分人是在家庭休闲体育活动和游戏中掌握社会行为规范和社会知识的，之后便在发展过程中逐渐转变为社会人。

立足于现代背景进行分析，当代人们面临越来越大的竞争压力，通常需要处理较为复杂的人际关系，参与以家庭为单位和主要环境的休闲体育活动具有越发重要的价值和意义。家庭成员之间关系密切且存在血缘联结，其在互动过程中将更容易相互影响和促进。故而，这种家庭式的组织形式将更有可能促使家庭成员们高效利用空闲时间，使家庭休闲体育活动更加丰富，也能够让家庭成员之间互相理解，从而提升家庭和谐度，使得每一名家庭成员都能在健康、情感等方面有较理想的发展。另外，从某种角度来看家庭和谐同样可以促进社会的和谐发展。随着居民生活质量的持续提升，人们所持有的生活观念也需要革新和改变，家庭作为一种进步性较强的组织形式，极有可能在休闲体育发展和成熟过程中发挥其促进作用，实现二者的共赢发展。

（三）自由结合型

成长背景、性格以及学历层次各不相同的群体会因为相同的爱好及体育兴趣等聚集在一起并共同从事相同的休闲体育活动，此群体为自愿形成，构成元素尤为丰富。此类群体中的成员并不会对其他成员做权责要求或义务分工，群体发展水平及成员间关系一般存在一定的差异，从形式上看可以分为两种：第一种为紧凑型群体。此群体内的成员对彼此存在较强的心理认同感，关系相对和谐，能够在日常生活中相互关怀，关系也较为密切。通常情况下是生活范围内的亲朋好友、工作中的同事等这类既定的关系。在日常闲暇时间，这一类群体也会利用固定时间去参与休闲体育活动，通过这样的形式来联系彼此之间的情感。第二种为松散型群体。多数成员之间的社会关系并不密切，接触频率较低，甚至互不了解。他们只是因为休闲体育爱好相同而暂时集聚，虽然在时间或空间上可能出现交集，但是经过几次活动，各个空间的成员可能会发生改变，仅有的几次联系也会随之中断，他们通常会在固定的休闲体育空间里建立稳定的实体关系。

休闲体育活动是诸多社会活动形式中的一种，大多由自由结合型休闲体育群体构成，该群体能够代表社会意义的广泛性，该群体中的成员能够通过休闲体育活动实现多方面的交流与沟通，这样更有利于参与者完善自己的人格，改善现有的人际关系。同时，在参与休闲体育活动的过程中，群体成员一定会接触到其他形式的社会活动，这样就可以为社会建设提供一定的拓展空间。另外，各参与成员之间会在多次的休闲体育活动中建立一种相对稳定的群体关系，在这种关系下，每一名成员的行为都会受到约束，这是帮助人们深化社会道德认同、规范社会行为的有效途径，对于提升社会的稳定团结具有极为重要的作用。

休闲体育活动与社会群体生活有着密切联系。社会群体成员的工作时间、爱好、居住位置等因素各不相同，而在此方面存在一致性的群体成员或能够形成互补的成员便更容易形成这种自由组合群体，并更有机会共同参与其感兴趣的休闲体育活动。

（四）社会组织型

这里提到的社会组织型主要指的是由体育机构和其他社会组织共同计划并开展的休闲体育活动，具体的社会组织有教育机构、政府机构、体育协会等各类组织。

所谓“休闲体育”，其最突出的特点就是参与者均具有较强的自主性，而且会在参与过程中彰显出其创造能力，但就休闲体育本身而言，其又具有组织性与计划性，二者在特点上似乎存在冲突。不过需要指出的是，此类社会组织组织的休闲体育活动能够为参与者打造一个较为和谐的参与氛围，而且当参与者的需求得到尊重和重视，其自主权能够得到激发。所以，在既定的时期范畴内和多数休闲体育活动中，此种组织型会被视为一种行之有效的组织形式。

（五）经营型

当休闲体育活动组织形式作为一种经营方式存在时，这样的休闲体育活动具有商业特征和商业价值，能够在社会主义市场经济体制的发展过程中起到辅助作用。结合中国的国情来看，这样的组织形式与我国国情相符合并满足我国的现实发展需求，同时能够适应社会大众体育消费观念的转变，能够在一定程度上促进休闲体育市场化及商业化发展。

随着人们休闲体育运动需求不断增加，很多休闲体育运动项目的发展态势相对向好，这些消费型的休闲体育项目能够满足社会大众对休闲体育活动的需求，如此便可以将需求转变为商业利润，在一定程度上加快了社会经济发展进度，更重要的是为社会大众提供了与其需求相符合的休闲体育活动场所和休闲体育活动项目。在这部分休闲体育活动的消费过程中，社会大众要依照自身的经济能力来进行合理的选择，以正确的消费观来参与休闲体育活动并选择自己真正喜爱的活动项目，这样才能获得精神层面的享受，也能够丰富自身的闲暇时间。在社会经济发展规律的驱使下，人们的消费观念将会发生转变，现阶段这种营利性的休闲体育组织形式必然会在未来的休闲体育发展过程中成为中流砥柱。

二、休闲体育的组织原则

休闲体育组织原则尤为明确，即应立足于休闲体育活动经验进行梳理与总结，这也是群体性休闲体育活动组织过程中需要遵守的一项基本要求。具体的组织原则可以分为以下几种。

（一）娱乐性与方向性相结合的原则

在开展休闲体育活动的过程中，不仅要保障活动的休闲性和娱乐性，更要坚持健康正确的政治方向，将社会文化生活和社会主义精神文明相结合。

任何一个社会结构组成部分都需要在政治制约下协调统一发展，体育同样如此。所以，要实现社会发展，政治服务是不可或缺的。体育性质及任务会受到政治元素的影响，当前，中国社会体育的发展目标构成较为复杂：首先，致力于提高社会成员身心健康水平，促进国民全面发展；其次，增强国民体质，满足国民自我娱乐及成就需要；最后，推动社会主义物质文明及精神文明建设。每一个社会组成结构都具有自身的特征，休闲体育自然也具有鲜明的特征，其内容十分丰富。在经济及科学技术不断成熟和发展的过程中，休闲体育运动形式将会越发多元，其内容也会更加丰富，这种发展形势与当下社会大众对休闲体育运动的需求是完全相符的。但是，不同职业、不同文化程度的参与者很容易在价值观上出现矛盾，这是不可避免的现象。所以，在开发休闲体育活动商业价值时，需要考虑活动项目的合理性，一定要强化防范意识，这样才能开发出更多、更健康的休闲体育活动形式，以此加速推动中国特色社会主义的建设进程。

（二）从实际出发原则

遵循从实际出发原则，休闲体育活动的计划制订、安排与实施都需要以实际情况为出发点，如组织形式、工作安排、活动方式等均需考虑在内，尽量使休闲体育的形式和内容能够与各个年龄阶段、各个行业就业人员的需求相符合，需要有针对性地提供在性别和爱好方面都能和大众需求相符的休闲体育项目。另外，自然环境、季节气候、健身设施等方面的计划也要以实际为出发点，这样才能更好地服务于社会大众。加强对上述方面的调查研究是休闲体育能否顺利开展的核心所在，只有如此，体育文化发展水平才能够显著提升，若只重视主观意愿而忽略客观现实，休闲体育活动终将面临失败。

各行业就业人员的生理及心理需求各不相同，其生活习惯与爱好亦存在较大差异，故而适合其选择的休闲体育活动也有所不同，应当根据其特性进行安排。比如儿童活泼好动，可以选择一些运动量大、趣味性较强的运动项目。年轻人的精力和体力都比较旺盛，可以选择一些锻炼强度较大、有塑形减肥效果的体育运动。老年人的体力相对较差，精力也会有所不足，一些不需要大量运动的集体活动大多比较受欢迎，如钓鱼、散步、棋牌等。民族文化背景不同，其文化传统亦会有所不同，个体应当立足于不同层面及其自身的真实需要选择真正合适的体育活动。

目前，休闲体育的发展要符合国情，也要与国民经济发展水平相适应。特别是对于具有商业价值的休闲体育活动而言，更需要考虑到当地消费者的经济水平和消费能力，而非单方面盲目追求高水平的体育消费。为了保证休闲体育产业的可持续发展，应当在追求休闲体育商业利益的同时结合消费者的休闲意识，通过二者的有机结合推动休闲体育事业的综合发展。

（三）多样化与社会化相结合的原则

此处的多样化指的是休闲体育活动规模、组织形式及内容层面上的多样化。在开展休闲体育活动的过程中，场地规模和活动形式均存在一定的差异性，组织者应当尊重此类差异，为参与者提供具有多样化优势的服务。

此处的社会化主要指的是休闲体育行为及活动组织均需要具有社会化特征。也就是说，应当在社会组织结构中渗透休闲体育项目，并且使之在发展进程中成为社会结构中不可缺少的核心元素，在休闲体育运动活动中要以社会大众的健身需求为导向，为其创造多元化的条件和途径，最大限度地保障社会大众享有公平参与的权利，从而满足其各方面健身需求。

实际上，在休闲体育运动中多样化和社会化二者之间存在非常紧密的关联，如果缺少了多样化特征，就不能动员全社会参与休闲体育活动，也不能发挥社会力量，为休闲体育活动赋予社会化特征。在社会化特征形成之后，休闲体育内容及形式就完成了一定程度的优化，从而能够深化休闲体育的内涵。基于这样的关系，休闲体育水平将得以显著提升并拥有丰富的物质支撑。

所以，多样化和社会化相结合存在一定的必要性。

每一位公民都有自己的健身需求，多元化服务是休闲体育活动的最终发展目标之一，休闲体育运动所要服务的对象一定是全民，要确保每一位公民参与体育活动的权利，更要从多元化的角度满足社会大众日益增长的健身需求，也要确保每一位公民都可以拥有平等参与的权利。

在现代文明社会发展进程中，休闲体育在市场经济范畴内迅速发展，其正以社会效益和经济效益为基本原则加速落实福利型休闲体育和消费型休闲体育。让社会大众秉承健康第一的理念面对工作和生活，形成花钱来购买健康的意识——这些观念逐渐在社会大众的心中根深蒂固。

要想强化社会大众参与休闲体育的力度，就需要组建一支专业的队伍，其成员深谙生态体育思想理念，以此在工作中树立起明确的工作目标，以精深的专业知识、过硬的执行能力实现休闲体育的合理开发和利用，逐步扩大健身指导队伍与志愿者队伍规模，从专业能力方面提升健身指导的整体水平，最终达到提升休闲体育质量的目的。要想强化健身指导的专业能力，则需要定期为健身指导工作人员举办培训活动，使休闲体育在社会大众的热情参与和社区体育指导的引导下得以顺利开展。高校也可以根据自身的体育教学条件合理安排休闲体育相关的专业，这些都会促进休闲体育的社会化。

三、休闲体育的管理特点

通过对比竞技体育和院校教学的管理形式，可知休闲体育活动管理工作的特点十分鲜明。我们应当立足于此类活动所具有的特点制订组织和管理计划，以推动其可持续发展。

（一）计划与灵活相结合

休闲体育在群众体育结构当中占据着十分重要的地位，从国家群众体育发展视角来看，休闲体育是其中不可或缺的部分。如此，政府及有关部门便能够师出有名，为其提供支持，使休闲体育达到既定的发展规模，从而适应中国目前的社会经济发展水平。故而，有关部门应当将社会发展水平、经济发展水平与社会大众对参与休闲体育活动的根本需求有效结合在一起，针对休闲体育活动制订可行的计划。

各部门应当融合各类群众性体育活动，包括休闲体育活动来制订更为合适的体育发展计划，以全国群众体育发展规划为指导，并制订具有较高可行性的工作发展计划，以适应不同地区的不同发展情况。休闲体育具有较强的自主性和自愿性，所以参与者会根据其自身的条件和兴趣选择要参与的活动。管理部门应当立足于此制订较为灵活的计划，并根据参与者的需要提供针对性服务。

（二）指令与引导相结合

休闲体育管理工作的指令性较强，也就是说，其可以依照行政级别的高低逐级执行上级发布的任务。考虑到我国现实国情的需要，群众体育管理工作的重要性不言而喻。此种管理方法具有一定的有效性，而且能够体现出我国各部门对群众体育活动的重视程度。

休闲体育活动具有自主性、选择性、灵活性、多目的性的特征，此类活动既不是学校体育的必修课，也不是竞技体育的专业比赛项目。基于这样的前提条件，虽然管理部门在效力层面的确具有一定的强制性，但是此种强制性不应当是面向群众而表现的。若忽视了群众的现实需要并且强制执行既定计划，休闲体育活动的开展将会变得困难重重，群众对于此项活动的态度和看法也会急转直下，甚至会出现反感心理。故而在对休闲体育活动进行管理的过程中应该以引导为先，加大宣传力度，保持休闲体育活动的创造性，以宏观引导管理模式为主。

（三）行政与自主相结合

行政手段是近几十年来群众体育中应用最广泛的管理手段之一，无论处于何种历史时期，在何种社会发展背景中，均能够发挥其作用以适应不同的发展现实。在社会发展和进步的过程中，人们的思想观念在不断发生变化，越来越多的主体意识就此涌现，面对此种社会现实，延续强制性的行政手段来管理群众也许并不会奏效。可是，从管理视角进行分析，不使用行政手段是不可能的。一旦失去了行政手段的控制，整体管理活动将会丧失规划性，政府的监管和组织目标也将难以达成。休闲体育活动参与者的需求和兴趣都各有不同，行政手段虽然具有强制性，但是其解决的只是驱动性问题。休闲体育活动具有极强的自主性，参与者更倾向于凭借自身的兴趣爱好和现实条件来选择想要参加的休闲体育活动，这有助于人们实现自我发展。休闲体育可以在某种程度上提升人们的精神意识，提高人们的文化素质，也能够增强人们的审美能力，让人们在压力较大的工作环境中得到身心的释放。人们根据其年龄阶段及职业来选择休闲体育活动。基于这样的管理现状，不难看出休闲体育管理方式所具有的复杂性与多样性。

四、休闲体育的管理原则

从前文能够看出休闲体育活动管理的一系列特征，在此基础上，结合休闲体育运动自身的特点，可对休闲体育管理应遵循的原则作出以下总结。

（一）指导性原则

社会发展水平及群众层次、需求不同，则休闲体育活动的发展水平也会有所不同，休闲体育发展水平在很大程度上受到社会经济发展水平的制约。

休闲体育活动的发展应当与社会发展要求相符，适应国家当前的经济发展水平，使得各地区、各部门及各层次公民的文化生活需求均能够得到满足。

立足于个体需求方面进行分析，人类生理及心理发展水平各有不同且存在较强的规律性，在休闲体育活动发展过程中各主体也应当严格遵守此方面规律，尊重个体需求，培养专项的指导人员，深入学习适合人类生理及心理发展的体育锻炼知识，对群众加以有效引导，使其能够在参与休闲体育活动的过程中进行自我监控，以此选择最适合其身体状况的锻炼强度，在丰富休闲生活的同时提升体质水平。

（二）激发性原则

人们会根据自身的实际需要和愿望来决定是否参加休闲体育活动，因为该活动的参与具有自愿性，故而政府方面应当加大力度激发群众的参与兴趣，培养其参与休闲体育活动的习惯。若个体对参与休闲体育活动的兴趣较大，就会以更高的热情全身心地参与活动，其活动需求能够因此得到满足，最终获得更为积极的情感体验。故而也可以认为，个体对于体育活动的兴趣在很大程度上决定了其对休闲体育活动的参与度，这会对参与者活动的强度和方向造成影响。研究表明，个体的体育兴趣越强烈，其参与体育活动的效果就越好。在参与者原始技能与身体素质水平大致相同的条件下，对运动兴趣更大的人所获得的运动成效会更高。管理者应考虑不同个体的需求，利用各种渠道和方法激发个体的参与兴趣与积极性，并且对此类个体进行正向引导，使其能够培养出较为稳定的体育锻炼习惯。

（三）多样性原则

在参与休闲体育活动的过程中，不同参与者有着不同的需求，一部分参与者通过休闲体育运动达到休养生息的目的；一部分参与者通过休闲体育运动达到情绪调整的目的；一部分参与者通过休闲体育运动达到改善人际关系的目的；还有一部分参与者通过休闲体育运动达到实现自我价值的目的。基于参与者的多样期待，不难看出休闲体育无论是在形式上还是内容上都需要坚持多样性原则，以群众为主体，在休闲体育项目的设计上尽可能多元化，这样才能满足不同群众的运动需求。

（四）区别性原则

我国的地域非常辽阔，各区域之间的经济水平存在一定差异，社会发展进程也会存在一些差异。前文提到，目前我国东部沿海地区的休闲体育发展态势持续向好，群众基础相对稳定，在休闲体育的辅助下，全民健身事业也获得了良性的发展。但是，我国的西部内陆地区与东部沿海地区存在非常大的差异，前者的休闲体育发展举步维艰。针对这样的情况，当地政府在管理上需要实行区别对待的原则，在具体制定休闲体育发展目标时要考虑当地的经济条件与社会发展状态；在落实具体管理制度与方法时则需要考虑当地群众的接受程度与认知能力；在优化与完善资源配置时，需要考虑区域内的硬件配套以及社会组织的资金投放力度等。

实际上，参加休闲体育活动的人有不同的需求，与常规的体育活动相比，休闲体育活动形式的灵活性明显更强。在对休闲体育活动进行组织和管理的过程中应该从多个方面考虑，认识到参与者的社会背景、学历层次以及职业等都会在休闲体育活动过程中体现出差异性。

（五）可行性原则

前文提到，休闲体育活动需要建立在以实际为主的基础上，在组织形式、内容方法等方面都要遵循这一原则，才能使休闲体育活动具备可行性。还需要注意的是，自然环境、季节气候、健身设施等方面的计划也要以可行性为出发点，要想顺利开展休闲体育活动，应当加大力度对上述因素进行分析和研究，如此才能推动其顺利发展。民族体育是文化历史长廊中体育和文化相结合的产物，应当立足于不同民族的文化及习俗背景进行组织和发展，以此凸显地方民族风格，增添休闲体育活动的民族特色。同时，需要考虑特定区域内公民的经济水平和消费结构，不能一味追求商业利益并对居民进行盲目引导。最后，还需要考虑人力、物力、财力与时间等因素，在落实具体管理工作时需要结合我国当前的国情，避免资源浪费。

（六）人文性原则

所谓人文性原则，是指休闲体育自身具有人文性，它倡导自然与个体活动的接触和平衡，通过参与休闲体育活动来消除人与人之间的交流障碍。休闲体育要突出自身的人文性，为社会大众提供回归自然的体育运动项目。社会在不断进步，人们的思想意识也越发完整，以人为本的道德观念已经获得了社会大众的认可。在休闲体育活动中，社会大众的创造性与能动性能否被有效激发出来，与管理者使用的管理手段、秉承的管理理念都有很大的关联性。立足于此基础能够确定的是，我国下一步的工作是强化管理者队伍的整体职业素养，将人文精神渗透到管理工作中，不能在管理过程中使用简单粗暴的方式，否则会在一定程度上打击社会大众主动参与休闲体育活动的积极性。

第四节 世界各国群众体育管理体制综述及我国群众体育管理体制模式的问题

目前，各国经济社会发展水平存在较为明显的差异，尤其是在国家政治制度层面。由此，各国的群众体育管理制度亦受到了一定的影响，从而呈现出差异性。应当针对各国群众体育管理制度的类别进行分析和比较，如此才能更加精准地对群众体育管理制度整体规律加以把握。

一、世界各国群众体育管理体制的类型

从目前的管理形态来看，群众体育领域内产生的权力问题、利益问题都归属于政府部门或者社会组织范畴，抑或表现为与政府部门、社会组织共享的形式。也就是说，群众体育的发展、群众体育的管理体系、群众体育的管理形态等方面因素的变化均是在权力与权益归属方的影响下产生的。

（一）政府管理型

群众体育需要成为由政府主导、各部门之间协同合作、社会大众积极参与的体育活动形式。群众体育领域应该得到有效的开发与利用，这样才能促进体育社会化的形成，由此便可以体现出群众体育的核心价值。所以，政府的管理应该更加全面，立足于以往的宏观管理来推进微观行政管理，对群众体育实施更为全面的管理手段。在这样的管理过程中，能够看出社会组织不具备该项管理能力。

在朝鲜等社会主义国家中，政府管理体制相对常见，在我国完成体育体制改革之前，也采用过这种体制。政府管理系统具有较强的优势，能够增强国家的领导力，对资源进行集中分配和计划，但是也存在不可避免的缺点。因为政府管理体制的存在，国民的社会体育参与度和参与倾向都可能会受到抑制，群众参与体育活动的积极性与创造性也会因此而降低，群众对于体育活动具有个性化和多样化的需求，若政府参与过度，群众体育的整体发展将会受到负面影响。

（二）社会管理型

社会管理型的特点主要表现为管理者群体由各种形态社会组织组成。在这一范畴内，政府并不单独设立专门的体育管理机构或者独立的管理部门，在日常管理过程中也不会给予过多的干预，基本上不介入社会组织的管理工

作，通常以经济支持、立法保障的角度间接介入必要的管理问题。

例如，美国政府并未设置体育行政部门，政府也未针对体育活动制定官方政策，对于体育产业的补贴也十分有限。虽然美国设立了体育委员会，但是在更多时候其只是一个咨询机构，目的在于激励群众参与体育活动，此类组织并不能帮助政府募集群众体育资金或组织资金募集活动。不过美国政府中现有70余个机构负责管理和大众体育相关的休闲类资源，例如，森林服务局等机构可以为公民提供冲浪、露营、划船、滑雪等各项休闲体育活动所需的条件和资源。

二、世界各主要国家群众体育管理体制的发展趋势

研究各国群众体育管理体制的发展情况可知，当前此体制正逐渐显现出一种集中性发展趋势，民众对于社会组织和政府应当联合起来对体育事业进行管理的呼声越来越高。加拿大及韩国等国家一直以来采用的是社会管理型体制，近年来，这些国家的政府也在尝试深层次介入体育事务，通过设置体育管理机构等方式来完善体育管理体制。在休闲体育产业不断发展的过程中，越来越多的国家政府转移了其行政重点，将体育发展目标更多地集中在大众体育领域。

三、我国群众体育管理体制模式的问题

从群众体育的管理层次来看，现阶段群众体育在我国的管理体制应分为三个层次，分别是宏观层次、中观层次及微观层次。在政府管理机制与社会组织管理机制中，能实现宏观层次和中观层次的管理，常见的体育俱乐部和群众体育文化辅导站能够实现微观层次的管理。

目前，群众体育管理体制正面临巨大的变化，以往以政府为主体的管理型体制正转变为社会组织与政府相融合的管理体制。所以，现阶段群众体育

正处于重要的过渡时期。随着休闲体育的多元化及社会化发展，群众休闲体育管理工作逐渐出现了一些问题和不适应性，具体如下。

政府体育部门和体育联合会同时出现了职能模糊这一问题，最终会导致各部门不清楚体育行政部门本职工作的意义，同时，群众休闲体育的官本位倾向比较严重，这对形成群众体育社会管理网络方面相对不利。我国目前所采用的群众体育管理体制仅仅是表面上的一种集团化管理，不能满足群众体育个性化发展的需要。

大规模工业社会结构带来的是管理方法的科学性与合理性，在工作时间制度的管理上提供了管理技术方面的支持，由此人们便过上了现代生活，大规模工业产出的设施可以应用于休闲生活。社会休闲生活也是依托于经济发展的态势衍生的。在当今的知识经济时代和信息数据化时代，人们所处的社会环境以知识创造、信息化为主，无论是社会生产力形式还是人们的生活方式都发生了许多变化，我们必须认识到一切事物都具有两面性，科学技术对于社会大众来说也是一把“双刃剑”，其一方面能够不断提升现有的生活质量，另一方面人类的某一些能力或功能将被替代，随之出现退化，环境问题也是如此。群众休闲体育倡导的是以自然为主，在体育运动中实现身心的放松，这就意味着社会大众更倾向于利用户外资源，故而在建立群众休闲体育管理体制的过程中，应当将建设重点集中于合理开发及利用户外自然资源方面，但是，现有的管理手段并没有针对这个领域给予一定的关注和管理，这将会在一定程度上制约户外休闲体育活动的开展。

学校体育教学活动是宣传体育健康知识的有效途径，学校应当致力于优化现有的体育教学内容，建设校园健身文化，增强学生体育锻炼的积极性。如果能在学校空间内为社会大众提供休闲体育活动场地，将会在一定程度上促进学校体育与社会体育的共同发展。但是，当下的管理机制中并没有给予学校教育这个模块过多的重视。

第七章　休闲与休闲体育的发展概述

近年来，“休闲”和“休闲体育”已成为非常流行的词汇，然而究竟如何正确地理解“休闲”和“休闲体育”、“休闲”和“休闲体育”产生的原因、“休闲时代”和“休闲体育”的特点、“休闲时代”和“休闲体育”对人们的生活观念和生活质量以及发展将造成什么样的影响，这些问题都值得我们去研究。

第一节　休闲概述与休闲体育概述

一、休闲概述

（一）休闲的内涵

各个领域几乎都涉及了关于休闲话题的研究和探讨，如经济学、心理学以及哲学等领域均对休闲的定义进行了研究。首先，基于字义的层面分析，通过查询《康熙字典》可知，“休”的左右结构组成部分分别为人和木，休的含义就是人靠在木上，从而更好地放松身体、养足精神，与自然和谐友好相处。《现代汉语词典》认为，所谓的“休闲”实际上就是保持生活清闲的状态，是以文化为主的、不包含学习和工作在内的各种社会经济活动。

休闲的内涵涉及面较广且复杂，所以研究目的不同，给出的定义也存在很大的差异。但是，学者们普遍认为，休闲是人们从事社会活动的时间，也就是说，休闲主要是时间的概念。人们的休闲生活首先基于空闲时间。只有空闲时间还远远不够，在资源比较紧缺时，人们更加希望将有限的资源用于满足基本生活需求。闲暇并不等于时间空闲，而是要看是否能够对空闲时间有效把控和合理利用。美国休闲教育家托马斯·古德尔指出："人人都会拥有空闲时间，但并非人人都能够拥有休闲。空闲时间是一种人人拥有并可以实现的观念，而休闲却并非每个人都可以真正达到的人生状态，因为休闲不仅是一种观念，更是一种理想。空闲时间只是计算时间的一种方式，而休闲则涉及存在状态和人类生存环境。"[①] 因此，休闲属于人们在生存方面较为特殊的状态。人们在闲暇之余能够对时间进行自由支配，通过参加活动来满足自身的精神需求，推动自我价值的实现。遵从西方传统休闲哲学的劳动—休闲二分模式，鲍德里亚将休闲界定为劳动以外的自由时间[②]。因此，真正的休闲就是人们在闲暇之余恢复体力，以及获得文化、心理以及精神等高层次的享受。[③] 休闲有几个重要的属性：一是自由时间里才能谈得上休闲；二是休闲的方式多种多样，因人而异，但以"玩"为主；三是休闲追求一种境界，即能够放松身心、发展自我、充实精神。因此，休闲是一种在工作或学习之余，以放松身心、发展自我、充实精神为境界的各种形式的文化娱乐活动的总称。[④]

（二）休闲观

人们虽然很早便已经接触到了"休闲"一词，但是直到近百年前才开始对休闲进行学术研究。休闲的含义非常广泛，既可以是一种精神状态，也可以是一种时间状态。

---

① 杨彬．多维视角下休闲体育的价值与发展研究 [D]. 芜湖：安徽师范大学，2005.

② 孙煦，扬严耕．休闲、劳动及其关系：对鲍德里亚休闲观的批判 [J]. 北京林业大学学报（社会科学版），2021，20（4）：45–49.

③ 倪旭东，高锟．激活休闲时间：休闲重塑研究述评与展望 [J]. 外国经济与管理，2023（6）：1–10.

④ 白雪．基于神经科学视角探求休闲的意义 [J]. 吉林省教育学院学报，2021，37（3）：161–164.

1. 休闲的古典观点

亚里士多德指出，休闲与思考之间存在较为密切的关联，因为人们的思考行为往往发生在休闲时间。因此这将有助于人们对真理的深入研究和思索，从而获得满足，且这种满足已经超越了肉体，上升到了精神层面，不是为了获得物质财富，也不是为了迎合特定时期的政治或运动事件，而是通过不断地思索来获知和掌握亘古不变的真理。

2. 休闲的时间观

一直以来，人们将休闲视为时间，也就是与生理和工作所需时间相似的空闲时间。Russell 认为，休闲时间当中的人们通常无须承担任何责任和义务，能够自由掌握时间。①《社会学词典》指出，休闲就是除社会实践活动耗费时间之外的闲暇时间，也就是全天时间减去其他用于吃饭睡觉等时间之后的时间。布莱比尔（Bright bill）和克劳思（Kraus）认为，休闲就是人们在心情愉悦时用于参与活动的时间。②上述学者都认为应当按照时间概念来定义休闲。

3. 休闲的活动观

国际休闲研究小组等组织认为，休闲包含着各种各样的业余活动，人们在活动中能够自主地支配时间，自主对活动项目进行选择，既有助于愉悦自己的身心，还有助于个人技能水平的有效提升，能够在工作和家庭事务繁忙之余充分享受属于自己的时光。Dumazedoer 认为，所谓的“休闲”就是人们在家庭以及工作之余能自主支配时间的各项活动，其目的主要在于放松身心、拓展自己的知识面、充分发掘创造力。美国马里兰州大学的教授 S.E.Iso-Ahola 指出，休闲体育就是充分掌握自主权利，以及内在动机较强的活动。

---

① RUSSELL B. History of western philosophy and its connection with political and social circumu-stances from the earliest times to present day [M]. New York：Routledge，1996.

② SIMONS J Jr，KRAUS M，MWANGOLA W，et al. Conditional lot splitting to avoid setups while reducing flow time[J]. American Journal of Operations Research，2012，2（4）：453–466.

4. 休闲的体验观

该观点源自心理学上的认知，其将休闲视为个人主观上的认知，是基于个人以往生活经历、价值观以及感觉等而形成的体验。心理学家 Johneulinger 指出，心理上的自由感是判断休闲感的主要依据，只要是不受任何因素限制的、不受束缚的以及自由的体验，就可视为休闲。Kelly 指出，休闲的判断依据并非其形式或即时的场所，就体验的层面而言，休闲是在人们意识当中所存在的精神状态。①

5. 休闲的存在观

Sebastuan de Grazia 指出，休闲是现实存在但是转瞬即逝的存在状态。Neulinger 指出，休闲的实质就是基于自身休闲的目的而参与的活动，通过活动来娱悦身心和获得快乐。这种观点立足于整体考虑，指出在任何时候和任何地方都存在休闲，甚至可以将工作也视为一种休闲。音乐家 Max Kaplan 同样认为，休闲的最显著特征就是愉悦性和自愿性。

6. 其他观点

在云南人民出版社于 2000 年出版的《休闲研究译丛》中，各个作者对于休闲的定义也不尽相同。约翰・凯利指出，休闲的过程实际上就是“成为人”的过程，是确保个人与社会发展任务顺利实现的存在空间。该空间对于人的发展至关重要。杰弗瑞・戈比指出，休闲就是不受物质和文化环境束缚的、能够自主掌握时间和内容的活动，这种活动能够最大限度地体现参与者的喜好和价值追求，有利于信仰的培养。美国女休闲学者卡尔・安德森等指出，所谓的“休闲”，实际上就是在活动内容和时间特定情况下所获得的体验。②

---

① HEALY K.Social work theories in context：creating frameworks for practice[M]. Houndmills：Palgrave Macmillan，2005.

② 杰弗瑞・戈比，康筝，田松 . 你生命中的休闲：休闲研究译丛 [M]. 云南：云南人民出版社，2000.

（三）休闲的产生

休闲生活方式的服务对象就是参与者自己，而任何个体实施休闲行为必须有较强的经济基础以及必要的场所等，这就好比种子必须在适合的环境下才能发芽，这也是休闲产业健康可持续发展的坚实基础。

财富性也是休闲的显著特征。国家和地区发展休闲产业要以物质财产为基础，如果人们还没有彻底解决温饱问题，那么就不可能去考虑休闲方面的事情。国外相关研究指出，一些国家在经济发展速度提高的同时，休闲娱乐产业得到了较好的发展。人类由于应用了更多的现代化机器而使得工作更加高效，劳动时间大幅缩短，从而有了更多的闲暇时间用于休息和娱乐，从时间上为参与休闲活动奠定了坚实的基础。休闲的心理倾向性也比较显著，简言之，休闲者完全是基于内心的驱动而非基于外在目的参加活动，因此本身不存在任何的功利性色彩。休闲还具有体验性。参加者所选择的休闲体育项目往往是基于喜好，由此所带来的情感体验也必定是积极的，更加有助于缓解压力和宣泄情绪，从而有益于身心的健康发展。

休闲的产生主要有两个方面因素：一是要有休闲的动机；二是要有休闲的驱动力。休闲行为背后隐藏着休闲动机。所谓“休闲动机”，主要是指引导人们参加休闲体育活动并驱使他们朝着某个目标迈进的心理过程，是休闲行为产生的根本原因。

马斯洛指出，需求是引导人产生各种行为的关键驱动。因此，人只有产生了需求之后才会形成动力。休闲动机通常由生理性动机和心理性动机构成，其中，生理性动机的主要目的是使人体的生理平衡得以有效地维持和恢复。这种生理性动机是先天的、本能的。例如，人们完成了一天的工作或学习以后感到身体疲劳，这时候就产生了恢复身体生理功能的客观需要。

心理性动机源于人们维持心理平衡的需要，这种心理上的需要在个体之间差异较大，通常与人们的工作性质、受教育的程度、生活和工作的环境等因素有关。心理性动机是人在社会生活中学习的产物，是后天的，是以知识为基础的。例如，生活在大城市中从事脑力劳动的知识分子，工作中体力消耗不大，但精神压力较大，因此繁忙之余他们可能会非常向往到郊外呼吸新鲜空气，放松心情，缓解工作的压力。

根据马斯洛的需求层次理论，人们除低层次的生理需求、安全需求外，还有更高层次的归属与爱的需求、尊重的需求、自我实现的需求。这些高层次需求（如社交、归属感、尊重、成就感、审美、自我实现）也是产生休闲动机的重要原因。有了休闲的动机，还必须具备休闲的条件，休闲体育才能得以实现。休闲条件中最为重要的就是自由时间和经济基础。

现代科学技术的发展改变了社会生产方式，劳动密集型产业正在向技术密集型产业转变，生产效率大幅提高，自动化、机械化的生产作业替代了过去人们的体力劳动，社会劳动力更多地向第二产业转移。我国自 1995 年 5 月开始施行 5 天工作制，另外还有春节、清明节、劳动节、端午节、中秋节、国庆节、元旦等假期，人们的闲暇时间也越来越多。人们约有 1/3 的时间是在闲暇中度过的。由此可见，人们已经拥有休闲的第一个条件（自由时间）。至于第二个条件经济基础就要复杂得多，人们的经济收入差异较大，各个国家和地区的经济发展不平衡，地域差异、人群差异较大。但就总体而言，随着现代社会经济的发展，人们的经济条件有了巨大的改善，绝大多数人如果具备了参与休闲的经济条件，就会在闲暇时间中选择适合自己的休闲方式。

（四）休闲的特征

由于各国之间的文化不同，中西方对于休闲的认知也存在一定的差异。结合中华民族上下五千年的历史文化来看，我国的休闲认知通常具有儒家和道家思想，能够鲜明体现出中国特色。

1. 休闲方式具有多样性

在地球上，我们人类的智慧是其他生物所不具备的。人类在进化的过程中学会了使用工具，以及创造工具。如今，人类已经能够为自己提供越来越多元化的休闲方式。从这个角度来看，其他生物、动物的休闲方式是远不及人类的。

2. 休闲行为具有道德性

人类的各种社会行为都要将道德作为衡量的唯一准绳，休闲体育也是如此。俗话说，“无规矩不成方圆”，参与休闲体育的人们必须遵守社会道德原则和法律法规，否则就会遭受社会大众的谴责。社会在不断进步，人们的思想意识也在提高，以人为本的道德观念已经得到了社会大众的认可。

3. 休闲具有主体性

有些人会把休闲当作一种释放压力的方式，还有一些人会把休闲当作心灵的避风港。作为人，我们不能一味接受自然的馈赠。生命的意义是在社会与自然环境中发挥创造性与能动性，这样就会得到心灵上的满足。人的主体性是非常重要的，缺失了主体性，休闲只会是纸上谈兵，对于人生价值的追求来说，是否具有较强的主体性是影响人生领域划分的关键因素。

（五）休闲时代的来临

回顾休闲产生和发展的历史，不难看出现代社会已经具备了休闲的基本条件，一个休闲时代即将来临。

从休闲的起源来看，古希腊人的休闲生活是基于奴隶提供的非自愿服务。一些希腊人通过奴役奴隶来享受闲暇时光。这种休闲不是永久的，它随时可能消失，因为奴隶们随时可能暴动。所以，事实上希腊人根本无法享受真正的休闲。中国古代只有特殊的阶层才能够过上休闲生活，以春秋战国时期为例，当时能够享受休闲生活的阶层就是游侠和食客。

18 世纪以后的工业化时代，休闲只有少数有钱人才能享受。休闲体育也就失去了应有的乐趣。闲暇成为恢复体力与脑力，以便更有效工作的手段，“休闲”在实际生活中被彻底异化。因此，在工业化时代，休闲对于多数人来说实际上只是休息，而过多的休息会受到指责，与古希腊人所指的“休闲”的意义有了本质的区别。

科学技术的进步及其在生产、生活中的广泛运用，为休闲时代的来临奠定了坚实的基础。特别是社会生产力的发展，让大多数人能够摆脱劳苦工作。于是，20 世纪大众休闲开始萌芽。第二次世界大战结束后，以美国为首的西方国家经济飞速发展，特别是 20 世纪 60 年代以后，电子计算机的大量使用引发了第三次工业革命。经济的发展使人们的生活水平有了明显提高，花费在工作和家务劳动上的时间不断缩短。经济发展的同时提供了逐年增多的经费和闲暇，娱乐休闲场地和设施日益增多。收入的提高使参加休闲娱乐的人数也迅速增加。然而，由于经济福利的差异，人们在休闲行为上出现分化，出现了以休闲为生活重心和以工作为生活重心的不同群体。休闲服务业主要针对那些收入高且闲暇时间充裕的成功人群，高消费的体育娱乐项目也成为娱乐的内容，这使得一部分人过上了高质量的休闲生活。随着工作时间越来越少，等待我们的将会是分享工作的时代。这种全新的工作模式已经在瑞士、德国以及法国等国家得到了普遍应用和充分认同。20 世纪末期，人们又面临着一个重要课题，即如果维持现有的工作时间将会使越来越多的人失业。于是人们选择的应对办法是不断减少工作时间，倡导人们积极休闲，休闲的问题也成为社会关注的热点。

休闲时代的来临并不只针对某一个国家或某一个群体，而是面向全人类，由此产生的问题和带来的机遇也必然需要全人类共同面对。

（六）休闲时代的界定

从国内情况来看，自 1978 年改革开放以来，我国的经济社会发展很快。2008 年我国人均 GDP 超过 3000 美元，2022 年我国人均 GDP 达到 12741 美元，但各个区域之间并未实现协同均衡发展。其中发展速度较快的为广东等地区，2022 年，我国广东省 GDP 总量约 1.92 万亿美元，可以和全球第 12 大经济体、GDP 为 1.924 万亿美元的巴西比肩。同年，韩国 GDP 为 1.65 万亿美元，低于广东省。广东省 GDP 总量位居全国第一，但广东省发展不平衡，除了深圳、广州两个超大城市，其他的城市发展水平一般。东部地区城市人均 GDP 已经达到 15000 ~ 20000 美元，但是中西部地区发展相对缓慢。由此可见，上海、北京、深圳等发达地区的居民已经具备休闲的经济条件，而大部分欠发达地区的居民还不具备这样的经济条件。从时间条件上来看，我国城市居民可支配的闲暇时间为全年的 1/3 左右。因此，可以推断，休闲时代已经率先在东部沿海和内部发达城市实现，但中西部地区居民还不完全具备进入休闲时代的条件。当然，是否已经进入休闲时代不能仅看是否具备经济和时间条件，还必须综合考虑人们的观念、生活方式、社会文化等因素。随着我国经济的快速发展，人们将获得更多的闲暇时间，也将越发重视自己的生活品质。当人们在经济条件、时间条件以及观念等方面逐渐满足休闲的基本条件时，休闲时代将离我们越来越近。

（七）休闲时代的特征

1. 休闲生活常态化

从日常生活的角度来分析，居民的生活中随处可见休闲体育，这就说明休闲娱乐活动已经与社交、工作、睡眠以及家庭等的地位同等重要。从时间管理的角度来分析，人们有充分的时间用于休闲体育。一般情况下，大多数人每天最多有 5 小时的时间用于休闲体育，在假期会有更多的休闲体育时间。

从社会行为的角度来分析，社会大众传统休息方式将会向现代休闲方式转变，由此能够使休闲充分彰显出自身的自主性和多元性。尤其是在旅游方式上，传统的观光旅游已经转变为度假旅游。从意识观念的角度来分析，社会大众对休闲观念有了初步的认知，不再拘泥于单纯的娱乐，更注重的是自我的发展与人生的价值，这已经成为社会的共识。

2. 休闲消费脱物化

在休闲时代，我们能够感受到休闲消费脱物化。在西方国家，如果人均 GDP 达到 3000 ~ 5000 美元，那么就可以作为休闲消费脱物化的判定标准。所谓的“消费脱物化”，指的是收入与食品消费之间的关系变化的结果。人们收入值的攀升会引起食品消费值的下降。这样的消费结构具有一个非常明显的特征，那就是社会大众不再以传统食品为消费主导，对精神产品的需求将会更加强烈。

3. 城市功能休闲化

通过深入分析和研究休闲功能在西方国家城市的发展不难发现，休闲时代将会极大地影响城市功能。

首先，休闲化的特征已经在经济功能方面得到显现。城市功能在休闲时代发生了重大转变，传统经济结构以制造业为主，而今后将以服务业为主。另外，休闲服务产业越来越多元化，涵盖体育、旅游、文化和教育等多个领域。所以，城市生产功能在休闲时代的影响下也在加快转型升级的步伐。在城市发展进程中，休闲产业逐步壮大，极大地推动了城市休闲经济的发展，为城市经济的健康持续和有力发展提供了重要支撑。

其次，休闲的内涵还充分体现在公共服务功能中。一方面，从本地的接待服务功能角度来看，居民休闲消费能力与消费欲望都有不同程度的提升，旅游接待服务业的形式和内容也发生了重大改变，今后取而代之的必然是综合性休闲服务，从而使本地居民各种个性化的休闲需求得到充分满足。除此之外，从发展的趋势来看，传统的旅游区域正在慢慢向城市商业中心拓展，这样就会使娱乐活动与旅游观光出现区域上的重合，这种发展态势又一次强调了旅游休闲一体化的区域发展特征。从城市休闲设施结构来看，大部分城市已经兴起新一轮的公共休闲服务基础设施的建设工作，也有一些城市在改造或扩建。另一方面，休闲设施的整体结构要做等级上的递进，无论是档次还是是否具有现代性特征等方面，都需要向标志性、有影响力的设施发展递进。

最后，城市休闲倡导的是人类与环境和谐共处，以及可持续发展的理念。很多自然资源都是城市休闲功能主要构成元素，在强化固有自然资源的前提下，还需要进一步落实可持续发展理念，不能单纯地使用或利用自然休闲资源，要着重贯彻落实人本主义与和谐共处理念。

4. 生活泛娱乐化

休闲时代的另一个特征就是生活泛娱乐化，这是在20世纪后期非常引人注目的一个发展潮流。首先，社会生活中的各项元素几乎已经转变为娱乐产品的附属物，从而构建出一个大娱乐时代。其次，在日常生活与工作中出现越来越多的娱乐因素，遍布生活中的方方面面，常规的生活方式与活动已经转变成一种娱乐体验。再次，工作形式与休闲因素在某种程度上实现了融合发展，工作形式越来越娱乐化，娱乐内容越来越工作化。最后，社会经济的发展带动了城市交通发展，在交通便利的前提下衍生出同城化现象。这越发让城市居民难以界定休闲体育与短途旅游之间的差异。

5. 休闲方式虚拟化和极限化

传统环境下的娱乐方式比较具体，而休闲时代背景下的休闲方式呈现出虚拟化特征。科学技术的发展注定会改变社会环境，网络技术的应用也会使休闲体育的活动空间扩大。在第四度空间的虚拟世界里，高科技手段能够带给社会大众更大快感，休闲娱乐形式更为虚拟化。另外，休闲体育的极限化是人们需求的产物，极端体验已成为一部分人获取心理快感的一种途径。他们通过攀岩、跳伞、探险等活动体验休闲体育带来的刺激感，这也说明当代人在探索休闲体育过程中的理念是人与自然世界的和谐。

（八）休闲与人的发展

休闲具有文化和人文的双重属性，能够提高人们的生活质量，促进人们的整体发展，这一点至关重要。休闲是一种社会和文化现象，它是在人们的闲暇时间增加之后产生的，反映了人们在满足其基本物质需求之后的更高层次的需求。更高层次的需求主要是精神和自我实现的需求以及个人发展。

1. 休闲成为工作目的

19 世纪至 20 世纪初，人们休闲的目的一直是恢复体力和精神，以便将工作做得更好，能够提高劳动生产率以生产更多的产品。休闲时代到来，人们闲暇时间从事的各种活动更多的是追求生活的乐趣以及身心的健康，工作的目的是创造更多的闲暇时间，以便人们更好地休闲，最终实现人的全面发展。

2. 休闲是改善身心的过程

对身心健康的追求是当代人们一种重要的物质和精神需求，而休闲对于人的身心健康起到非常积极的促进作用。休闲的理念强调的是在从工作和生活责任义务中解脱出来后的自由支配时间里，自主选择一些有情趣、有品位的活动。健康积极的休闲体育在缓解身体疲劳的同时，可以使人们体验一种愉悦的心境。

3. 休闲是回归自然的新生活方式

现代科技的发展对人们的生活方式产生了很大的影响，快节奏的工作方式往往带给人们焦虑，要通过回归自然的休闲才能得到放松。休闲的价值并非单纯体现在物质层面，也并非针对某项具体的技术或者工具而提供的服务。其关键意义在于重构一个有意义的世界，为人们的精神世界提供充分的保障，以更好地慰藉人们的心灵。现如今，人们已经普遍认识到了休闲的重要价值和意义，人们在全新的生活环境下向往更好的休闲生活。休闲体育带给人们心情上的愉悦，有助于人们建立一种文明、健康、科学的新型生活方式。

二、休闲体育概述

（一）休闲体育的概念、内涵、分类与功能

1. 休闲体育的概念

休闲体育是休闲与体育融合共生的综合体，是一种健康的生活态度，是一种生存的重要手段。休闲体育活动的最显著特征就是娱乐性、竞赛性和健身性，能够使人们的身心健康得到有效的改善，有助于促进人体功能水平的有效提升。因此，休闲体育活动已逐渐成为人们的主要休闲生活方式。随着人们越来越重视休闲体育活动的内容、价值和作用，休闲体育已成为体育运动中较为独立的领域。休闲体育发展到现在，已成为一个集教育、科技、文化于一体的综合体。①休闲体育的本质主要体现在两个方面，即娱乐和休闲。竞技体育的最终目的是使人类的运动能力得到充分发挥，是一个对极限不断追求的过程。②但是，如果某些竞技运动元素的运用目的是休闲，那么这样的竞技体育也可以视为休闲体育。体育教育的主要内容为教导体育技能和相关知识，传授实用的体育锻炼技能。人们在掌握这些技术和方法之后，便于更好地参加休闲体育活动，对个人终身有益。大众体育活动的显著特征就是社交性、娱乐性以及健身性。从广义上讲，大众体育活动与休闲体育比较类似，可以将休闲体育视为大众体育活动的构成部分。此外，对于以比赛为目的的体育活动，可以视为竞技运动，而以娱乐和休闲为目的的体育活动，则可视

① 卢锋. 体育休闲学 [M]. 北京：人民体育出版社，2005.

② 钟秉枢，李相如. 中国休闲体育发展实践与探索 [M]. 北京：北京体育大学出版社，2015.

为休闲体育。[①]因此，体育活动的目的和作用是其类别属性界定的重要依据。但是，作为相对独立的领域，休闲体育与其他运动有所不同。根据休闲体育的目的和功能，其概念（严格意义）应为：人们在非劳动及非工作的闲暇时间内，依据自身的体育健身兴趣和身心健康的需求，以对体育健康活动的主体选择和直接参与为基础，以求得个体身心调节与放松、提升幸福指数为目的所进行的健身旅游度假、健身健康娱乐和野外生存的一种业余自由的体育活动，它是现代社会公民的一项体育基本权利。[②]

2. 休闲体育的内涵

休闲体育作为社会公众参与体育最直接的领域，是促进休闲体育产业高质量发展的重要载体。[③]休闲体育这种全新的休闲方式兴起之后，虽然已经得到了普遍认可，人们参与的积极性和热情不断高涨，但是这种国外的舶来品在中国尚未形成较为统一的称谓。首先，休闲体育是体育的重要组成部分，其能否实现高质量发展，决定了体育高质量发展的水平。休闲体育应该是个人在空闲时间自由选择和控制的一项活动。这不同于竞技体育和体育课规定活动课程中的强制性特殊培训。参加休闲体育主要以兴趣爱好为主，人们在此基础之上确定适合自己的活动方式和内容，确保强度和负荷能够满足自己的需要，参与主体是独立的个体。其次，休闲体育有助于强身健体，增进参与主体之间的沟通和交流，满足个人身心发展需求。休闲体育的主要目的在于健身和娱乐。

如何理解休闲体育的内涵？生命化、生活化与生态化是休闲体育最本质

---

① 郭修金，单凤霞，陈德旭．生态文明视域下城市休闲体育发展研究：以上海、成都、杭州为例 [J]. 武汉体育学院学报，2016，50（4）：40–45.

② 刘全，张勇，王志学．现代休闲体育的特质、发展态势及策略研究 [J]. 北京体育大学学报，2017，40（11）：22–27.

③ 陈晓峰，康健，朱兰芳．区域一体化发展背景下长三角区域休闲体育市场秩序重构研究 [J]. 首都体育学院学报，2023，35（5）：568–576.

的内涵，从生命角度来看，休闲体育是对人的全面、自由发展的建构；从生活角度来看，休闲体育是追求健康、科学、文明生活方式的权利保障；从生态角度来看，休闲体育是“原生态”体育的体现与回归。①

休闲体育活动作为人类自我完善和自我发展的重要手段，如马术运动、高尔夫球、生态体育旅游等，这些运动项目的参与主体一般具有较为稳定的审美内涵。②在休闲体育活动中，人们的个人能力和个性能够得到最大限度的发挥，同时能够娱悦身心。③作为高层次的社会文化活动，休闲体育的文化品位相对较高，且融入了相关的科技元素。所有新颖的休闲体育项目都基于科学，采用新技术、新设备和新方法。因此，这些新项目通常被认为是高雅、高贵和高水平的体育活动，极大地丰富了体育和文化活动的内容。

3. 休闲体育活动分类

通过前文对休闲体育概念所进行的分析，可以将休闲体育视为一种社会存在方式，而不是特定的项目类型。根据人们所从事体育活动的目的和动机可以把休闲体育活动分为 8 类：健身塑形类、娱乐类、竞赛类、放松类、消遣类、社交类、探新寻奇类和寻求刺激类。④

从这些类型的划分中不难看出，休闲体育的特征和用途赋予了其多样化的社会功能，因此休闲体育成为现代社会必不可少的活动。

（1）健身塑形活动

运动具有强健身体的作用，这在过去的许多研究中都得到了证实。随着物质生活条件的日益改善以及社会观念的改变，人们在基本生活保障得到满

① 李斌．休闲与休闲体育教育的生命化、生活化、生态化内涵解读 [J]. 广州体育学院学报，2010，30（6）：7-10.

② 刘全，张勇，王志学．现代休闲体育的特质、发展态势及策略研究 [J]. 北京体育大学学报，2017，40（11）：22-27.

③ 陈立富．淮安市民参与休闲体育现状的研究 [D]. 苏州：苏州大学，2008.

④ 卢锋，刘喜山，温晓媛．休闲体育活动的分类研究 [J]. 武汉体育学院学报，2006（12）：59-61，72.

足之后，便会产生更加强烈的享受和发展需求。

健身活动有助于人们维持身体机能的良好状态，对于人们的身心健康具有积极的促进作用。本质上，这种活动是个人利用闲暇时间重塑自我并努力成为更好的人的活动。就现阶段的实际情况来看，随着社会生活水平的提升，人们对身体健康越来越重视。因此，健身活动已成为大多数现代人的主要休闲方式。

身体状况在很大程度上取决于心理状态。如果过去人们追求的是一种健康、长寿的生活状态，那么现如今，人们在高层次的审美需求推动下，更加注重外在形态的塑造，渴望更加完美的身体外形。

（2）娱乐活动

人类社会中有许多娱乐形式，而体育娱乐是带有体育锻炼性质的娱乐形式，可以使人们在活动过程中感到快乐。娱乐活动是指构成体育娱乐形式的各种特定活动。

人类娱乐在很大程度上取决于人们所处的社会文化氛围。体育娱乐活动是基于特定设施和人群所开展的娱乐活动。人们通过游戏能够培养和提升自身的创造力以及想象力。想象力和创造力使人类对自由的探索达到了一个新的高度，游戏已不再具有实际目的，而是美学和自由的体现。体育娱乐活动的主要目的是娱悦身心。因此，体育娱乐活动是一种体验性休闲体育，其强调的是心理愉悦，而不是身体上的舒适。

（3）竞赛活动

休闲体育中的竞争性活动与竞技运动中的竞争性活动有很大不同：休闲体育中的竞争性活动只是休闲的一种形式。休闲体育的过程存在很大的竞争性。相较于活动结果，休闲体育更注重过程和形式。也就是说，休闲体育中的竞争性活动是确保参与者需求得到充分满足的过程和方式。

本质上，每个人都需要展示和表达自己，并希望了解他人。一方面，竞争活动能够充分展现自我；另一方面，竞争也是一种非常吸引人的活动形式，可以满足人们的各种需求。

（4）放松活动

放松是休闲的主要目的所在，罗歇·苏认为这是休闲的首要功能。他指出，休闲的主要目的和基本功能在于恢复生理和精神的需要，否则其就没有存在的价值。通过身体和精神层面的放松，缓解自己疲惫的身心，摆脱各种外界因素的干扰和束缚。此时，无须考虑任何的工作，而只是享受自我的时光。①

罗歇·苏还指出，劳动心理学阐释了导致产生现代劳动精神紧张的原因。以前主要是由于繁重的体力劳动而导致的辛苦，而现在的辛苦更多地体现在精神层面。在现代化的生产劳动过程中，人们所从事的工作都是流水线形式的，在此过程中可能会导致行为上的慌乱。这些劳动周而复始且较为固定，身体的运动量明显不够，各个劳动者之间只顾着忙自己的事情，根本无暇沟通，此外还会受到恶劣工作环境因素的影响，这些都会导致人们心情烦闷和紧张。②由于当前人们所处的环境相对比较紧张，压力也比较大，因此，每个人内心都渴望压力得到释放，使紧张的神经得到缓解。

罗歇·苏在研究中还发现，精神和生理上的疲劳并不都是由工作所导致的。法国人在日常生活当中，购物和逛街都需要面对较为拥挤的人群，由此会产生一种压抑的感觉。因此，法国人相对更为关注从业时间外的各种影响因素，其中首要的影响因素就是交通区位。其实，工作时间和非工作时间的最大区别就是自身是否受到严格限制和约束，如果在闲暇时间依然感受不到自由和快乐，就不是真正意义上的休闲。这种情况在城市表现得尤为突出，人们对放松时间的欲望也更为迫切。放松意味着休息，可以说，现代休闲的

---

① 韩丹．论娱乐、娱乐业和身体娱乐 [J]. 体育与科学，2006（6）：1–6，10.

② 邬凤．从哲学的视角下看休闲体育的发展 [J]. 福建体育科技，2008，27（6）：20–22.

方式就是放松。

（5）消遣活动

消遣就是打发闲暇时间的意思。《现代汉语词典》中明确指出，所谓的“消遣”就是在空余时间做一些能够娱悦身心的事情。谈及消遣活动产生的根源，罗歇·苏指出，人们精神和生理上的忧愁和疲劳在很大程度上源自自身所处的就业环境以及都市生活方式。媒介对于生活病也具有较强的传播作用，尤其对于年轻群体而言，每天都在工作岗位和通勤的轮换中重复性地从事枯燥的工作，这种紧张的氛围加剧了人们对自由的向往，也就是所谓的“消遣”。在消遣的时光当中能够彻底摆脱浑浑噩噩工作的束缚，心灵能够在这一刻得到安宁，通过游戏将烦恼忘却。他认为“消遣”应该是词义最接近休闲的一个词，休闲和消遣都意味着去寻找乐趣。通过休闲和消遣活动给自己的生活提供便利，使自己感到舒适，并达到自我身心的调节。

不管从什么角度来看，消遣都有享乐主义的成分，但事实上，现代休闲本身就具有满足人们日益增长享受需要的功能。在过去的社会价值观念以及伦理道德观中，消遣可能是一种被批评的行为。至少，社会的劳动阶层对此行为持否定的态度。随着社会的不断进步，原有的社会价值观和伦理道德观也在悄然改变。消遣（无论从词义上，还是对它的态度和认识上）与休闲一词一样，不再让人避讳，人们开始正确理解和重新构建自己的生活方式及内容。尽管在一些国家和某些文化中仍然有两种伦理并存而且相互争执的现象，但现代社会的休闲及消遣已经被更多的人接受。

罗歇·苏对游戏的消遣作用似乎更加注重，他认为，人们通过消遣而发现了游戏的价值所在。休闲的主要手段之一就是游戏。游戏的种类也多种多样，能够使人的情感得到宣泄，紧张情绪得到缓解，彻底挣脱束缚在自己身上的枷锁。亚里士多德同样认为，游戏的主要作用之一便是消除烦闷。按照罗歇·苏的观点，游戏既是演出的过程，更是参与的过程。他将体育活动也视为游戏，一种充分解放自己的精神和生理的游戏。对于体育活动而言，其行为本身不存在任何动机，最终的目的源于参与主体，从这个意义上讲，体育活动是一种解放。

（6）社交活动

休闲时间最适合进行沟通和交流，因为在上班时间人们往往迫于制度的规定而无法充分自由地进行交流。而在工作之外才能够更好地发挥和实现人的自由意识，使人们在人际交往中能够获得身心的愉悦。

（7）探新寻奇活动

探新寻奇是人们一种普遍存在的心理倾向。在当今社会，工作方式发生了很大的变化，对于大多数人来讲，工作与日常的生活总是按部就班，没有新意。人们探新寻奇的需要被压抑，往往只能在休闲时间释放。在现实生活中，人们通过休闲体育来满足自己的这种需要。休闲体育中的活动形式多样且比较新颖。其中，运动跑道外所开展的活动主要目的在于对自然世界进行探索，比较具有代表性的活动有露营和野外探险等。一方面，这些活动开展的区域与工作场所完全隔离。这种令人耳目一新的环境往往能够使人的精神状态得到放松。另一方面，活动采取更为新颖的方式，这无疑会给予活动者极大的新奇感，也极大地满足了活动者探新求异的需要。

（8）寻求刺激活动

普通人的生活往往单调而乏味，其工作的地方无外乎办公楼和生产线等，重复进行生产操作，烦琐的数字报告以及琐碎事务使许多人感到厌倦，因此人们越来越渴望通过适当的活动来刺激自己的神经。

娱乐体育领域中的很多活动能够达到这种效果，如激流冲浪、攀岩以及其他具有一定难度并挑战运动员技能和勇气的活动。这类活动能够极大地刺激参加者的精神和身体，使参加者分泌出更多的肾上腺素，在活动中保持高昂兴奋的状态，从而更加热衷于这类活动。

按照社会原则，人们必须在社会法则和伦理道德允许的情况下参加刺激性活动。在各种各样的体育活动中，休闲体育给人带来的不仅是身体上的刺激感受，还有精神上的刺激体验，同时符合社会规范。

4. 休闲体育的功能

21 世纪以来，休闲体育逐渐成为促进物质文明和精神文明协同发展的一种重要手段和力量，休闲体育的功能主要体现在以下几个方面。

（1）强身健体的健身功能

各种研究成果均能够表明，人们通过合理的体育锻炼可以改善健康情况，有助于人体保持旺盛的生命力，有效预防一些慢性疾病。现阶段，人们已经非常认同生命在于运动的理念。在科学技术不断发展的今天，无论是生活还是工作，机械化与自动化程度都在不断提高。现代“文明病”是当前影响人类健康的主要病症之一，主要源于人们运动量的不足、营养摄入不均衡，从而引发心脑血管疾病和肥胖症等。所以，在这样的环境中人们越发重视运动，利用自己的业余时间来进行体育运动，增加运动量，以此来消除由于缺少运动而带来的患病风险。可见，人们的身体健康已经与体育运动紧密关联在一起。

（2）丰富生活的文化功能

物质文明的起源伴随着精神文明与社会文化的创造和发展，所以人们能够在物质生活中体验到精神文化。现阶段，文化活动的内容、形式都比较多样，从而在社会文化中留下了浓墨重彩的一笔，而休闲体育则更具文化魅力。在生活和工作中，娱乐生活与精神世界都需要得到满足，而这正是休闲体育所具备的功能。它通过各种途径满足人们的需求，促进人的自我发展。休闲体育既能够提高人们的精神意识和文化素质，也能够提高人的审美能力，也就是说，体育运动是全方位提升人们综合素质的一种休闲形式。

（3）娱悦身心的娱乐功能

休闲是一种以娱乐为主的活动。人们在业余时间可以根据自己的爱好选择体育娱乐形式。实际上，休闲体育项目特性主要为挑战性、冒险性、趣味性、艺术性等，人们可选择的空间较大。通过参与休闲体育，人们可以从中获得身心双重满足。

（4）完善自我的教育功能

从本质上来说，休闲体育不单单是一项娱乐活动，也是完善自我、认知自我的一种途径，同时可以提升自信心，从而强化自己的人际交往能力、协同合作的能力等。在不同的休闲体育活动主题中，人们可以感受到更多元的体育文化，从而提高自己的综合素养。

（5）促进人全面发展的功能

休闲体育从兴起的那天起，即焕发出勃勃生机。在短短 30 年的发展过程中，休闲体育已经普遍受到城乡居民的青睐。特别是随着乡村休闲体育与民俗旅游的深度融合，城乡居民参与休闲体育的积极性和主动性得到了显著提升。乡村休闲体育与民俗旅游的深度融合，将乡村人文体育景观和自然生态旅游景观协调统一，从而使乡村休闲、体育休闲、民俗、生态、旅游、娱乐、度假和健身活动融为一体，使乡村休闲体育从单一的健身活动变成了一种学习过程、一种认知与教育过程，极大地促进了乡村休闲体育正能量的释放，显著提升了乡村居民的休闲体育生活品位，满足了乡村居民在社会与经济生活中的健身需求。

（二）休闲体育的起源与发展

1. 起源

体育运动出现得很早，最早出现在原始社会末期。当时生产力水平极低，人们只能靠草木、野果和动物肉为生。由于生活环境非常危险和恶劣，原始人的平均寿命很短，很多人在成年之前就已经死亡。在这种情况下，人类从事各种活动的根本目的是更好地生存。之后氏族之间发生战争，产生了宗教活动，原始人开始适当增加活动内容。如此一来，一些以提高人的体质和娱乐为目的的专业活动开始脱离生产，古老的体育运动由此产生。从另一个角度看，尽管原始社会不具备较高的生产力水平，缺衣少食的问题非常普遍，但偶尔也会出现食物过多的情况。当人们看到丰富的食物时，他们的心中充满了喜悦和兴奋。这时，人们会以舞蹈的形式表达自己的兴奋，这在相关史料中有详细记载。由此可见，中国古代具有娱乐性的体育运动就源于这种具有情节内容的活动。

2. 发展

从休闲运动发展看，从秦汉到明清，随着社会经济的发展，中国的民间节日游戏越来越多。例如，汉唐以后，民间就有了荡秋千的活动。隋唐时期，历代帝王都对蹴鞠情有独钟，不乏因蹴鞠而耽误国事的帝王。在统治阶级的大力提倡下，老百姓也开始参加一些具有娱乐性质的体育活动，许多体育运动在当时得到了一定的发展。在唐代，围棋、蹴鞠等活动传到了朝鲜、日本等亚洲其他国家，并在这些国家得到进一步传承。在新疆、西藏、内蒙古、云南等少数民族地区，赛马运动十分流行。踢毽子是宋代许多妇女儿童喜爱的游戏。金元以后，石球活动在黄河流域和北京十分流行。清代《益游戏图》中有关于跳绳游戏的记载。短绳一般是一个人或两个人跳，而长绳则供更多人使用。

从中国等级阶层划分休闲运动，可分为贵族休闲运动和平民休闲运动。首先说贵族休闲运动的发展。在周代，射箭是统治者社会道德层面的一种重要教育，礼仪程序非常规范。同时，射箭是一种等级规范的竞技运动。直到春秋战国时期，弩射才产生。投壶运动（古代一种投戏）在晋代十分盛行。这是古代文人墨客在宴请时特别喜爱的一种游戏。宴会上，人们会拿酒壶作为目标。然后，主宾双方站在一定距离内，轮流将无箭头的箭投入酒壶，谁投中的最多，谁为胜。蹴鞠，即足球运动，是古代宫廷非常流行的一项体育活动。从秦汉开始，统治者为了训练士兵，特别提倡足球运动。宋代皇室贵族尤其喜爱足球运动，蹴鞠在这一时期尤为流行。马球运动起源于汉代，古称“踢球”或“打球”。马球运动在唐代达到了鼎盛时期。清朝末年，统治阶级为了镇压人民的起义，禁止在民间养马，马球运动从此中断。当时的体育运动主要有摔跤、打猎、骑马射箭、秋千、棋盘游戏等各种以休闲娱乐为主的运动项目。随着社会的发展，平民休闲运动开始出现。公民出现了等级之分，文化娱乐需求也不断增加，休闲运动形式越来越多，甚至还出现了民间艺术表演场所等娱乐场所。人们可以在这些场所观看丰富多彩的表演活动，不仅有杂技、说唱等娱乐节目，还有举重、相扑等体育运动。这些文娱活动在社会发展的推动下获得了长足的发展。各种传统体育活动不断创新和丰富，无论是形式还是内容都更加具有吸引力。①

随着工作效率和生产力的不断提升，工作时间逐渐减少，收入逐渐增加，人们获得了更多的闲暇时间。人们不必为了生活而从事艰苦的体力劳动，可以通过多样化的休闲方式来恢复和调节体力与精力，在身体健康的情况下进一步提高工作效率。

健康是人类发展的最基本要求。人们通过研究与学习生命现象的机理和规律②，对运动与健康之间的关系有了更为深入的了解。人们逐渐认识到，体育运动不仅能够强身健体，也能够缓解心理压力，拉近人与人之间的距离。因此，参与运动的人们也越来越多。

发达国家在 20 世纪中期开始便已经推崇并鼓励人们参加各种现代休闲体

---

① 王平．民国时期民族体育发展及其价值取向研究 [J]. 兰台世界，2014（28）：84-85.

② 栾云祺．女性主义视角下我国女性休闲运动的社会价值研究 [D]. 哈尔滨：哈尔滨师范大学，2013.

育。而我国自从实施改革开放政策之后，经济发展迅速，人们生活更为富足，这为发展休闲体育创造了必要的前提条件，尽管其发展的时间尚短，但是发展形势非常好。

（三）休闲体育的锻炼价值

1. 休闲体育的运动生理价值

人体由各种细胞、组织和器官组成，人体内环境的相对稳定是细胞生存的基本条件，否则，将直接危及人的生命。在体育锻炼中，如果肢体的运动对人体的内环境产生强烈冲击，就会使人体内环境的平衡受到威胁。为此，必须通过调节人体相关系统的生理功能来维持内环境的相对稳定，这就符合休闲体育基本定义。

人体不仅具有应激性，也会对刺激逐渐适应。机体的适应性指的是人体在受到长时间的刺激之后，身体形态、机能和结构发生改变，以适应这种刺激。机体活动造成人体内环境的失衡，使人体生理机能被反复而充分地调动，这种调动既可使机体产生适应性的表现，也可使机体产生不适应性的表现。因此，休闲体育锻炼对人体的生理影响既有积极的一面，也有消极的一面。休闲体育锻炼对人体的生理影响，消极的一面主要表现在高难度、强度大的技术动作，稍不注意，可能会引起器官或系统的损伤，甚至直接危及生命。

总的来说，休闲体育的作用相对更为积极，通常可基于以下层面理解其健身价值。

（1）减少疾病的发生

随着现代化进程的加快，人类开始从繁重的体力劳动中解脱出来。由于缺乏足够的运动，大量的“文明病”出现，对人类健康构成了极大的威胁。相关的统计指出，如果能够科学合理地进行锻炼，并将这种习惯保持下去，那么血液中将会产生更多的高密度脂蛋白胆固醇（HDL 胆固醇）。HDL 胆固醇的主要作用在于向肝脏输送依附于动脉壁上的胆固醇，由此遏制主动脉粥样硬化斑块的发展，使疾病得到有效防范，同时，机体能够更好地适应复杂多变的环境，使“文明病”得到根治。

（2）增强脑力的活化剂

保持适合的锻炼能够更好地刺激和按摩机体内的器官，对血液循环也具有积极的促进作用，丰富大脑的营养，使脑细胞能够更快地进行代谢，最大限度地发挥大脑功能。

（3）延缓衰老

保持适合的锻炼对于人体的衰老也具有一定的延缓作用。从古至今，运动始终被养生学推崇。随着年龄的增长，人体器官的功能也在逐渐退化，尤其是 40 岁之后，各种疾病越来越多。研究指出，脑力劳动者中出现动脉硬化疾病的概率为 14.5%，而体力劳动者只有 1.3%。通过调研 40 名坚持参加休闲性跑步的中老年人后发现，他们的发病率非常低，且相较于未参加活动的人员而言，心肺退行性变化向后延迟了 10 ～ 20 年。长期参与长跑等活动，能够显著改善心肺功能，使肌肉组织更加有力量，对骨质钙化具有积极的预防作用，使关节也更加具有韧性。

（4）提高人体免疫功能

人体的免疫功能主要由两类构成，即特异性和非特异性。对于整个人体生理系统而言，该功能的作用具体体现在生理防御、自身稳定、个体特异性、免疫监视等方面。其中，生理防御是指人体能够有效识别并防范各种出现在人体内的病毒和其他有害物质，最终将这些病毒彻底消灭。自身稳定主要指的是能够使机体保持较为稳定的内环境。个体特异性则是能够自动地清除组织中的衰老细胞，并排斥自身之外的异体组织。免疫监视指的是将体内的恶性肿瘤等突变细胞彻底消灭，防止其进一步发展成为癌细胞。①

① 刘娜．多维度视角下的高校休闲体育价值审视 [J]. 山西师大体育学院学报，2009，24（2）：53-55.

因此，是否具备强大的免疫功能，将直接影响到个体对各种疾病的抵抗能力，以及恶性肿瘤出现的概率。坚持参加各类适合的休闲体育活动，既能使参与者身心愉悦，也能够增强机体的免疫功能。近几年，国内很多学者深入研究了老年人经常参加的活动，如太极拳、气功和慢跑等，发现参与这些活动的群体往往具有更好的免疫功能。

（5）锻炼身体，塑造体形

在闲暇之余进行锻炼，不仅可以获得更加健康的机体，保持较为旺盛的精力，或者保持较为正常的身体形态，还有助于培养良好的生活习惯。

2. 休闲体育的社会心理价值

休闲体育的社会心理价值是指在确保人们身心需求得到充分满足的同时，有效改善人们的社会心理。现代工业的快速发展，使得人类财富急剧增加，但是人们的压力和心理负担也越来越沉重，心理方面的挑战比以往任何时候都要严峻，而体育和休闲体育则能够帮助人类适应现代社会发展。坚持锻炼不仅能使心理压力大幅减轻，还有助于增强身体的抵抗力。卡耐基指出，他每天几乎要花费一小时在健身房健身，人一旦投入锻炼当中，烦恼自然也会随之消失，因为这时的他根本无暇烦恼。休闲体育主要具有以下几个方面的社会心理价值。

（1）形成积极良好的社会文化

参加休闲体育活动能够使人们的认知能力得到显著增强。认知活动大部分发生在大脑高级神经中枢。充分参与休闲体育活动，能够使紧张的神经细胞得到放松，促进神经系统的新陈代谢，使人拥有更加灵活和健康的大脑。人类的情商主要包括五个方面：认识自己情绪的能力、适当地管理自己情绪的能力、自我激励的能力、认识他人情绪的能力以及管理人际关系的能力。

人们通过参与休闲体育能够丰富情感，产生较好的情感体验，增强对情感的管控能力，与他人的关系也能够更加融洽。此外，能够使个人拥有更强的认知能力和更高的情商，有助于个人社会化和自我意识的培养，更好地认识自身所处的社会环境，从而更加积极地投入工作和生活当中。

（2）构建积极良好的人际交往关系

人们通过参加各种各样的休闲体育活动，能够增加彼此的交往。在现实生活中，人们存在交流信息、交流思想和交换情感的需求，但是职业、地位等因素会不同程度地影响人际交流的效果。休闲体育可以消除地位、职业、年龄、文化背景等方面的差异，减少沟通障碍，有助于人们关系的维系。人们通过锻炼，还能够获得更多的信息资源，在思想上达成更多共识，且通过通力合作，能够增强群体的凝聚力，有助于利他行为的形成，对人们的侵犯行为也能够起到有效的抑制作用。

（3）增强团队意识，推动社会文明进步

群体是成员之间相互依赖和互动的集合。在休闲体育中，人们按照兴趣爱好的不同而被划分到相应的组别。通过长期锻炼，必然会形成相应的行为守则或准则。据此来有效规制和约束会员的行为，使会员能够规范行事，培养自律意识，提升个人道德水平。人们在现实生活中对团队存在较强的依附感和归属感，而这些通过休闲体育都可以实现。在休闲体育活动当中，人们会得到公平的待遇，这有助于增进彼此的信任，从而营造良好的社会环境，促进社会主义精神文明建设。

（4）放松身心

现如今，人们虽然减少了工作时间，但是需要将更多的精力投入工作当中。工作当中长期保持的快节奏等状态，必然会增加人们的疲劳感，紧张程度也会增加。所以，人们普遍希望能够在闲暇时获得短暂的放松。

（四）休闲体育的理论基础

1. 休闲供需理论

对于休闲经济理论而言，核心内容就是供需问题。当休闲消费者的需求得到满足时，便会逐渐形成休闲经济，进而推动社会经济的发展。当人们的生活质量提升之后，空余时间会越来越多。随着社会的不断进步，人们获得了更多的休闲时间，能够对收入进行自由支配，从而更多地选择通过休闲体育来增进交往和锻炼身体，这也非常有助于休闲产业的发展。

2. 行为心理学理论

（1）环境认知理论

根据 Lewin 的“场论”和 Lynch 的意象空间理论可知，他们都将休闲行为视为存在于城市环境中的行为。而参与休闲体育者就是变革中的参与者，其心理场和物理场充分融合，进而对休闲体育的地理环境和行为环境产生重要影响，其行动同时遵循了相应的规律和物理方向，使参与休闲者的行为能更好地适应所在场所的地理特性。

（2）行为动机理论

任何行为都存在动因，即在缺少动机的情况下不可能产生相应的行为。动机（motive）就是促使个体通过具体的行动来达成目标的诱发因素。行为动机从个体内部来驱使其开展相应的行动。行为动机理论必须以人的需求产生动机为基本前提，动机对需求行为具有积极的促进作用。

（五）休闲体育的价值

我国休闲体育作为社会体育的重要组成部分和主要内容，不仅是促进全民健身的重要基础，还是推动健康休闲产业高质量发展的重要驱动力。自休闲体育被纳入国家“十二五”发展规划以来，休闲体育发展方兴未艾，人们的健康休闲意识不断提升，休闲体育的经济价值、社会价值、教育价值、娱乐价值正在发挥重要作用。

1. 休闲体育的经济价值

休闲体育是伴随国民生活水平日益提高而产生的一种新体育发展方式。①

① 汤龙斌 . 环桂林市旅游圈“农庄式”休闲体育的发展研究 [D]. 武汉：武汉体育学院，2014.

首先，从生态的经济学视角来看，现代工业文明推动社会经济飞速发展，但是也催生了一系列的生态环境污染等问题。特别是在一些不发达国家和地区，由于经济利益的驱动，以牺牲生态和环境为代价换取经济增长，造成了区域生态环境的严重破坏，而休闲体育倡导人与自然环境和谐共处。在高质量发展休闲体育的过程中，要高度重视绿色低碳休闲体育的发展。绿色低碳休闲体育是一种可持续性休闲体育高质量发展的新型模式。

其次，基于社会经济层面，人们只有不断提高素质能力，才能更好地发展生产力。休闲体育能够直接和间接地影响到整个国民经济的发展。通过对各种生产要素进行计算，判断其可能产生的直接影响，比如工资等初始投入都属于直接影响因素。除此之外，在休闲体育产业与其他产业的互动中经常会出现一些间接影响因素。这主要源于发展过程中所投入的需求，具体反映在其他行业是否能够通过生产而得到相应的商品和服务的价值。休闲体育消费指的是对有形的产品以及无形的服务的消费。各种体育赛事观看所产生的费用，明显拉动当地体育用品的需求与消费，提升体育产品经济价值，推动区域经济高质量发展。通过调查不难发现，我国现阶段休闲体育消费基本上以观看赛事、参加休闲体育活动以及购买相关的体育用品等为主，而且消费逐年增加。

再次，从政治经济学层面看，休闲体育可以促进社会稳定，它能够提供更多的就业岗位，对经济发展具有刺激作用，使各阶层的收入差距不断缩小。越来越多的资金投入中型高尔夫球场、赛马场、滑雪场、健身房、篮球场、羽毛球场以及棋牌室。休闲体育场地建设需要大量的指导和服务人员，这有效解决了就业需求，减少了现代社会发展中的不和谐因素。目前，人们生活水平越来越高，变得越来越会享受生活。在此背景下，一个现代化的休闲时代逐渐出现在人们的视野中，由此形成了休闲产业和休闲经济两种新概念。休闲经济的发展速度越来越快，其最显著的发展特点就是动态性、引导性和永久性等。

最后，从休闲体育产业的发展对我国经济高质量发展的影响来看，休闲体育是休闲与体育的合成词。与传统的体育项目不同，它是非竞争性的，是一种以个人项目为主且不需要高技能的自然运动。过去由于时间、设备和经济上的问题，休闲体育的发展受到一定程度的限制，这也导致人们的活动只能局限于单一项目。随着经济条件的改善、体育运动设施的完善，人均可支配收入也在不断增加，人们有条件利用闲暇时间进行休闲娱乐。与此同时，随着参加休闲体育的人数激增，与此相关的体育用品及服装产业也日益扩大和发展。这种现象表明，休闲体育正在改变着人们的消费观，影响着经济的高质量发展。就现实意义来讲，休闲体育具有较高的经济价值。不难发现，休闲体育活动是通过刺激消费拉动经济增长的。由于国家的当务之急是解决“过剩经济”问题，通过发展休闲体育产业来增设就业岗位，能够起到刺激消费的效果，这是快速推动经济增长的有效途径。与此同时，鉴于休闲体育产业的关联性十分显著，刺激休闲体育消费能为关联产业带来更多收入，由此形成“乘数效应”拉动国民经济增长。据了解，西方发达国家 GDP 中的休闲体育产业占比较大。与西方发达国家相比，我国 GDP 中的第三产业占比明显不高，需要进一步优化完善现有的产业结构。目前，我国将休闲体育产业划归到第三产业范畴，因此推动休闲体育发展是优化我国经济结构的有效手段。事实证明，发展休闲体育确实有利于调整并优化国内的产业结构。专家指出，人们已将休闲体育融入日常生活与消费当中，不仅会影响到生活资料的划分，而且已构成了产业链。由此一来，既能大力推动休闲体育产业发展，也能大幅提高 GDP 中的第三产业占比，在完善国内产业结构的基础上促进经济的高质量发展。①

---

① 姜腾达，金盼．对加快休闲体育产业建设促进经济发展的思考 [J]. 文体用品与科技，2023（22）：100-102.

2. 休闲体育的社会价值

休闲体育是20世纪末期社会经济快速发展过程中提出的全新概念，从休闲体育的社会价值来看，主要体现在：促进社会的稳定和发展；丰富社会文化生活，整合社会情感；维护身心健康，调节人的心理疲劳。

首先，促进社会的稳定和发展。在现代社会中，人的生物功能因为信息化和机械化的不断发展和应用而弱化。高营养食物和低能量消耗会导致脂肪堆积。快节奏、高压力的生活损害人的心理健康。生活中融入了更多的高科技，生活节奏越来越快，人们没有充足的时间来交流感情。人与人之间变得更加陌生和心浮气躁。随着物质生活水平的提高，人们的观念也在发生变化。现在的市民有了更多的闲暇时间①，他们对生活质量和人文关怀的重视程度越来越高。

休闲体育不仅能够推动人文关怀的实现，对体育的健康有序和长远发展有益，而且能够使社会压力得以减轻，促进社会和谐。休闲体育可以帮助人们找回失去的精神家园，为社会带来和平与和谐，而和谐社会的构建也有赖于各个社会要素的均衡协同发展。社会主义社会是否具有较强的发展活力，在很大程度上是由文化、经济等各方面因素所决定的。社会主义社会是否具备强大的发展动力，则取决于社会成员是否能够最大限度发掘自身的潜能和主动性。但是从现实情况来看，人们在繁忙的工作之余无暇沟通，而这一问题能够通过体育活动解决。共同的爱好能够消除隔阂，增加家庭成员、邻居和同事之间的情感交流。集体活动能够使家庭关系更加融洽与和睦，促进生活质量的有效提升。休闲体育可以使公民在闲暇之余放松身心，防止出现通过极端方式来释放压力的行为，对于社会和谐稳定有益。从身体和精神的痛苦中恢复后，人们将能够尽自己最大的努力在社会中扮演好自己的角色，从而营造积极、和谐的社会氛围。

① 刘海滨 . 城市住区公共空间研究 [D]. 成都：西南交通大学，2006.

其次，丰富社会文化生活，整合社会情感。人类是物质文明和精神文明的缔造者。体育活动同样如此，既能够带来物质层面的感受，也能够使人享受到精神层面的满足。体育的文化内涵更为丰富。恩格斯指出，人们的需求主要由生存、娱乐和享受以及发展三个层次构成。休闲体育能够使人们的健康得到保障，生存需求得到满足；能够使人更加积极主动地观看比赛等，使人们从中获得娱乐上的满足；而从教育层面来看，能够使人的发展需要得到满足。休闲体育既能够放松身心，也能够锻炼身体。休闲体育的基础是放松、快乐、兴奋和舒适。通过休闲体育，生活在快节奏、竞争激烈的世界里的人们可以很容易地进入休闲的境界。随着社会的发展以及学校教育的普及，体育教育已经惠及更多的民众。休闲体育从人性出发，努力满足人的兴趣需求，在此基础之上构建个体精神，使人们越来越个性化的生理和精神需求得到满足。在实现人文关怀的同时，休闲体育坚持以人为本的原则。人们自愿参与，选择体育活动，活动时间具有灵活性。通过塑造形体、抚慰心灵、提供审美体验，可以从多个方面满足人们的不同需求。对于那些想远离喧嚣的城市，回归自然，从压力中得到放松的人来说，休闲体育是最佳选择。因此，只有确保环境的和谐和融洽，才能最大限度地调动人们的积极性，从而促进各类工作的顺利进行。休闲体育不是设计好的过程，而是满足人们的兴趣，鼓励人们有个性化的创新，享受运动的乐趣，实现身心放松的随机活动。休闲体育的发展是关系到社会进步和人类文明的一种文化现象[①]，对增加社会交往具有重要的价值。交往活动是人类社会的必要活动。人们通过交往活动交流感情，促进社会进步。人们的交往活动多发生在工作时间之外的业余时间。换句话说，休闲为人们的交往活动提供了最好的机会。因此，休闲体育不仅是休闲娱乐和健康的载体，还是拓展交流的润滑剂。推动休闲体育发展意义重大，既能让人们在参与中增进情感，也能在增加民众凝聚力与向心力的同时，

① 孙昌爱．休闲体育与和谐社会的建设 [J]．山东体育科技，2006（3）：44-46.

树立良好的城市形象。休闲体育作为增加社会交往的重要纽带，包括象棋、体育舞蹈、社区运动会、家庭运动会等不同的形式。人们参加这些活动是为了通过轻松愉快的形式结交朋友，扩大社会交往圈子，交流感情，排遣孤独，丰富精神生活，同时调节家庭气氛，增进感情。对于民众而言，参与休闲体育不仅可以强身健体，而且能够体会其中的乐趣，也是广泛交友的一种途径。换句话说，休闲体育为开展情感交流提供了平台，是增进人们情感的积极活动。

最后，维护身心健康，调节人的心理疲劳。现代人理想的休闲时间是除了维持生活所必需的劳动时间之外，其他可以自由支配的时间，而利用这些时间享受快乐和消除压力的活动就是休闲运动。罗杰・苏围绕休闲体育和体育展开论述，指出身体活动的高级阶段是休闲体育与体育的最大区别，体育对身体效果的持久性与强大性提出了更高要求。休闲体育既不是简单的散步，也不是剧烈的运动，而是处于两者之间的一种状态。休闲体育既不通过比赛追求成绩，也不需要定期的高强度训练，而是通过非正式的、自愿的体育活动来追求身体的放松和舒适。在中国，休闲体育是人们推崇的一种高尚的生活方式，通过安逸的生活陶冶人的心灵。中国古代非常推崇休闲体育，强调休闲体育与身心健康的关系，强调修身养性，以太极拳等相对安静的运动方式为主要运动特征，具有鲜明的民族特色。休闲体育不是一种具体的体育项目，而是体育的一种社会存在状态，是一种非竞争性的体育娱乐活动。人们利用自由的时间，在放松的环境中，以自由的形式和轻松的心情自愿参与。这种体育娱乐活动主要是调节心理，陶冶性情，缓解疲劳，恢复精力，增强体质，增进健康，享受生活的乐趣。关于参与娱乐性体育活动的研究证实，除优化呼吸、骨骼与心血管系统以外，娱乐性体育活动还有利于改善个人的泌尿功能、肌肉以及消化能力，促进机体生长发育，提高机体对疾病的抵抗力，增强机体的适应能力，调节压抑的情绪，有效抵抗抑郁、焦虑等负面心理因素，有助于预防精神疾病的发生。

3. 休闲体育的教育价值

人们之所以会越来越重视休闲体育，关键在于其自身所具有的教育价值。希腊语“schole”对休闲给出了最早的解释，即关于人的各种教育和休闲活动。休闲体育思想上的根源来自古希腊时代人们不断审视和反思体育的结果。在传统认识中，公共教育属于谋生的手段，而并非服务于生活。因此，当人们无须再为谋生而烦恼时，对生活反而没有计划。体育活动的目的应当是对个性发展形成有效的驱动，使人们更加热爱生活。仅仅基于谋生的教育与现实社会需要无法适应，因为休闲体育的另一个重要功能就是服务于人们的“乐生”，对身体和精神的补偿性教育。

首先，让青少年享受休闲体育活动的乐趣。休闲体育教育是一种集创造性、表现性、娱乐性和开放性于一体的活动。通过休闲体育活动不断满足青少年个性发展的教育需求①，树立休闲体育教育能力本位的教育理念，是为了适应和满足社会发展、学校学科发展、青少年身心健康全面发展的需求。这也是休闲体育教育革新的发展理念，当代青少年休闲体育的缺失呼唤休闲体育教育的正确引导。休闲体育就是人们在工作之外的自由时间所参加的各项体育活动，这是一种建立在体育教育补偿性活动基础之上的行为。随着社会的发展，人们在工作中消耗的精力也会增加。但是，每个人的承载能力是有限的，此时需要借助休闲体育来缓解疲劳。休闲体育对人格发展也具有积极的促进作用。因此，在现代体育教育当中，休闲体育扮演着较为重要的角色。这顺应了社会发展的趋势，也与青少年发展需求相一致。每个人的体育教育应当从小开始，对健身的基本知识方法等熟练掌握，在提升生活质量的同时，也能够保证身体良好地发育。休闲体育既能促进青少年的健康生活，满足青少年的需要，又能丰富青少年的文化生活，提高生活质量。休闲体育有助于

① 赵卓鹏 . 关于休闲体育的多元化价值分析 [J]. 长治学院学报，2007（1）：77-79.

增强身体素质，增进身心健康，培养良好的品德，促进人的全面发展，既能让青少年将更多精力投入学习，也能激发他们的学习热情。①

其次，提高大学生道德素质和文明意识。休闲体育教育已成为我国高校体育教育模式改革的一种发展趋势，随着社会的快速发展，高校体育教育必须以学校体育改革为切入点，以体育的健身、愉悦功能为先导，进一步培养高校学生身体、心理适应社会发展的能力。目前，休闲体育已成为高校重点实施的课程，这有助于提高大学生的道德素质和文明意识。休闲体育中有相当多的项目具有竞争性，大学生有机会在公平、公正、开放的竞争环境中锻炼意志力，强化奋斗意识。同时，高校开展休闲体育教育意义重大，既能引导学生通过合理健康的方式调整个人情绪，形成健康的心理素质，也能提高大学生应对社会与环境的能力。所以，高校开展休闲体育不仅可以提高大学生整体的道德素养，还能够培育文明观念。从精神层面来讲，休闲体育不具有功利性，而是一种提高大学生审美、激发创造能力并增强个人道德意识的方式。

最后，让国民更加合理科学地安排闲暇时光。休闲体育具有资源消耗低、需求弹性大、覆盖领域广、产品附加值高、产业链条长等特点。②随着一系列促进体育休闲高质量发展政策的接连出台，各地对体育休闲教育重视程度不断提高，休闲体育教育在国民体育教育中的地位和作用不断提升，为国民享受休闲体育教育提供了广阔的发展空间。与此同时，休闲体育教育具有典型的集体性特征，引导人们互帮互助，进而增强集体观念。这与素质教育思想有异曲同工之妙。终身教育理论是终身体育思想的基本前提，让国民学习并掌握终身体育思想尤为必要，既符合当前社会的发展需求，也能提高整体的健康水平。

---

① 栗燕梅．论休闲体育教育 [J]. 广州体育学院学报，2007（6）：78-80.

② 李鸿．后疫情下休闲体育产业高质量发展的推进策略 [J]. 特区经济，2021（2）：90-92.

4. 休闲体育的娱乐价值

当人们不再为竞技体育和奥运金牌狂热的时候，休闲体育娱乐价值便成为人们从事休闲体育活动的基本动机。[①]我们需要从理论和实践上对休闲体育的娱乐价值重新定位，通过参与休闲体育活动，在自由时间里以积极的生活方式和生命体验促成人的自由全面发展，充分发挥人的自主性、积极性与创造性，引领人们寻找休闲体育的娱乐价值和意义。

首先，休闲体育具有健身娱乐价值。娱乐是与工作相对的概念，它是人类社会生活的重要内容，比如人们选择去野外休闲，目的就在于娱乐或修身养性；有的人则希望借此丰富人际关系、加强交流，全身心地感受生活的美好。

由于体育本身的魅力，即便没有亲身参与休闲体育运动，人们也能通过观赏活动获得精神上的愉悦。观众前往现场观看比赛时往往情绪高涨，甚至比运动员更加激动。人们在移情作用的影响下，可以通过观赏运动者的表现获得精神上的享受，自己仿佛也置身其中，愉快之情很快传递扩散开来。由此可见，休闲体育具有重要的健身娱乐价值。

其次，休闲体育具有娱乐文化价值。休闲体育的娱乐文化价值是文化生态系统向人类提供的重要服务功能之一。休闲体育活动是人们工作之余从事的一种放松身心、增加生活情趣的活动。休闲体育项目如登山、攀岩、蹦极、漂流、滑雪、潜水、越野、溯溪等以其挑战性和刺激性受到许多人的青睐。[②]一方面，人们在进行休闲体育活动时，既没有现代竞技体育赛事相对激烈的对抗性，还可以回避因失败而产生的消极心理，无论是在休闲体育精神上还是体能上都不产生任何压力。[③]人们可以自由选择活动的项目、方式、时间，

① 马宝壮，陈言行 . 新时代中国运动休闲产业发展的特征与路径研究 [J]. 广州体育学院学报，2021，41（3）：39-41.

② 肖靖阳 . 初探大众娱乐审美观念与语文教学之“平衡点”[C]// 广东教育学会 . 广东教育学会 2019—2020 年度学术成果集 . 深圳：深圳市南山外国语学校（集团）高新中学，2020：5.

③ 栗燕梅 . 论休闲体育教育 [J]. 广州体育学院学报，2007（6）：78-80.

轻松愉快地从事休闲体育活动。另一方面，休闲体育不仅是发展休闲娱乐文化价值的重要载体，也是拓展体育文化交际、增进情感交流及交友的润滑剂。[①]人们通过学习休闲体育活动知识，可以结识许多不同领域、年龄阶段、性别的朋友，将民族文化与休闲体育活动融合，丰富精神生活，增进彼此感情交流，这俨然已经成为人际交往的新途径。

最后，休闲体育具有旅游娱乐价值。休闲体育的旅游娱乐价值是指旅游者在参与休闲体育活动中，观赏和参与的旅游活动所释放的娱乐性价值。旅游作为重要的社会性活动，与休闲和休闲体育存在极为紧密的关系。旅游作为“两山论”价值转化的重要工具和主导力量也不断地被实践。在休闲体育的旅游娱乐价值上，休闲体育活动的旅游化利用在促进全体人民共同富裕，协调物质文明与精神文明发展，促进民族交往交流交融和中华民族命运共同体建设等方面具有重要作用。据统计，在休闲体育活动中以娱乐、消遣为目的的旅游占 75%。因此，要在休闲体育活动中增加旅游娱乐的内容，将旅游娱乐延伸到休闲体育活动项目中。通过利用高科技手段，打造休闲体育活动旅游场景，提升休闲体育实践活动的交互性和沉浸感，促进现实世界和虚拟世界的连接与融合，提升休闲体育活动中旅游娱乐的质量，满足休闲体育活动者的旅游娱乐需求。

第二节　休闲体育产业发展与休闲体育文化发展的关系

一、休闲体育的产业化运作有利于扩大休闲体育文化的影响

随着人们的生活水平不断提升，休闲体育这种更具创新性的文化以及文

---

① 余天君，韩勤英.我国休闲体育的发展现状及策略[J].信阳农业高等专科学校学报，2008（3）：147–149.

化形式便应运而生。之所以会出现休闲体育，是因为人们需要合理利用和支配自己的休闲时间，同时要达到提升自身健康、身体素质的目的。在马列主义的指导下发展当代中国先进文化尤为必要，要充分联系中国特色社会主义现代化建设现状，实时跟进现代化发展，持续推动优化创新，不断革新发展途径、完善发展方法并激发发展动力。

由于休闲体育产业化发展是实现休闲体育文化发展的极具创新性、推动性和有效性的新兴途径，当务之急是根据产业现状完成企业配置。相较于事业单位而言，企业不仅想要获得社会价值，也不会放过市场价值，可以说企业是直接影响行业发展与市场走向的关键。显而易见，市场化运作发挥着基础作用，这也是推动休闲体育市场化运作的原因。因此，企业在完成生产任务的同时要满足市场的产品与服务需求，不断提高消费者的认可度和满意度。

休闲体育的市场化运作使以往的传播理念受到挑战。在社会经济的发展过程中，人们的消费观念发生转变，对生活的追求也随之改变，这就意味着休闲体育产业在发展过程中必须基于消费者立场确立传播观念。与我国现已推出的体育文化传播渠道相比，多渠道传播途径效果更佳，其不仅能够进一步丰富休闲体育产品及服务的文化底蕴，还可以持续提高消费者的认可度与接纳度，这也将推动形成休闲体育文化发展的新格局。对于消费者而言，推行休闲体育的市场化运作可以显著提高他们选择休闲体育产品和服务的自由性、自主性以及准确性。在市场配置的影响下，休闲体育产品的类型也愈加丰富，截至目前，追求休闲体育已然成为人们诠释与表达时尚的一种方式，越来越多的投资者将资金注入休闲体育产品、休闲体育服务当中，这些项目都具有高消费和高利润的特征。不同的服务模式会一次又一次地进入市场，但是在当前的社会结构中，这些高消费的休闲体育项目和服务无法让每一个对休闲体育持有热情的人都参与其中。当消费者在选择上更加自由时，他们的休闲消费能力与消费欲望都在不同程度地提升。传统环境下的单一性消费模式发生改变，从而要求企业生产水平大幅提高。在企业持续提高生产水平的同时，消费者面对产品和服务时的选择权也就越大。强化公共体育服务质量，构建多元化的体育服务体系，将全民健身计划逐步落实，一方面，能够契合消费者日益丰富的各方面需求；另一方面，能够激发消费者的消费热情，既能通过消费拉动市场发展，也能进一步扩大市场份额，由此形成良性发展格局，增强人与人之间的凝聚力，为构建和谐社会奠定基础。

二、发展休闲体育产业的根本目的在于发展休闲体育文化

休闲体育产业的兴起能够对社会经济发展起到一定的促进作用，这些作用已经在社会组织结构中初见端倪。然而，现阶段我国休闲体育产业刚刚起步，不可避免地受到旧思想、旧制度的影响，部分民众对我国社会主义市场经济建设中的休闲体育产业发展没有清晰的认知。因此，当下的工作重点就是让社会大众对休闲体育文化有正确的认知，让相关单位和部门给予一定的政策、法律以及资金支持，由此便可以促进休闲体育文化的发展。

正确的指导思想和优秀的休闲体育文化是实现休闲体育产业长期性与稳定性发展目标的基本前提。将产业发展与文化内涵放到相对立的位置，一味认为产业发展只与市场机制存在必要的关联性，对于休闲体育产业的文化发展方向来说，这是极其错误的一种想法。为了保证休闲体育产业的可持续发展，有必要将人们的休闲意识与休闲体育的商业化发展有机结合起来。在贯彻落实中国特色社会主义发展观的过程中，需始终考虑体育运动与国民体质之间的关联性，将其作为战略发展的指导思想。我们所熟知的休闲体育，它代表的绝不仅是体育运动实现自身价值的过程，更是发展中国特色社会主义的必由之路，同时是满足当代人身心需求的主要方式。因此，该阶段需要通过引入专业人员并发挥其创造价值，不断加强两者的关联。

在社会经济发展过程中，我国早已解决了温饱问题。而我国倡导的全面

建成小康社会目标，从目前我国社会经济与科学技术发展的形势来看，已经基本实现。现阶段，人们对生活有了更高层次的追求，从物质追求上升为文化内涵追求。休闲体育产业的发展要注重社会大众参与休闲体育活动时的心理需求，并以此为出发点，提供可以满足社会大众心理需求的项目，为休闲体育文化的发展奠定基础。

基于产业规模化推动休闲体育文化发展意义重大，不仅能够得到诸多社会组织的投资支持，而且可以树立民众追求休闲体育的新标杆，让越来越多的投资者将资金注入休闲体育产品、休闲体育服务当中。将这些资金进行整合与合理配置，便可以充分开发休闲体育文化中的各项资源，从而将休闲体育文化成功转换为休闲体育产品以及服务，在一定程度上满足社会大众的休闲体育消费需求。

知识经济时代，传统的经济发展模式已无法满足当下的发展需求，现如今知识与文化的作用不可小觑。目前，具有高附加值的产品和服务更易取得消费者的青睐与认可。因此，企业必须根据顾客需求进行生产。

第三节　国外与国内休闲体育产业的发展历程及现状

美国最先对现代休闲体育作出解释，将现代休闲体育视为年轻群体通过挑战大自然进行冒险和体验刺激的体育活动。随着人们需求的不断增加和日益多样化，休闲体育的内容和形式也越来越丰富，除民族传统体育项目外，也涉及现代体育项目。因此，通常认为，现代休闲体育就是“为休闲开展的大众体育活动”。围绕人的休闲体育消费而开展的生产与运营活动构成休闲体育产业，具体包括体育用品、体育观赏、体育娱乐健身与体育旅游产业等。

一、国外休闲体育产业的发展历程及现状

通过研究国外休闲体育产业的发展历程可知，休闲体育是推动休闲体育

产业发展的基础。随着西方国家休闲体育产业的迅速发展，以及民众休闲时间的增加，以休闲阶层为消费主体的休闲体育产业得到了巨大的发展，最终推动了西方发达国家经济发展水平的有效提升。

欧美国家通过发展休闲体育产业获得了巨大的经济效益。譬如，从演进特征来看，美国休闲体育产业的兴起受到内在诉求和外在推动的双重影响。内在诉求体现在经济社会快速发展、大众闲暇时间增多等方面，外在推动体现在美国广泛开展的户外运动带来的积极影响。仅 1995 年美国在休闲体育产业方面的投入便达到 3500 亿美元，这些投入大部分用于体育器材和休闲用具的购置。加入体育俱乐部的美国人也越来越多，人们对体育赛事的兴趣也越来越浓厚。再如，英国休闲体育产业缘起于民间户外运动的广泛流行，并不断发展成为集健身休闲、竞赛表演、休闲体育用品等于一体的完善产业体系。其休闲体育产业在 GDP 中的占比达到 1.7%。俄罗斯休闲体育产业在 GDP 中的占比更是高达 1.9%。

20 世纪 80 年代，日本将大量土地用于“集团度假村”式的新型综合休闲产业发展，以期能够达到拉动内需的效果。日本用 20% 的国土面积发展“集团度假村”式的新型综合休闲产业的做法，得到了各国经济学家的认可与支持。他们认为，日本在休闲体育方面的发展模式不仅符合当代的发展需求，而且为新型产业的发展提供了动力，为其他迈进新世纪的产业发展奠定了基础。相关数据表明，上述措施确实推动了发达国家的经济发展。韩国政府较早地将旅游产业作为国家经济发展的支柱性产业，从 20 世纪 80 年代末开始推行一系列国民旅游振兴政策，并根据环境和需求不断对政策进行优化调整，政策思想从注重提升国家文化软实力的“韩流文化”旅游发展，到满足国民休闲需求的“健康生态价值”旅游发展，再到关注旅游创造经济效益和社会效益的“全方位增值”旅游发展。在参与性体育旅游促进各国经济发展的同时，观赏性体育旅游的发展也如火如荼。人们不仅热衷于观看世界杯足球赛，而且对奥运会等全球赛事抱有极大热情。一国承办奥运会时，也会带来更多的商机，对于当地的经济发展具有重要推动作用，这在 1988—2000 年的奥运会举办当中已经得到了印证。随着三场奥运会的举办，入境游客数量持续攀升，带来的旅游收入也从起初的 14 亿美元增加到 42.7 亿美元。日韩在 2002 年合作承办的世界杯足球赛，收益达到 350 亿美元。

二、我国休闲体育产业的发展历程及现状

新中国成立之前，中国的休闲体育产业便已得到一定程度的发展。除了羽毛球和高尔夫球以外，当时引入国内的休闲与健身类体育项目还包括骑马和游泳等。人们参与这些休闲体育项目，健身并非首要目的，在很大程度上是为了彰显自己的身份和地位。因此，这些活动更加具有休闲性。由于这些项目并不适合普通大众参加，因此参与者相对较少。尽管我国休闲体育产业尚未形成较大的规模以及完善的市场，但是为休闲体育在我国的发展奠定了坚实的基础。

新中国成立之初，国际政治环境较为特殊，这在某种程度上制约了国内体育的发展以及传统休闲体育活动的开展。普通民众的休闲体育活动项目相对较少，基本上是球类活动，且难以形成规模。

自 1978 年推行市场经济体制以来，经济发展水平不断提高，国民的生活越来越富足。到 2003 年，城乡居民储蓄存款已经高达 110695 亿元。近几年，我国居民的消费结构发生明显变化，物质性消费支出占比逐渐下降，非商品性支出占比持续提高。显然，中国经济发展水平的不断提高，极大地推动了休闲体育及休闲体育产业的发展。

1978 年，国内在休闲体育领域开展“经营创收活动”。1978—1990 年，国内学术界有关体育产业的理论成果寥寥无几。直到 20 世纪 90 年代才正式对标国际。1994 年，我国率先引入了足球和排球项目，还明确了篮球和围棋

等俱乐部的规范内容。很显然，虽然我国开始加大对竞技体育的关注力度，但还未意识到休闲体育及其产业化发展的重要性。所以，我国不仅将保龄球和台球列入了“文化娱乐”范畴，还将国际标准舞视为体育领域的娱乐项目。目前，国内体育主管部门开始着力推动体育产业发展，通过满足群众的休闲需求来增加发展动力，直至此时国内的体育产业发展才算是步入正轨。前文提到，日本开展“集团度假村”式的新型综合休闲产业广受欧美国家好评。我国部分省市在特色旅游的发展过程中借鉴了日本的休闲产业发展模式，引进了保龄球、帆船、游泳、射击、高尔夫球、快艇、沙滩排球以及射箭等体育运动项目，形成了功能多样且提供食宿服务消费的经营实体。但是，很多经营实体为了能够在短期内收回投资成本，在经营的过程中更加注重经营效益，在价格定位上相对较高。这与大多数普通民众的收入水平显然是不相符的，导致消费群体受限，使得这些经营实体经营状况极不理想，也无法形成产业规模。

当前，还不能确定国内休闲体育产业的市场规模，一是因为定性难度较大，二是因为国内休闲体育产业是联合其他产业开展运营的混合经营类产业。即便如此，这一时期的休闲体育产业市场也得到了一定的发展。实际上，一国休闲体育产业的衡量依据还在于休闲功能设施的建设数量或者对应的投资数额等。1995 年统计数据显示，我国新增高尔夫球场 47 个，耗资 52 亿元；新增保龄球场 291 个，耗资 10 亿元，除此之外，还新增 345 个轮滑房、1401 个室外网球场以及 3409 个台球房。截至目前，空中休闲项目和水上休闲项目均得到了较大程度的发展。

1999 年统计数据显示，当年共建成 291 个保龄球场、5 万条球道。以单条球道配置两名服务人员为标准计算，新增就业岗位 10 万个，年产值达到 47 亿元。若是算上停车费用和餐饮费用，由此产生的年收入将会更多。虽然这仅仅是从理论上对国内保龄球市场规模的测算，但是依然可以看到国内休闲体育产业发展的巨大潜力。

实际上，以上数据较为客观地反映了我国国内休闲体育产业的发展现状。截至目前，世界各国均未正式提出精准计算本国内休闲体育产业市场规模的方法。由此可见，全球都面临着休闲体育产业定性难度大的问题，但并不能因此就否认我国休闲体育产业市场存在短板。尤为值得注意的是，在国民以休闲娱乐为目的参与体育活动的过程中，也为我国的体育产业发展注入活力，势必逐渐增大体育产业中休闲体育产业的比重。以下将从三个方面阐述我国国内休闲体育产业发展的文化策略。

1. 坚持以人为本的原则

人们通过参与体育活动来打发闲暇时间、强健个人体魄以及积极调整心态的活动方式就是休闲体育。不难看出，休闲体育的含义充分体现了人类已将体育活动作为在现代文明中优化与发展自身的优选途径。所以，从本质上讲，休闲体育属于典型的“以人为本”的文化。

我国要将“以人为本”原则贯穿于休闲体育产业发展的始终，从而促进休闲体育产业及其文化和谐发展。鉴于经济发展的终极目标是实现人的发展，所有产业发展均要将“以人为本”作为基本原则，确保经济发展不会偏离正确的价值观，从而激发经济发展的价值与活力。

“以人为本”的经济观属于伦理经济观。① 在推动休闲体育产业发展的过程中，所树立的体育经济价值观既要符合休闲体育产业文化的最终目标，也要契合相应的发展价值。一旦将资本作为休闲体育产业发展的中心，随着休闲体育产业规模的持续壮大，相应的文化价值损失便越大。基于社会学视域分析，背离了伦理价值观的休闲体育产业发展只能满足民众的物质需求，既不能履行自身的社会责任，也无法完成相应的社会任务。

① 周进强，吴寿章．中国体育赛事活动市场化发展道路的回顾与展望 [J]. 体育文化导刊，2001（6）：9–11.

要想全面落实休闲体育产业发展伦理观，就必须将其与文化发展的关系协调好。经济决定论者比较认同“体育生活及文化精神完全由体育经济所决定”的说法。这显然过度夸大了体育经济的影响力，因此该观点并不具备参考价值。实践证明，体育经济的发展确实会对体育文化造成一定影响，集中体现在行为制度与物质两个方面，但体育经济的发展只能间接影响体育文化的精神层面，后者不会随着体育经济发展而走向人本主义。体育经济发展和体育文化在文化层面并无必然关联，经济的发展仅仅有利于贯彻文化精神。如今，经济和文化之间的关联密切，抛开文化谈经济已然不符合当下的发展需求，必须意识到文化在促进经济发展中的重要作用。目前，具有高附加值的产品和服务更容易获得消费者青睐与认可。因此，企业必须根据顾客需求进行生产。由此可知，文化对经济发展具有决定性作用。

2. 考虑文化价值观不同

当个人对文化价值的认同出现差异时，所形成的文化价值观也会有所不同。从文学作品来看，有的文学作品极具想象力，流连于武侠世界；有的文学作品偏重情感，热衷于温柔之乡。从体育文化来看，有的重在怡情养性，或是通过练习武术强身健体，或是通过棋牌和垂钓修养身心；有的偏好冒险挑战，或是登顶山峰享受征服之感，或是攀岩险峻追求刺激冒险。在人们意识到体育功能愈加多元和体育价值越来越高时，便会从被动参加休闲体育项目转变为主动参与甚至创造。不同的文化背景造就了人们不同的文化价值观，促使他们开发创造了形式多样的休闲体育项目。

3. 重视民族传统体育文化休闲产业价值的开发

开发民族传统体育文化休闲产业价值意义深远。首先，有利于进一步扩大国内民族传统体育文化市场。目前，划龙舟的产业化发展比我国其他民族传统体育文化更具代表性。龙舟竞渡是我国一年一度的文化习俗，在体现丰富文化意蕴的同时，极具娱乐性与观赏性。随着龙舟竞渡市场规模的不断扩大，越来越多的国内外游客被吸引。美国为发展龙舟运动，还专门成立了龙舟竞渡组织。这都为弘扬我国传统体育文化奠定了坚实基础。其次，我国有55个少数民族，虽然有的少数民族的经济发展相对比较落后，但他们拥有非常丰富且独具特色的传统体育文化资源优势。通过合理开发与利用这些资源，将有助于这些区域内少数民族收入的增长以及脱贫致富目标的实现。

目前，机械化确实为经济发展提供了强大动力，闲暇旅游逐渐成为人们向往的现代化生活方式。人们渴望通过旅游来缓解现实社会中的疲惫与忙碌，将全部身心投入大自然中体验轻松与惬意。旅游资源主要分为自然旅游资源和人文旅游资源两类。本书所提到的民族传统体育文化便是比较具有代表性的人文旅游资源。所以，民族传统体育文化与旅游的融合发展是推动民族传统体育文化休闲产业发展的有效手段。

三、休闲体育为全民健身活动提供更大的发展空间

休闲体育注重的是娱悦身心、提升身体素质、陶冶情操，体育活动氛围十分轻松，这是最容易收获乐趣的活动形式。参与者在休闲体育活动中可以改善身体素质，感受大自然的鬼斧神工。社会大众利用闲暇时间参加休闲体育，能够更好地亲近大自然，在各项活动中释放个性，感受到和煦的阳光、温暖的沙滩、新鲜的空气，抬头望天、低头见水。这些休闲体育活动有一个共同的特点，那就是对硬件设施的要求相对较低，运动器材适合各个年龄段，在参与过程中可以得到身心双重的放松，所以现在人们更喜欢一些户外的休闲体育项目。

四、休闲体育作为生活方式的重要内容

我国科学技术的不断进步，社会经济得到了极大的发展。高新技术在工作和生活中的应用为人们带来了更多的便利，同时降低了劳动的强度，但是

脑力劳动的强度越来越大。这样一来，很多人的工作和精神压力较大，加上缺乏必要的运动，亚健康问题非常普遍。人类的生存与发展所面临的最大问题就是健康问题，健康问题会直接对人们的生活质量产生严重的影响。市场竞争加剧使得人们必须学会适应高强度的工作和生活方式，而这也导致人们对休闲体育的需求越来越强烈。有效的休闲体育活动不仅可以调节生活方式，还可以提升人们的身体机能、改善身体健康情况、促进人们沟通交流。

五、休闲体育产业成为促进国家经济发展的动力源

休闲体育产业作为我国体育经济社会的支柱产业，具有经济属性强、市场化程度高等特征。我国的社会经济不断发展，人们的物质条件已经得到了显著改善，消费观念也发生了重大变化。可以说，休闲体育已经完全渗透到人们的日常工作与生活当中，成为社会文化体系中不可或缺的部分。因此，休闲体育属于经济发展与社会生产力不断提升的产物。从发达国家的现状来看，休闲体育成为产业的历史虽然较短，但其发展速度远远超过其他产业，在发达国家每年以 20% 的速度增长。休闲体育产业产生的经济价值已经创出了新高，甚至已经成为国家经济的支柱型产业。休闲体育产业的多元化发展，已经延伸到文化、教育、旅游以及数字经济等各个领域。所以，在休闲时代背景下，城市生产功能在不断转型，休闲体育产业在不断发展，在为城市休闲经济发展提供动力的同时，推动城市经济发展。休闲体育业作为与其他众多产业关联性很强的产业，具有极大的带动作用。高质量发展休闲体育产业，一方面能够推动区域旅游、交通运输、饮食服务、金融保险、公共文化体育设施建设高质量发展；另一方面可以充分利用休闲体育产业独特的内在优势，发展旅游产业、文化产业、冰雪产业等相关产业，以改善我国服务业在整个产业链中比重偏低的现状。截至目前，休闲体育经济的发展逐渐规模化，并与多个领域逐渐融合，最终有助于促进整个国家经济的高质量发展。

第八章　休闲体育的发展策略

第一节　加大宣传力度，树立科学休闲体育价值观

推动休闲体育发展意义重大，既有利于引导民众积极参与强身健体运动，也有助于进行精神文明建设。休闲体育的发展情况体现了一国生产力水平和社会文明状态。对于我国而言，推动休闲体育发展是转变国民生活观念的有效途径，也是提升国民生命质量的有力手段。除了报纸、网络和健康讲座以外，我国各级政府部门还可借助广告、电视等渠道宣传休闲体育，向民众宣传参与健身休闲体育活动的诸多好处，使人们树立正确的休闲体育价值观念，使其意识到参与休闲体育活动是有效摆脱工作高压和提高自身健康水平的最佳方式，从而积极投身到休闲体育当中。

第二节　加强休闲体育的理论研究

在全面建成小康社会的过程中，我国正在迈入休闲时代。目前，休闲已成为国民生活的关键词，对于休闲体育的需求也在与日俱增，因此休闲体育产业拥有十分广阔的市场前景。然而结合国内现有休闲体育相关的研究成果可知，相较于发达国家，国内学者与体育工作者的研究还缺乏足够的深度和广度，覆盖范围较小。同时，国内在休闲及休闲体育活动实践方面与发达国

家相比也存在较大差距。在我国加速推进城市化进程中，国民也对休闲体育和休闲娱乐活动的多样性与丰富性提出更高要求，因此发挥城市休闲体育理论的引导作用尤为必要。然而，国内关于城市休闲体育的研究时间相对较短，尚未形成较为丰富的理论研究成果，还需要国内学者和体育工作者进一步研究。所以，综合多方视角深入探讨我国休闲体育问题是当务之急。这一过程中虽然充满了机遇，但是也不乏各类挑战。教育主管部门可从高等院校入手，通过开设休闲体育教育专业课程的方式开展体育教学，构建实践与理论同步发展的格局，着手培育兼具理论储备与实践经验的休闲体育人才，从而满足人们在休闲方面日益增加的各项需求。

第三节 学校教育要树立全新的教育理念

在过去很长的时间里，国内学者对体育的相关问题缺乏清晰的认知，将体育的目标以及含义归纳为“增强体质”，这对于我国体育的发展形成了很大的制约。随着社会发展速度的加快，体育功能愈加丰富，体育属性日益多元，此前的定义已无法适用于当代发展，体育内涵也不同以往。同时，民众的生存观和健康观发生了重大转变，突破了固有的价值观和体育观。所以，校方要做革新体育教育教学理念的排头兵，始终秉承以人为本的发展理念，引导学生科学健身，既要使其树立正确的三观，也要推崇全新的教育观与发展观。学校与教师要让学生意识到，高尚的品德与健康的体魄一样重要，促使他们自主、自愿且积极地投入各项运动项目当中，充分发挥自身的运动潜力。高校需立足于学生发展开展休闲体育教育，在了解学生需求并掌握其个性特征的基础上引导教学，为学生营造轻松和谐的体育环境，让他们充分体会学习的乐趣并领悟休闲体育的本质。

第四节 加强产品开发和拓宽研究领域，满足不同人群的需求

在时代发展的过程中，人们的思想意识、人生观念存在不同程度的差异，每个人都有自己的爱好和习惯。当越来越多的人聚集在一起时，健身运动需求也会更加多元化。但是，基于社会大众的普遍需求，我们仍然重点开发操作性强、参与性强，甚至是融合民族特色的常规体育运动项目，让不同人群的身心在休闲体育运动中得到发展。现阶段，人们倾向于回归自然，所以，休闲体育要突出人文性，为社会大众提供回归自然的体育运动项目。这些丰富多彩的休闲体育项目能够为人们展示出运动美学的优美画卷，让人们利用业余时间去亲近大自然、进入休闲体育场地，在蓝天白云下的草地上进行高尔夫运动等。除此之外，现有的休闲体育服务几乎是针对健全人而开展的，并没有设置专门针对残障人士的休闲体育场地和设备。因此，有关部门应当高度重视此类特殊人士的休闲体育活动需求，使休闲体育运动项目的覆盖面进一步扩大，从而促进全民健身计划的有效贯彻与落实。这不仅有助于和谐社会的构建，也能为全面建成小康社会提供保障。

第五节 增加资金投入和加强场馆建设

民众通过参与休闲体育，有助于形成科学、健康和文明的生活方式，这是现代人缓解神经紧张、消除疲劳和放松身心的主要方式。此外，创建文明、健康的生活方式需要加强休闲体育宣传工作，通过网络、广播、电视、报纸等媒体渠道进行宣传，让民众能够全面了解并参与休闲体育运动，使健康第一的理念充分融入人们的工作和生活当中，最终全面提升国民的整体素质。必要的情况下可以采取“谁投资，谁受益”的策略，鼓励社会和企业加强在

休闲体育方面的投资力度，为休闲体育的发展提供资金上的保障。另外，在体育场地的应用过程中要注重功能的发挥，为社会大众提供以人为本、自然生态的体育运动项目，确保公共体育设施的健身功能得到充分发挥，从而为完善休闲体育服务体系奠定基础。同时，通过休闲体育项目的消费行为来增强休闲体育产品的营利性，从而构建休闲体育产业发展的新格局。

第六节　大力培养休闲体育指导员

目前，越来越多的社会大众选择通过健身娱乐的方式来改善身体健康情况，这是因为人们对生活有了更高层次的追求。在经济发展过程中，以在办公室久坐的“白领”为主的群体由于缺乏运动，普遍处于亚健康状态，患上了“文明病”。因此，他们更愿意将闲暇时间用于健身房或者运动场所，利用各类运动器材加强体育锻炼，促进自己的身心健康。目前，国内的健身场馆犹如雨后春笋般纷纷出现，健身教练的数量也在持续增加，然而休闲体育产业体系依然存在诸多不足，这将直接影响到公众参与休闲体育的积极性。基于此，我国各地高等院校在政府及有关部门的支持下，在教学课程中设立了休闲体育专业。该专业的设立具有明确的人才培养目的，即为社会输送更专业的休闲体育复合型人才。但是，休闲体育属于新兴专业，还存在很多不足，无论是课程设置、教学资源还是师资力量等都无法满足现实的需要。在这样的教育现状下，只有转变思想观念，不断创新教育思路，才能培养出复合型休闲体育人才。

目前我国休闲体育产业处于发展初期，高校休闲体育专业师资仍较匮乏。首先，高校教师队伍面临专业性不足的问题。据了解，当前担任休闲体育课程的教师基本来自其他体育专业，他们的休闲体育专业知识不够系统和全面。其次，高校培训教育不够系统。虽然很多休闲体育课程教师并不具备专业理论基础，但高校并未采取再教育培训措施，因而既无法提高教师的传授水平与课堂效果，也不能促使学生积极投入学习。最后，高校并未建立严格的考评机制。众所周知，休闲体育属于典型的综合性科目，所以增加教师的理论储备是扩大校方输出优秀人才规模的基本前提。但是，目前高校普遍缺乏适用、可行的考评机制，既无法切实提高教师的综合素质，也不能实时监管教师的授课质量，加上薪酬待遇和晋升机制尚不完善，导致教师人才引进工作收效甚微。

第七节　休闲体育的发展要更紧密结合全民健身

截至目前，我国的全民健身计划已经取得一定成效，形成了符合我国特殊发展需要和国民需求的全民健身体系。所以，在全力举办大型运动会和加强社区体育设施建设的同时，我国通过开放社会运动场馆和大力培育社会体育指导员的方式全面推行全民健身计划。此外，还借助媒体渠道为民众转播体育赛事，使民众加深对休闲体育的了解和认识。不过，要想打破人们的固有认知确实不易，这一点在难以接受新变化的地区和长期延续传统生活模式的乡村中均已得到证实。虽然短期内改变其固有生活方式存在较大难度，但还是要加强引导，使其能够逐步接受现代体育观念。

第八节　重视环境保护，提高环保意识

当人们参与户外休闲体育时，既能利用视觉欣赏自然风景，也能借助触觉、嗅觉感知山野秀丽，让身体在休闲体育中得到锻炼，让心情在挑战自然中得以放松。不过，任何户外休闲体育都存在破坏自然的潜在隐患。随着自然生态系统的日益恶化，任何破坏都有可能给自然带来难以估量的损失。目

前，引导人们科学参与户外休闲体育意义重大，不仅可以让他们亲身体验自然之美，深入了解环境问题引发的诸多灾难与潜在威胁，意识到保护生态环境的重要性，而且能够促使他们通过个人行动身体力行践行环保措施，并尽力规避户外休闲体育中对自然的负面影响。地球的健康关乎人类的生存，保护自然就是保护人类自己，所以，注重环保是每一个人与生俱来的责任。因此，人们参与户外休闲体育时必须重视并践行环保理念，通过个人行动保护自然。

第九章　城市休闲体育户外活动空间的营造

第一节　社会背景

在中国城市化进程不断加速的过程中，国内城市居住人口的社区化程度也在不断加深，越来越多的社区居民开始参与到户外休闲体育活动中。通过大范围的实践和考察，越来越多的人认识到要发展休闲体育活动，休闲体育空间在此过程中具有不可替代的作用。所以，在规划居住区之时，建筑师与规划师不仅需要考虑住宅用地、绿化用地等区域，也要为居民们预留出用于休闲体育活动的空间，可见休闲体育活动已融入现代人的生活，其地位也越发突出。

第二节　不同年龄人群休闲体育户外活动空间特征

人的年龄、职业、教育程度等均有可能影响其参与休闲体育活动的情况，在研究和分析中发现，个体年龄层次不同，其参与的户外休闲体育活动类别必然存在明显的差别。立足于此，为了印证户外休闲体育空间建设工作的合理性，本书将根据中国人的年龄特征从五个不同的阶段对休闲体育活动的基础人群进行分析，从而解析每一个年龄阶段人群在休闲体育户外活动空间展示出的特征。

一、儿童期（0 ~ 6 岁）的休闲体育户外活动空间特征

儿童心理学家强调，儿童自身的认知能力较为有限，多数儿童需要通过游戏来实现认知并获取知识，甚至可以认为在儿童休闲体育活动中，游戏占据着最主要的地位。儿童可以通过熟悉游戏环境来获得其需要的知识和技能，使自身的活动能力得到提升。

儿童的独立性普遍较低，需要父母的陪伴方能完成一些难度较高的动作和任务，所以多数游戏举行的场所集中于游乐场、公园、小区等，此类地区的日照条件通常较好且相对安全。儿童年龄段不同，适合其的游戏形式及内容也存在差异。对于 0 ~ 3 岁的儿童来说，他们完成游戏的方式一般是模仿，可以通过模仿成年人的动作来完成身体活动，也可以在父母的引导下完成一些较为简单的个体游戏。进入 4 ~ 6 岁后，儿童具有了更强的活动能力，一般需要借助一些道具或在特定场景中再现其观察到的成人关系。在此阶段，这些儿童可以尝试参与一些团体游戏，其自我中心感普遍较强，对周围环境的关注度较低。对于该时期的儿童而言，游戏场所的安全性要求更高，需要进行谨慎设计。针对这一年龄阶段，监护者为其选择的游戏内容应该更加倾向于儿童的身心发展特征，要注重儿童性别特征的发展，性别差异也会影响这一阶段儿童在游戏中的行为，所以，需要更加注意游戏场地的选择、游戏设施的配置等。

二、少年期（7 ~ 18 岁）的休闲体育户外活动空间特征

正如著名的儿童心理学家皮亚杰所说，青春期是各项行为表现的具体阶段。在进入此成长阶段之后，青少年通常能够正确解释其观察到的自然现象并且能够立足于不同层面进行准确判断，其同样能够立足于他人视角来思考。青少年在此阶段已经融入正常社会生活并认识到了自己所处环境的生存规律，对于社会环境的适应程度明显提升。

进入小学后，学生参与休闲体育活动的主要项目依然是游戏。但与童年相比，其参与的游戏强度越来越大，活动的范围越来越广。除在家附近的露天场所活动外，他们还经常在离家很远的住宅公园和游乐场进行游戏。

对于此时期的学生来说，应当注重自身的全面发展，提升自身的独立生活及逻辑思维能力，其对于休闲体育活动的需求变得更有目的性，目标也更加清晰。青春期的休闲体育活动时间不同于上班族，学生的休闲体育运动时间主要集中在课余和放假时间，在这些时间节点上参与休闲体育活动，也能够体现出少年期学生休闲体育运动的特征。

三、青年期（19 ~ 28 岁）的休闲体育户外活动空间特征

步入青年期后，个体的精力和体力都达到了巅峰，运动能力和智力发展都处于持续上升阶段。不仅如此，青年自身的心理也更加成熟，初步形成了自己的世界观，他们的生活节奏趋稳，一般会保持稳定而频繁的社交和沟通。年轻人之所以热衷于参与休闲体育活动，主要在于完成自我实现，从而达成娱乐和放松的目的，而且在参与休闲体育活动的过程中，年轻人能够接触到一种全新的、自身接受程度较高的社交模式。

实际上，在这一年龄段的年轻人也有很多不确定性，因为在这一时期，参与者并不会选择固定的某种或某几种休闲体育活动形式，他们可以选择多种多样的活动模式，如滑冰、慢跑、旅游、探险等。这一年龄阶段的参与者一般能够做到财务自由或者经济独立，基于财务上的独立性，他们能够对某些消费型休闲体育活动进行持续的投资。年轻人的休闲体育活动通常是全面的、随机的。通常情况下，处于青年期这一阶段的参与者对休闲体育的时间安排比较倾向于节假日，除节假日外，他们也可以在下班或放学后参加休闲体育活动，可选择的活动类别和场地也较为丰富，如健身广场、体育馆等。

四、成年期（29 ~ 60 岁）的休闲体育户外活动空间特征

成年期是人生中尤为重要的时期，在这一时期成年人肩负重任，他不仅面对工作上的压力，还要处理来自家庭的压力。在这样的双重压力下，成年人的身心负荷非常重，需要休闲体育来缓解长期疲劳。

人生每一个阶段都有需要履行的社会责任，而每一个年龄阶段需要履行的责任也是有所差别的。成年人结婚生子后，其子女刚刚进入童年期，在中国传统家庭思想的影响下，成年人大多会在这一阶段把生活和工作的重心转向子女，例如，多数父母会在下班后带领孩子游戏或运动，以此保障子女的身心健康发展。为了照顾孩子的需要，多数父母会把休闲场地选在距离居所非常近的区域，而且时间大多是下班之后或节假日。通过这种时间安排能够看出，成年人虽然能够为儿童安排较为充足的休闲体育活动时间，但是属于自己的活动时间少之又少。

此后，他们的孩子逐渐长大，有了自己的生活，或者已经成家立业，成年人生活的重心又重新回到了自己身上。但是他们在此阶段大多担负着沉重的家庭压力，这一阶段对于成年人来说，应该是人生中身心压力最大的一个时期，因为家庭事务多，同时工作压力不断加重，甚至有一些身体健康情况较差的成年人，会出现疾病缠身的情况，以至于中年阶段就出现身体机能下降的问题。在业余时间，他们多数会选择参加健身活动，如一起散步、打球或参与团体舞蹈等各种娱乐活动。他们的活动时间主要集中在度假地点及开放地区，如住宅区附近的公园。无论是从客观还是从主观角度进行分析，我们都能从多个方面看出社会对成人休闲体育的重视程度远远不够。

针对这一年龄阶段，显而易见的问题是休闲场地的缺乏，可以选择的活动也比较单一，这些因素都会阻碍成年人参与休闲体育活动。

五、老年期（60 岁以上）的休闲体育户外活动空间特征

老年人年龄标准在中国为男性 60 岁以上，女性 55 岁以上，此年龄段公民符合退休年龄标准，这使他们有足够的时间享受生活。这一阶段人们的文化程度、职业岗位不同，所以在选择休闲体育方式与形式上也有明显的差异性。很多老年人为了健康长寿，每天早上都要锻炼。他们通常会选择太极拳、慢跑等运动，此类运动在老年人群体中比较受欢迎，而且多数老年人会选择与自己志趣相投的其他老年人共同运动。与青年人以及成年人相比，老年人从事的休闲体育运动具有更强的差异性，其模式及地点相对固定，甚至运动伙伴也十分固定。在这一阶段，老年人的视觉和听觉能力通常会发生不同程度的退化，有一部分老年人会出现行动缓慢、反应不灵活等现象，所以，为老年人选择休闲体育场馆时要注意更多事项，如选址应安全、方便、无障碍，照明适宜，同时应为老年群体配置休息座椅和面积较广的绿化带。

第三节　城市休闲体育户外活动空间的基本要素

实际上，上一节五个时期在划分上并不具有绝对性，这五个时期体现出的休闲体育户外活动特征也并不绝对，可以说它们仅具有代表性和普遍性。从上述分析能够看出，休闲体育户外活动空间在城市中应符合以下要求。

一、舒适性

人在从事休闲体育运动时一定要保障周边环境的舒适度，选择空气清新、环境安静、绿化程度较高的运动场所，使运动者能够欣赏到缤纷鲜艳的色彩。不仅如此，运动者所处的空间环境应当与水体接近，周边街景应优美干净，亦可选择在历史文化古迹周围，为运动者营造适合行走的空间和条件，并安装一定数量的游乐设施。

杨·盖尔则表示，户外活动主要有必要、自发及社会活动三种形式。如果户外的空间质量较差，那么人类会进行的必要活动将只有上学、上班等。自发活动的产生也有严苛的条件标准，而社会活动的发生以上述两种活动作为条件，一般需要他人的参与才能达成。休闲体育是社会活动的重要构成部分，其组成要素包括自发活动和必要活动。所以，要想提升城市体育休闲户外空间的质量，舒适性及可行性是基本要求。城市居民的生活质量因为各类活动的多样性而得以提升，这也会源源不断地为城市带来新的生机和活力。

二、安全性

在城市环境中，很少有人停留在交通拥挤的主干道上。在居民区的马路上，会有很多人散步聊天，儿童们也会在马路上玩耍，因为这里一般没有车辆通行，为人们营造了一个安全的步行环境。加之，儿童具有“自我中心”的特点，所以，儿童活动区域的安全性是非常关键的。老年人的视功能、听功能、反应灵敏度随年龄增长而退化[①]，基于这样的身体发展特征，更应当着重提高老年人休闲体育空间的安全性，特别是要增加住宅区域内的各类防盗设施，尤其是在居民较多的居住区。这部分区域的人流量较大，如果居民体验不到安全感，那么即使小区有公共开放空间，也不会主动选择外出并进行休闲体育活动，而这些为居民开辟的场地就会因为没有活动而成为“负空间”，或者成为杂物堆积的地方，失去了休闲体育活动的功能。最终，这些区域会变成消极空间，以至于不能为休闲体育活动提供基本的便利条件。

三、社会性

休闲体育空间具有较为明显的社会性特征，其户外空间具有很强的开放性，而设立休闲体育空间的最终目的就是为社会大众提供健身和娱乐的场所，

① 刘春来．营造城市体育休闲户外活动空间的基本要求：以分析各年龄阶段人群体育休闲户外活动空间特征为基础[J].哈尔滨体育学院学报，2006（6）：45-47.

让社会大众能够在休闲体育空间得到身心双重发展。政府也应加大投入和政策倾斜，使人们拥有更大的休闲体育活动空间。政府应认识到此类场所的非营利性，通过提供更丰富的公共服务提升居民素质，为城市发展注入生机和活力，使人们能够在更加舒适的工作和生活环境中生存。如果休闲体育场所具有营利性，居民要想参加休闲体育就需要支付一定的费用，久而久之，居民们将不再愿意前往此空间消费，其社会性和宣传性特征就会因此丧失。所以，在管理休闲体育空间的过程中，应当注重管理过程的开放性，对城市居民加以正向引导，使其能够更加积极和主动地参与休闲体育活动，增强休闲体育的普及性，同时要重视强化休闲体育活动的社会性。

四、便利性

在选择休闲体育活动之时，人们通常会考虑活动项目是否具有便利性，甚至有部分参与者将便利性作为是否参与休闲体育活动的重要指标。从美国城市规划师的研究能够看出，居民非常注重城市广场的利用价值，这是生活区域内必须配套的城市建设项目，但只有居住地址离广场不超过 3 分钟路程的人才会经常使用城市广场。由此可见，体育馆或城市休闲广场等虽然能够为休闲体育活动提供空间，但其使用频率相对较低，反而是居民社区的户外休闲体育活动空间的利用率更高。城市体育场馆或休闲广场的规模一般较大，活动类型多样，但是其距离居民住宅区域一般较远，利用率普遍较低。建立休闲体育活动区并为居民提供方便，增强其与人们日常生活的联系是必须考虑的重要因素。

第四节　城市休闲体育户外活动空间营造途径

一、建立城市休闲体育户外活动生态圈示范基地

随着全民健身运动的兴起，民众对体育消费的需求不断增长，体育服务综合体成为提供优质体育产品和服务的重要运营商。

（一）建立城市休闲体育户外活动生态圈示范基地内在机理

建立城市休闲体育户外活动生态圈示范基地是城市居民应对“城市病”的本能需求，迎合了当下城市以优化物质文明和精神文明为核心的居民生活价值诉求，顺应了加快生态文明城市建设，更好地服务国家碳达峰、碳中和战略全局，实现城市绿色低碳发展的大势。生态文明与城市休闲体育发展是一个互动的过程，生态文明是城市休闲体育蓬勃开展的外在推力，休闲体育是生态文明建设的践行手段。①

城市休闲体育户外活动生态圈示范基地主要强调生态圈内各部分之间所存在的各类要素流动与交换。城市休闲体育户外活动生态圈示范基地中的各组成部分并不是简单的组合，且若各组成部分处于孤立状态也难以发挥出城市休闲体育户外活动生态圈示范基地的全部效能。在此过程中，城市休闲体育户外活动生态圈示范基地建立与生态环境、社会资源、科学技术、公共服务四个方面的运行交互机制（见图 9-1）。

---

① 麦少颜 . 生态文明主题下运动休闲产业发展之路 [J]. 广州体育学院学报，2020，40（4）：51-53.

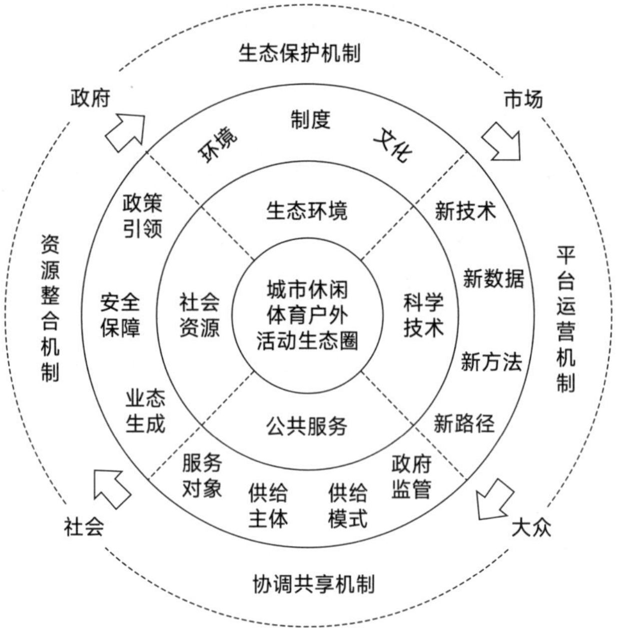

图 9-1 建立城市休闲体育户外活动生态圈示范基地内在机理

1. 生态保护机制是建立城市休闲体育户外活动生态圈示范基地的前提条件

建立城市休闲体育户外活动生态圈示范基地是基于我国步入绿色低碳新发展阶段的要求而提出的新策略和新目标。具体而言，生态保护机制是建立城市休闲体育户外活动生态圈示范基地的前提条件。建立城市休闲体育户外活动生态圈示范基地的最终目标，是实现区域经济绿色低碳发展，为城市休闲体育户外活动生态圈示范基地的建立构建良好的生态氛围。

首先，城市休闲体育户外活动生态圈示范基地是扩大内需、深化供给侧结构性改革的重要载体。城市休闲体育户外活动生态圈示范基地已成为休闲体育与相关产业相互交融的“连接器”。随着健康中国和体育强国战略的深入实施，城市休闲体育户外活动生态圈示范基地也迎来了新的机遇和挑战。建立城市休闲体育户外活动生态圈示范基地，形成与生态环境、生态旅游、生态文化、生态休闲消费相结合的城市休闲体育户外活动生态圈示范基地新模式，生态环境促进了相关要素的集聚、交叉、融合和共生，具有良性发展和整体演进的生态优势，是城市休闲体育户外活动生态圈示范基地发展的高级化和新趋势，为促进区域生态经济高质量发展提供动力。

其次，制度是建立城市休闲体育户外活动生态圈示范基地的重要保障。制度被认为是建立城市休闲体育户外活动生态圈示范基地需要遵守的系列准则，也是包含社会责任以及碳减排等行为的重要宏观环境。因此，基于制度理论和嵌入理论，从政府机构、外部市场和中间组织角度建立城市休闲体育户外活动生态圈示范基地，构建起一个较为全面的制度模型，完善以造福人民为导向的高质量发展制度体系，不仅深化了制度保障城市休闲体育户外活动生态圈示范基地建立的有效性，也更加凸显了建立城市休闲体育户外活动生态圈示范基地制度多主体参与的特征。

最后，在建立城市休闲体育户外活动生态圈示范基地过程中，文化并非简单的集聚和对生态圈示范基地公共资源的共享，而是相互融合、相互依存、协同发展的文化丰富了城市休闲体育户外活动生态圈示范基地的产品供给，城市休闲体育户外活动生态圈示范基地增强了对文化的宣传、保护、开发和利用，城市休闲体育户外活动生态圈示范基地具有极强共生性和外溢性，在城市休闲体育户外活动生态圈示范基地建设中，文化与其他相关行业相互融合、相互促进和相互成就，为建立城市休闲体育户外活动生态圈示范基地提供了丰富的文化内涵。因此，城市休闲体育户外活动生态圈示范基地是由不同层次、不同功能的相关要素组成的整体，这些要素相互依存、相容共生，少了任何一种要素都不利于示范基地的整体发展。

2. 资源整合机制是保障城市休闲体育户外活动生态圈示范基地提质增效的有效途径

资源整合机制是保障城市休闲体育户外活动生态圈示范基地建立的桥梁和纽带。资源整合机制与城市休闲体育户外活动生态圈示范基地的建立是一个互动的过程，资源整合机制是实现城市休闲体育户外活动生态圈示范基地建立的有效途径。资源整合优化配置有时比资源禀赋本身更加重要。

首先，资源的充分整合应通过城市休闲体育户外活动生态圈示范基地在跨区域、跨行业等多业态整合各类资源要素的基础上，利用资源整合机制，通过政府政策的引领，实现跨区域城市休闲体育户外活动生态圈示范基地资源整合的优化，使城市休闲体育户外活动生态圈示范基地资源更为多样。①

其次，以安全保障资源为牵引、以城市休闲体育户外活动生态圈示范基地建立为目标，创新休闲文化资源赋能、带动休闲体育资源嵌入城市休闲体育户外活动生态圈示范基地，打造具有国际水平和影响力的休闲体育户外活动生态圈综合体。

最后，在城市休闲体育户外活动生态圈示范基地资源进行配置和有机融合的前提下，实现康养、科研、教育资源整合并发挥其最大的社会、经济和生态价值，提升城市休闲体育户外活动生态圈示范基地业态生成驱动循环效应。

3. 协调共享机制是建立城市休闲体育户外活动生态圈示范基地的关键

城市休闲体育户外活动生态圈示范基地是资源融合、产品融合、产业融合、市场融合、要素融合和文旅与科技融合的产物。针对当前城市休闲体育户外活动生态圈示范基地建设中存在的基本原则要素缺乏、动力不足以及隐私安全难以保障等问题，建立城市休闲体育户外活动生态圈示范基地协调共享机制，是提升城市休闲体育户外活动生态圈示范基地质量和服务水平的关键。

首先，根据城市休闲体育户外活动生态圈示范基地服务对象的不同要求，从满足市民的城市休闲体育户外活动需要入手，从群众身边着眼，以人民满意度为评价标准，针对人民群众的急难愁盼问题，补短板、强弱项、固底板、

① 文秀丽，何元春．创新拓展区体育旅游生态圈建设的内在机理、问题论域及应然举措 [J]. 北京体育大学学报，2022，45（11）：138-147.

扬优势，不断增强城市休闲体育户外活动供给的均衡性和可及性，破解群众“休闲体育户外活动去哪儿”难题，满足人民日益增长的美好生活需要。

其次，城市休闲体育户外活动生态圈示范基地以休闲体育活动为重要元素，与自然生态融为一体，是具备改善生态、美化环境、体育健身、运动休闲、娱乐休憩、防灾避险等多种功能的绿色低碳休闲体育公共空间的有机组成部分。①城市休闲体育户外活动生态圈示范基地供给主体应当涵盖政府在绿色购买休闲体育公共服务产品方面的参与。政府应通过政策引导，鼓励企业和社会资本参与到城市休闲体育户外活动生态圈的建设中，共同打造示范基地。具体来说，政府需要出台相关政策，以促进和规范休闲体育公共服务产品的供给，同时吸引企业和社会资本的投入，形成多方参与、合作共赢的局面。通过这样的合作模式，可以有效地推动城市休闲体育户外活动的健康发展，满足公众对高质量休闲体育服务的需求，促进城市休闲体育户外活动生态圈示范基地数字化设施建设及服务质量提升，扩大休闲体育消费，推动户外运动产业高质量发展，更好满足人民群众日益增长的休闲体育户外活动需求。

再次，城市休闲体育户外活动生态圈示范基地是以自然环境为载体，城市休闲体育活动以竞技、健身、休闲等为主要形式，是更高水平的全民健身公共服务体系的重要组成部分。城市休闲体育户外活动生态圈示范基地供给模式应加强运动场地设施建设，丰富休闲体育消费空间；加大城市休闲体育户外活动生态圈示范基地产品供给力度，满足休闲体育消费需求；坚持生态保护优先、合理利用自然资源，推动休闲体育运动项目合理布局，提升城市休闲体育户外活动生态圈示范基地供给质量。

最后，建立城市休闲体育户外活动生态圈示范基地具有发展户外休闲体

① 蒋依依，高洁，郭佳明，等．国际体育休闲类公园研究：进展与展望 [J]. 旅游导刊，2023，7（4）：96–119.

育产业、拉动区域内需、促进就业、扩大休闲体育消费的积极作用。政策监管是实现城市休闲体育户外活动生态圈示范基地的有力保障。因此，各级政府严格落实国家发展改革委等部门印发的《促进户外运动设施建设与服务提升行动方案（2023—2025年）》中所提出的“严格落实户外运动服务及设施建设管理规范，加大对户外运动设施的监督管理力度，确保不发生各类安全生产事故”的要求。创新城市休闲体育户外活动生态圈示范基地政府监管机制，从政府监管的法律法规、监管机构和职能、监管原则等方面，形成一个健全的政府监管机制，能够确保公平、透明、高效的政府监管，推动建立城市休闲体育户外活动生态圈示范基地高质量发展的新格局，以发挥政府监管在城市休闲体育户外活动生态圈示范基地协调共享机制中的关键保障作用，真正实现政府监管对城市休闲体育户外活动生态圈示范基地建设的带动作用。

4. 平台运营机制为建立城市休闲体育户外活动生态圈示范基地提供了新动能

在新一轮技术革命与休闲体育产业变革趋势的影响下，数字经济驱动城市休闲体育户外活动生态圈示范基地建设的功能与价值不断被放大。

首先，新技术为建立城市休闲体育户外活动生态圈示范基地带来新突破。新技术能够储存并计算海量数据，为建立城市休闲体育户外活动生态圈示范基地所需的要素、技术、服务等跨时空互联互通和精准匹配提供了技术支持。运用互联网、物联网、移动互联网、区块链和元宇宙等新技术，可以实现城市休闲体育户外活动生态圈示范基地建设的资源组合与配置效率提升、要素结构升级、产品与服务不断创新。新业态培育为城市休闲体育户外活动生态圈示范基地建设提供了重要保障，新技术是实现城市休闲体育户外活动生态圈示范基地高质量发展的必由之路。

其次，新数据是一种在新的应用、新的场景下产生的与以往数据结构不同的新数据类型。新数据在城市休闲体育户外活动生态圈示范基地建设中的应用，能够有效提升城市休闲体育户外活动生态圈示范基地公共服务与行业管理水平，进一步创新城市休闲体育户外活动生态圈示范基地服务与管理模式，让城市休闲体育户外活动生态圈示范基地智能化管理成为常态。

再次，新方法是指在解决问题时采用新的方法或工具，从而提高效率和质量。随着新时代新征程我国数字科技的不断发展，人们的生活质量和水平也在不断地变化和升级。在这个数字经济快速发展的时代，我们需要不断地寻找新方法来适应和应对这些变化。新方法在城市休闲体育户外活动生态圈示范基地建设中的应用，极大地丰富了城市休闲体育户外活动生态圈示范基地新业态，促进城市休闲体育户外活动生态圈示范基地消费焕发新活力。打造城市休闲体育户外活动生态圈示范基地管理新平台，提升城市休闲体育户外活动生态圈示范基地管理水平，增强城市休闲体育户外活动生态圈示范基地的吸引力和互动性。

最后，新路径是培育城市休闲体育户外活动生态圈示范基地建设的重要抓手。加快城市休闲体育户外活动生态圈示范基地数字化转型，搭建城市休闲体育户外活动生态圈示范基地数字新基建平台，提升城市休闲体育户外活动生态圈示范基地数字化媒体传播渗透力，多措并举释放活力，引领城市休闲体育户外活动生态圈示范基地建设的高质量发展。

（二）城市休闲体育户外活动生态圈示范基地建立

随着城市社会经济的高质量发展，城市休闲体育产业呈现出了多元化、发散化态势，休闲体育产业与其他产业的深度融合发展成为城市休闲体育高质量发展的一条必由之路①。近年来，城市体育公园、体育服务综合体及智慧体育场馆的建设为全面促进休闲体育消费带来新动力。特别是 2019 年国务院

① 刘全，张勇，王志学．现代休闲体育的特质、发展态势及策略研究 [J]. 北京体育大学学报，2017，40（11）：22-27.

办公厅印发的《关于促进全民健身和体育消费推动体育产业高质量发展的意见》(以下简称《意见》)中提出“推动形成一批运转良好、带动能力强的国家体育产业示范基地、示范单位和示范项目”。因此，国家加大对城市休闲体育户外活动生态圈示范基地的政策扶持力度。相关机构先后出台一系列政策，如国家发展改革委等部门印发《促进户外运动设施建设与服务提升行动方案(2023—2025年)》，明确从推动户外运动产业绿色发展、加强户外运动场地设施建设、提升户外运动服务供给质量、促进户外运动产业创新发展四个维度，为城市休闲体育户外活动生态圈示范基地建设提供了重要制度支撑。因此，按照《意见》相关要求，结合各地城市休闲体育的发展实际，依据城市区域休闲体育发展的资源和环境优势，建立城市休闲体育户外活动生态圈示范基地对促进城市休闲体育的高质量发展具有重要的引领作用。

1. 体育赛事与民俗旅游融合模式

体育赛事与民俗旅游融合不仅可以满足人们对休闲体育户外活动的需求，也能够推动民俗体育旅游消费升级，进一步促进城市休闲体育户外活动生态圈示范基地建设的高质量发展，为民俗体育旅游业带来新的商机和发展空间。以体育赛事为引领，以民俗旅游产品为主，以娱乐消遣性体育赛事与民俗旅游融合为辅，依托城市休闲体育户外活动生态圈示范基地得天独厚的环境优势，将体育赛事与民俗旅游深度融合发展，全力打造城市休闲体育户外活动生态圈示范基地的特色休闲体育文化与民俗旅游融合体验地。①

2. 水资源文化与休闲体育融合模式

水资源文化不仅是提升人类健康的重要物质资源，也是一种具有自然属性和文化属性的休闲体育资源。现代城市休闲体育户外活动生态圈示范基地

① 邱建国，徐瑶，任保国，等.《国民旅游休闲纲要》实施目标下我国健身体育旅游公共服务体系的构建[J].北京体育大学学报，2015，38(11)：36-42.

的建立过程具有鲜明的水资源文化与休闲体育融合特征。其中，水资源文化中的休闲体育属性在我国休闲体育产业的发展中具有重要的地位和开发价值。水资源文化是我国现代文化公共服务体系构建中的一个全新概念，由此可见，水资源文化与休闲体育的融合在现代休闲体育产业中将得到充分的显现和发展。特别是在互联网、电视、广播、报纸等现代化大众传播手段快速发展的新时代，水资源文化与休闲体育融合创新产品的传播速度加快，范围更广，融合的科技手段更加高级和先进，挖掘的深度和广度反映在休闲体育产业的多个层面。比如龙舟竞赛、划船、滑水冲浪等水上竞技活动已成为世界体育运动项目，为休闲体育产业的可持续发展提供了重要的物质载体。山东日照努力打造“中国水上运动之都”城市品牌，以“水运效应”为契机，整合休闲体育、休闲文化、旅游产业资源，进行联合开发，这是促进区域经济发展的重大举措。

3. 冰雪生态旅游与休闲体育融合模式

冰雪生态旅游是以绿色低碳冰雪旅游资源为吸引物，体验生态冰雪文化内涵的一切冰雪旅游活动形式的总称，是一项极具参与性、体验性和刺激性的冰雪旅游产品。[①]《意见》明确提出，继续实施“南展西扩东进”战略，打造以京津冀为核心，以北方为重点、南方为协同的冰雪运动发展布局。完善冰雪场地设施及配套系统，丰富山地运动、康养度假、休闲娱乐等功能，在河北崇礼、吉林长白山、黑龙江亚布力、新疆阿勒泰等地打造冰雪运动高地。围绕季节性消费需求，建设可移动式冰场等户外临时性冰雪运动设施。

城市休闲体育户外活动生态圈示范基地作为一项横跨生产、服务与消费，兼具公益性与商业性的新型休闲体育产业创新模式，是促进区域绿色低碳经济发展的重要路径。我国北方各地冰雪生态旅游资源十分丰富，特别是在北

① 张丽梅. 旅游文化产业视域下冰雪旅游与文化融合研究 [J]. 学术交流，2013（10）：106-109.

京和张家口赛区成功举办冬奥会，给我国北方冰雪旅游核心区的延庆、张家口的冰雪生态旅游与休闲体育融合提供了更广阔的空间。延庆、张家口以滑雪、滑冰为代表，依托冰雪生态旅游资源的独特优势，开展以冬泳挑战赛、滑雪与冰上趣味运动会和冰雪定向等为主的多功能冰雪生态旅游产品，打造丰富多彩的城市休闲体育户外活动生态圈示范基地冰雪生态旅游产品体系。① 如吉林省“长白天下雪”世界级冰雪品牌集客、“3+X”世界级冰雪旅游产品矩阵集萃、“四轮驱动”世界级冰雪全产业集聚、“全球创新”世界级冰雪企业家集成、“新质冰雪”世界级冰雪全要素集中五大模式，是开展冰雪生态旅游与休闲体育融合的最佳模式。再如新疆阿勒泰地处世界滑雪黄金纬度带的阿尔泰山南麓，冰雪资源富庶、雪量大，山区平均积雪厚度超过 2 米，不仅具有明显的生态冰雪旅游资源，还具有丰富独特的民俗休闲体育文化特色。将生态冰雪旅游资源与当地民俗休闲体育融合，形成独具特色的生态冰雪旅游与民俗休闲体育融合产品，赋能效果更加明显，带动作用更加强劲，为城市休闲体育户外活动生态圈示范基地建立提供了重要载体。

二、从文化、个人、社会三个层面营造城市休闲体育户外活动空间

营造城市休闲体育户外活动空间是指实现一个舒适宜人的城市休闲体育户外活动环境，为市民提供休闲体育活动的场所。从体育学、社会学和人类学的观点来看，城市休闲体育户外活动空间营造涉及文化、个人、社会三个层面，即 CPS 模型，其中 C 代表休闲体育文化（Culture），P 代表个人（Person），S 代表社会（Society）（见图 9-2）。

① 吴玲敏 . 生态体育旅游理论与实践 [M]. 北京：光明日报出版社，2016.

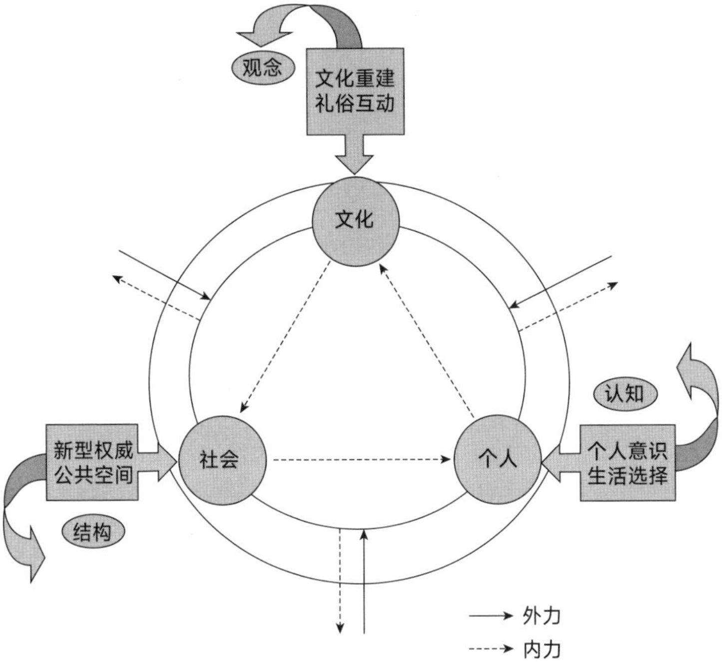

图 9-2　城市休闲体育户外活动空间的 CPS 模型

由图 9-2 可知，城市休闲体育户外活动空间营造是一个复杂的建设工程，休闲体育文化观念影响社会结构，个体行动则受社会结构的形塑。反过来，处于行动中的个体是参与重塑城市休闲体育户外活动空间的主体，个人是联系社会与休闲体育文化的中介。在正常情况下，以休闲体育文化、个人、社会为三个支撑点的 CPS 模型具有一定的伸缩性和相对稳定性，传统的观念与意识以及稳固的社会结构维持了城市休闲体育户外活动空间发展的良好秩序。然而，一旦原有模型被打破，社会秩序将难以维系。由此可见，三者的构成元素与相互关系的转化贯穿于城市休闲体育户外活动空间的变迁与重建过程的始终。那么该如何营造城市休闲体育户外活动空间呢？

一是加强对城市休闲体育户外活动空间文化的认知，提升城市休闲体育户外活动空间文化素质。通过电视、互联网、报刊等渠道，加大城市休闲体育户外活动空间文化的宣传力度，增强城市休闲体育户外活动空间的社区居民对休闲体育文化活动知识的了解和掌握，提高城市休闲体育户外活动空间的社区居民参与休闲体育文化活动的认知水平，拓展城市休闲体育户外活动空间的休闲体育文化的多元功能，打造城市休闲体育户外活动空间休闲体育文化消费新场景，提升城市休闲体育户外活动空间公共服务效能。

二是提升个体参与城市休闲体育户外活动空间营造的积极性。城市休闲体育户外活动空间作为自然、生态、休闲、体育、旅游高度融合的游憩空间，是更好地开展休闲体育户外活动的重要平台，是提升现代体育城市形象的重要窗口。因此，城市休闲体育户外活动空间作为美好生活的重要体现，新时代新征程人民群众对城市休闲体育户外活动空间提出更高要求。但从个人需求来看，城市休闲体育户外活动空间需要激发个人活力，挖掘个体潜力，增强自身“造血”能力，不断提升城市休闲体育户外活动空间建设的积极性和主动性，尤其是充分发挥好体育明星、运动达人在户外运动宣传中的作用，提高城市社区居民对科学安全参与休闲体育户外运动的知晓率、参与率。

三是调动社会组织参与城市休闲体育户外活动空间建设的积极性。城市休闲体育户外活动空间提供休闲体育文化类、休闲体育运动类、休闲体育科普类等服务，积极鼓励各类社会团体参与，注重引进优质休闲体育企业、休闲体育行业协会、休闲体育社会组织等多元主体参与城市休闲体育户外活动空间共建，政府、市场与社会组织的充分整合是促进城市休闲体育户外活动空间建设高质量发展提质增效的关键步骤。积极发动社会各方力量参与到城市休闲体育户外活动空间建设之中，打造城市休闲体育户外活动空间绿地共享文化 IP，打造城市休闲体育户外活动空间综合体，形成城市休闲体育户外活动空间，助力全民健身与全民健康深度融合高质量发展。①

① 单凤霞．生态文明视域下我国城市休闲体育发展研究 [D]. 上海：上海体育学院，2019.

三、构建城市休闲体育户外活动公共服务供给体系

城市休闲体育户外活动公共服务供给体系是指城市休闲体育户外活动公共服务供给的主体、设施、服务方式和制度的有机整体。应对城市休闲体育户外活动高质量发展的新形势，构建城市休闲体育户外活动公共服务供给体系已成为我国城市体育行政体制改革的一项重要工作。本书在科学把握城市休闲体育户外活动公共服务供给体系内涵的基础上，综合相关研究以及国内外城市休闲体育户外活动公共服务供给体系的理论与实践，从城市休闲体育户外活动公共服务供给对象、供给主体、供给的内容、供给模式等方面提出了城市休闲体育户外活动公共服务供给体系构建的框架（见图 9-3）。

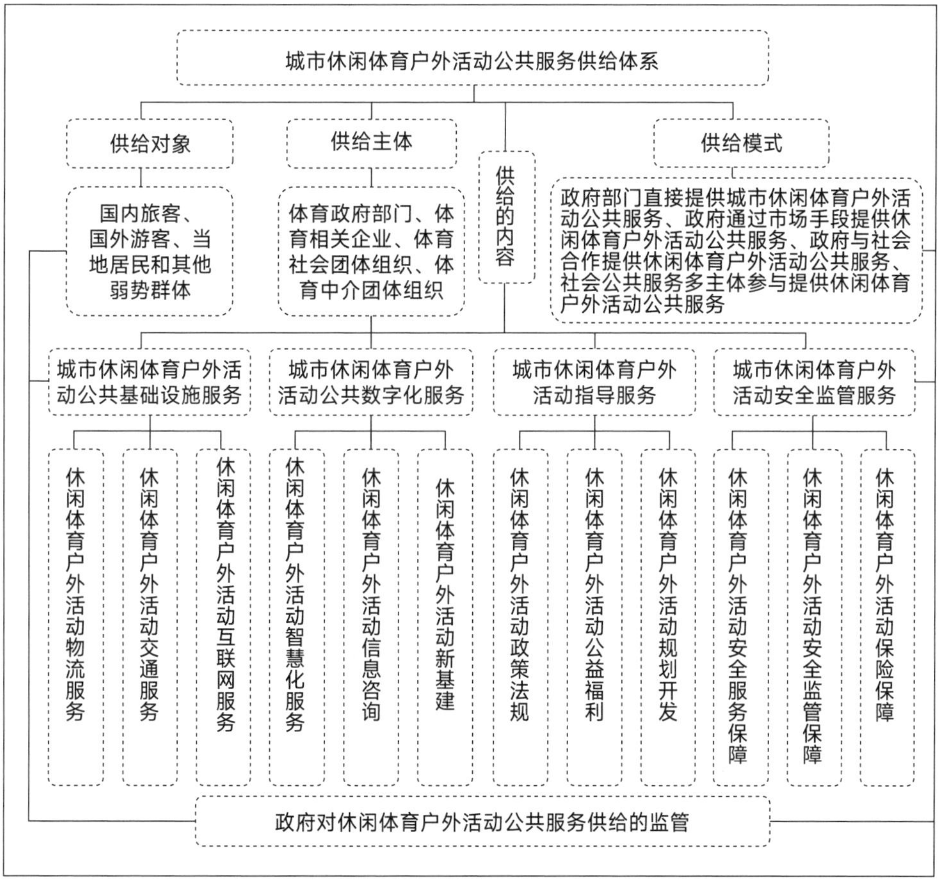

图 9-3　城市休闲体育户外活动公共服务供给体系基本框架

休闲体育业作为城市社会经济系统的重要一环，汇聚了人口要素、资本要素以及各类创新要素，是承载多样化资源配置和信息交换的重要领地，具有响应绿色低碳发展的优势和使命。城市休闲体育户外活动公共服务供给体系是中国城市体育产业公共服务治理创新重要发展趋势及方向，也是社会治理智能化关注的热点，更是打造城市社区共建共治共享服务治理格局的重要内容及方式。从城市休闲体育户外活动公共服务供给对象来看，主要包括国内旅客、国外游客、当地居民和其他弱势群体。国外游客是从一个国家或地区到另一个国家或地区进行旅行的人。国内旅客是指我国境内离开常驻地前往另一个地区进行观光游览、休闲度假、探亲访友、就医疗养、购物娱乐、学习交流、会议培训或开展经济、文化、体育、宗教等活动的人。当地居民是指在当地出生，在当地有关部门入户口并且长期居住在当地的人。弱势群体包括儿童、老年人、残疾人、精神病患者、失业者、贫困者等在劳动关系中处于弱势地位的人。[①] 当前城市休闲体育户外活动公共服务供给仍存在力度偏小的问题，究其原因主要有两个方面：①社区民众对城市休闲体育户外活动公共服务供给了解程度不够，使用数字化、智慧化、智能化服务素养和意识不强，尤其是老年群体和弱势群体对数字化、智慧化、智能化服务供给流程不够清楚，处于被动接受数字化、智慧化、智能化服务供给模式的状态。②参与数字化、智慧化、智能化服务供给的主体主动意识不强，前瞻性站位不高，对国家政策理解深度不够，尤其是对数字化、智慧化、智能化服务供给的有用性和发展潜力认识不足。因此，体育政府部门、体育相关企业、体育社会团体组织、体育中介团体组织等各个参与主体应发挥各自比较优势以形成联动合作的复合化供给模式，形成政府部门直接提供城市休闲体育户外活动公共服务、政府通过市场手段提供休闲体育户外活动公共服务、

① 陈振明，邵东珂，吴勇锋，等．社会管理体制改革与社会管理能力的提升：福建省的案例研究[J]. 东南学术，2011（4）：70-102.

政府与社会合作提供休闲体育户外活动公共服务、社会公共服务多主体参与提供休闲体育户外活动公共服务的供给模式，使城市休闲体育户外活动公共服务供给目标转向高质量供给、安全性供给、规范化供给、合作化供给，实现资源最大化利用，建设充满人文关怀的城市休闲体育户外活动公共服务供给新模式。①

（一）加快城市休闲体育户外活动公共基础设施服务供给

以城市休闲体育为主要形式的户外体育活动，是构建以人民为中心的更高水平全民健身公共服务体系的重要组成部分。国家发展改革委等部门联合印发的《促进户外运动设施建设与服务提升行动方案（2023—2025年）》为城市休闲体育户外活动公共基础设施服务供给提供了重要政策保障。② 加快城市休闲体育户外活动公共基础设施服务供给是激发全民参与休闲体育活动热情的重要举措。

1. 城市休闲体育户外活动物流服务供给

城市休闲体育户外活动物流服务是指从供应地准时、准确和安全地运送体育用品、服务和相关资源到目的地，并完成货物安置、存储的相关管理过程。③ 城市休闲体育户外活动的物流服务供给是在一定区域内进行物资流通和物资配送的活动，是城市休闲体育户外活动高质量发展的产物，也是现代体育物流的重要组成部分。现阶段，随着城市休闲体育户外活动的快速发展，传统的体育物流业不能进一步满足城市休闲体育户外活动高质量发展的需要，因此，需要在城市休闲体育户外活动物流配套设施、信息技术管理、物流体系和专业人才方面进一步优化升级，创新现代城市休闲体育户外活动物流供

---

① 何继新，邵艳丽．社区公共服务智慧化供给三维立体模式及运行机制体系建构 [J]. 甘肃行政学院学报，2019（1）：64-75，126.

② 汪子旭．多部门助推户外运动产业发展 [N]. 经济参考报，2023-10-25（2）.

③ 李严亮．我国体育产业的物流系统分析与问题研究 [J]. 价格月刊，2015（3）：61-64.

给价值链，进行城市休闲体育户外活动物流供给公共服务数字化平台设计与创新，从城市休闲体育户外活动的链式物流服务供给、网络组织物流服务供给、专业物流服务供给等方面构建城市休闲体育户外活动的物流服务供给模式，形成城市休闲体育户外活动物流数字化供给平台，全面落实《“十四五”现代物流发展规划》提出的“加强数字化供应链前沿技术、基础软件、先进模式等研究与推广探索扩大区块链技术应用，提高供应链数字化效率和安全可信水平。规范发展供应链金融，鼓励银行等金融机构在依法合规、风险可控的前提下，加强与供应链核心企业或平台企业合作，丰富创新供应链金融产品供给”的发展目标，系统化推进城市休闲体育户外活动物流数字化供给平台建设的高质量发展。

2. 城市休闲体育户外活动交通服务供给

城市特别是特大城市是高密度的人类聚居地，随着社会、经济发展和人们物质文明、精神文明程度的提高，城市居民对城市休闲体育户外活动交通服务供给的需求增多，要求也越来越高。交通成本与便利是人们制订城市休闲体育户外活动计划所考虑的重要因素之一。参与城市休闲体育户外活动需要花费更多出行时间及交通费用，这使得交通对城市休闲体育户外活动参与者的影响更为明显。因此，合理的城市休闲体育户外活动交通设施规划布局可以促进城市休闲体育户外活动交通空间布局结构的完善，实现城市休闲体育户外活动交通系统的自我优化和良性发展。交通服务供给作为城市休闲体育户外活动空间建设的重要一环，需要建立城市休闲体育户外活动交通集散中心系统、完善城市休闲体育户外活动交通引导标识系统、完善城市休闲体育户外活动自驾游公共服务保障系统、加快完善城市休闲体育户外活动交通便民公共服务基础设施，从而为便捷的交通公共服务供给奠定重要基础和提供保证条件。

3. 城市休闲体育户外活动互联网服务供给

城市休闲体育户外活动互联网服务是指政府、企业和社会团体利用互联网信息技术为供给对象提供的基本、普遍、均等、免费或者低成本的服务。城市休闲体育户外活动互联网服务供给主要来源于政府、企业和社会组织的投入。政府在城市休闲体育户外活动互联网服务供给方面的投入主要包括政策、经费和技术支持。企业在城市休闲体育户外活动互联网服务供给方面的投入主要表现在：一方面，企业在自己的网站上提供免费或收费的公共服务；另一方面，大型互联网公司投入巨大的资金和技术用于开发和推广特定领域的城市休闲体育户外活动服务供给，如通过“互联网＋公共服务”提升城市休闲体育户外活动的供给效率、促进社会服务供给公平普惠，更好更快地满足人民群众对城市休闲体育户外活动互联网服务供给的新期待。随着城市休闲体育户外活动互联网服务供给快速发展，新兴城市休闲体育户外活动模式不断涌现，休闲体育参与者逐渐追求个性化发展、休闲体育旅游体验式、自主自助式休闲体育旅游、交互式休闲体育旅游，要满足如此大量且多样化的需求，传统的服务模式是难以实现的。依托互联网高新技术，整合城市休闲体育户外活动目的地吃、住、行、游、购、娱等服务和资讯于一体，参与者通过城市休闲体育户外活动互联网服务供给平台不断地进行信息互动，通过大数据定制私人休闲体育旅游线路、合理安排个人日程、个性化地利用休闲体育旅游时间，满足了城市休闲体育户外活动消费多样化、差异化和个性化的需求。①

（二）加快城市休闲体育户外活动公共数字化服务供给

随着科技的不断进步，城市休闲体育户外活动公共数字化服务供给逐渐成为促进休闲体育产业发展的新动能。《体育强国建设纲要》《关于构建更高

① 刘国民，张彩云．“互联网＋冰雪旅游”产业发展路径选择：以黑龙江省为例 [J]. 学习与探索，2018（1）：130–134，176.

水平的全民健身公共服务体系的意见》《全民健身计划（2021—2025 年）》等文件均明确提出，要推动全民健身智慧化发展，实现资源整合、数据共享、互联互通。城市休闲体育户外活动公共数字化服务供给作为落实文件提出推动全民健身智慧化发展政策的具体体现，是一种利用新兴技术和数据分析的方法，可以用来对城市休闲体育户外活动进行全面、精准、高效的管理和运营，其服务功能是营造和提升人们参与城市休闲体育户外活动的社会氛围，推广和普及全民健身活动。

1. 城市休闲体育户外活动智慧化服务供给

智慧化服务是通过应用先进的信息技术，为城市休闲体育户外活动消费者提供智能化、快捷化的服务体验，实现城市休闲体育户外活动服务流程的全程跟踪、监控和管理，从而提高城市休闲体育户外活动服务质量和效率。随着信息时代的来临，云计算、物联网、元宇宙等信息技术逐渐被运用于体育运动的各个方面，智慧体育、智慧旅游、智慧经济的出现更是推动着社会生活方式、生产方式以及社会治理方式的变革，为实现城市休闲体育户外活动智慧化服务供给提供了可能，国家各项政策的支持更是为城市休闲体育户外活动智慧化服务供给提供了重要保障。城市休闲体育户外活动智慧化服务供给作为互联网、大数据、云平台、人工智能、现代通信技术、新媒体技术等智慧化集成技术发展背景下的产物，面对城市休闲体育户外活动公共服务供给传统性、被动性和低效性的问题，借助互联网、大数据、云平台、元宇宙等智慧化集成技术为城市休闲体育户外活动提供服务，实现城市休闲体育户外活动公共服务供给流程的自动化和个性化。

2. 城市休闲体育户外活动信息咨询服务供给

信息咨询是一种基于各种信息的收集、加工、传递有效利用和反馈的业务活动。[①] 2022 年 9 月国家体育总局出台的《全民健身信息服务平台建设指

① 毛春霞. 我国信息咨询业的发展和对策分析 [J]. 湖北函授大学学报，2011，24（10）：55-56.

南（试行）》明确提出，通过全民健身信息服务平台的建设，将进一步打通全民健身智慧化发展过程中的难点、痛点、堵点、盲点，逐步实现其与其他相关平台已有资源的整合联通，推进各级各类全民健身信息服务平台的规范化、标准化、集约化建设。① 该文件的出台为城市休闲体育户外活动信息咨询服务供给提供了政策支持。城市休闲体育户外活动信息咨询服务主要包括“休闲体育设施、休闲体育活动、休闲体育管理、休闲体育营销、休闲体育培训”等方面的服务内容，目的是为城市休闲体育户外活动高质量发展提供服务。因此，要积极推动城市休闲体育户外活动信息咨询服务供给平台的搭建，建立城市休闲体育户外活动信息咨询服务供给平台，利用移动互联等现代技术手段，提供户外活动预订、信息查询、在线报名等服务。还要与相关媒体合作，营造城市休闲体育户外活动宣传氛围，普及城市休闲体育户外活动科学健身知识，引导群众城市休闲体育户外活动科学健身。

3. 加快城市休闲体育户外活动新基建供给

城市休闲体育户外活动新基建供给是培育休闲体育户外活动发展新模式、推进休闲体育户外活动资源共享的重要途径。进入信息化、智慧化、智能化时代，新型基础设施是城市休闲体育户外活动高质量发展的决定性因素。自 2018 年 12 月中央经济工作会议首次提出“加快 5G 商用步伐，加强人工智能、工业互联网、物联网等新型基础设施建设”以来，新基建技术赋能各行各业，促进国内国际双循环，特别是要在休闲体育领域深入应用新基建技术，使其成为休闲体育高质量发展的变革动力。通过刺激城市休闲体育户外活动消费需求，人力资本、物力资本提质，新政策、新标准出台，城市休闲体育户外活动服务结构优化；从微观层次上，新基建促使城市休闲体育户外活动智慧化、便利化，特别是数字新基建对城市休闲体育户外活动高质量发展产

① 孙蔚，任婉蓉，单命伟 . 全民健身信息服务平台标准化建设：理论逻辑、地方实践和实施保障 [J]. 西安体育学院学报，2022，39（6）：565–573.

生了重要支撑作用。

（三）加快城市休闲体育户外活动指导服务供给

加快城市休闲体育户外活动指导服务是增加优质供给，释放城市休闲体育户外活动更大活力的重要保障。随着各地推动城市休闲体育户外活动与文旅、科技、交通、住宿、商务等产业有机融合，发挥对就业的带动作用，打造户外运动产业新增长点，城市休闲体育户外活动指导服务迎来机遇和挑战。① 根据《中国户外运动产业发展报告（2022—2023）》，2022—2023 年，冰雪、路跑、骑行、越野、露营等户外运动呈现爆发式增长。因此，城市休闲体育户外活动促进体育消费辐射面宽，要进一步完善政策法规、改善消费条件、增加公益福利、创新消费场景，进行科学规划开发，更好发挥其“溢出效应”②。

1. 城市休闲体育户外活动政策法规指导服务

政策法规是贯彻执行国家提出城市休闲体育户外活动发展目标的重要依据。国家多个部委联合颁布《促进户外运动设施建设与服务提升行动方案（2023—2025 年）》《户外运动产业发展规划（2022—2025 年）》《全民健身场地设施提升行动工作方案（2023—2025 年）》《关于推动露营旅游休闲健康有序发展的指导意见》等文件，这需要城市休闲体育户外活动政策法规指导服务的进一步推进，包括组织起草有关地方性法规和规章草案。开展城市休闲体育户外活动调研，并提出政策建议。拟定城市休闲体育户外活动发展规划并组织实施，实施“城市休闲体育户外活动”计划，推动城市休闲体育户外活动优质供给持续增加、消费场景不断丰富，城市休闲体育户外活动“后发优势”进一步显现，增强城市休闲体育户外活动法规政策实施的科学性。

2. 城市休闲体育户外活动公益福利服务供给

城市休闲体育户外活动是指在户外使用自备或租赁设备以休闲游憩、运

---

① 齐志明，王伟健，张文．释放户外运动市场更大活力 [N]. 人民日报，2023-12-06（17）.

② 同①.

动娱乐、自然教育等为主要目的，在有明确范围和相应设施的营地场所驻留的活动。近年来，我国城市休闲体育户外活动快速增长，在促进休闲体育消费、培养绿色低碳健康运动生活方式等方面发挥了积极作用。发展城市休闲体育户外活动具有拉动内需、促进就业、扩大休闲体育消费增长的带动效应。2023 年 7 月，国家体育总局印发的《关于恢复和扩大体育消费的工作方案》明确提出，进一步恢复和扩大体育消费，充分发挥体育在扩大内需、助力构建新发展格局上的重要作用。以满足人民群众多样休闲体育需求为工作出发点和落脚点，充分利用城市休闲体育户外活动资源禀赋，为广大群众提供丰富多样的城市休闲体育户外活动公益福利服务设施、安全优质的公益福利户外运动设施，为更多公众参与城市休闲体育户外活动创造便捷条件。①

3. 城市休闲体育户外活动规划开发服务供给

城市休闲体育户外运动是自然、生态、体育、旅游高度融合的产物，是景观体育的主要形式和体育旅游的主要内容。城市休闲体育户外活动规划开发服务是科学推动城市休闲体育户外活动项目合理布局的重要手段，按照科学合理、供需匹配、高效集约的原则，对城市休闲体育户外活动规划开发服务进行优化布局，完善城市休闲体育户外活动设施，增强城市休闲体育户外活动规划开发服务供给的有效性，特别是城市休闲体育户外活动设施建设要符合国土空间总体规划及相关专项规划的有关要求，涉及城市休闲体育户外活动空间的主要内容统筹纳入详细规划，提升城市休闲体育户外活动规划开发服务供给质量和标准。例如，《成都市户外休闲运动总体规划》结合成都自然资源禀赋及户外休闲运动发展现状编制，是全国首个超大城市休闲体育户外活动专项规划，发挥城市休闲体育户外活动规划开发服务供给引领和平台作用，为满足人民群众日益增长的城市休闲体育户外活动需求，让城市休闲

① 齐志明，王伟健，张文．释放户外运动市场更大活力 [N]. 人民日报，2023-12-06（17）.

体育回归自然，提升城市休闲体育户外活动空间规划开发服务供给水平，为城市经济社会发展提供有效的助力。

（四）加快城市休闲体育户外活动安全监管服务供给

城市休闲体育户外活动涉及面广、参与人数多、外部影响因素复杂、社会关注度高，尤其是以竞技、健身、休闲等为主要形式的户外体育活动若对安全问题疏于监管，极易引发安全事故。例如，2021 年（第四届）黄河石林百公里越野赛中发生公共安全责任事件，造成大量人员伤亡，教训十分惨痛，充分暴露出城市休闲体育户外活动管理存在不少薄弱环节和漏洞。①“十四五”时期是推进体育强国建设的开局时期，也是推动休闲体育产业成为经济支柱性产业的关键阶段，加快城市休闲体育户外活动安全监管服务供给是实现这一目标的关键。

1. 城市休闲体育户外活动安全服务保障供给

城市休闲体育户外活动安全服务保障供给既是实现城市休闲体育户外活动质量的重要基础保障，也是实现城市休闲体育户外活动安全的底线，没有安全就没有城市休闲体育户外活动的成效。因此，树立城市休闲体育户外活动安全服务保障供给意识，强化城市休闲体育户外活动安全服务保障供给政府职能，扎实履行城市休闲体育户外活动安全服务保障供给责任，筑牢安全防线，加快形成由政府机构、社会组织、行业协会、社会大众等多方共建共治共享的城市休闲体育户外活动安全服务保障供给机制，为城市休闲体育户外活动安全服务保障供给创造安全环境，增强安全意识，提升城市休闲体育户外活动安全服务保障供给的有效性。

---

① 国家体育总局，工业和信息化部，公安部，等 . 关于进一步加强体育赛事活动安全监管服务的意见 [J]. 中华人民共和国国务院公报，2021（27）：78–80.

2. 城市休闲体育户外活动安全监管保障供给

从建立城市休闲体育户外活动安全监管保障供给机制、强化城市休闲体育户外活动安全教育培训制度、落实城市休闲体育户外活动安全措施等方面，建立政府监管与行业自律相结合的有效的城市休闲体育户外活动安全监管保障供给机制，按照“谁审批（备案）、谁负责”“谁主办、谁负责”“谁主管、谁负责”的要求，[①]全面加强城市休闲体育户外活动安全监管保障供给的政策支撑力度，特别是要加强城市休闲体育户外活动重点领域安全监管保障供给，制定推动城市休闲体育户外活动重点领域安全监管的政策措施，牢牢守住城市休闲体育户外活动重点领域安全风险的底线，切实维护人民群众的身体健康和生命安全。[②]

3. 城市休闲体育户外活动保险保障供给

2023 年 10 月，国家发展改革委等部门联合印发《促进户外运动设施建设与服务提升行动方案（2023—2025 年）》，提出支持开展户外运动相关保险业务，鼓励户外运动赛事活动主办方为赛事活动购买公众责任保险，为参赛者购买意外伤害保险。[③]城市休闲体育户外活动保险保障供给针对户外活动保险的需求，建立商业保险与政策性保险相结合的保障服务供给，扩大城市休闲体育户外活动保险保障供给范围，对普通运动参与者的意外伤害、赛事组织者的公众责任、体育设施的财产损失和责任等保险保障供给加以规范。特别是《体育法》提出国家建立健全学生体育活动意外伤害保险机制。教育行政部门和学校应当在做好学校体育活动安全管理和运动伤害风险防控的基础上，[④]以满足不同组织或群体尚未得到满足的城市休闲体育户外活动保险保障供给的需求，

---

① 佚名．完善监管责任体系落实组织者主体责任 [N]. 中国应急管理报，2021-07-06（1）.

② 周丽平．野外体育赛事安全风险管理优化研究 [D]. 上海：华东师范大学，2022.

③ 唐仁敏．多策并举推动户外运动高质量发展 [J]. 中国经贸导刊，2023（11）：8-14.

④ 王家宏，刘艳．青少年和学校体育法治现代化的价值意蕴、问题审视及实现路径 [J]. 北京体育大学学报，2023，46（5）：95-103.

并通过《体育保险实务手册》《体育伤害监测数据登记规章制度》《体育风险预防制度》等相关文件的建立和完善，将体育保险与法律实务案例相结合，为体育保险市场提供更多可供参考的案例模板，提高保险行业处理体育风险事务的执行能力，发挥城市休闲体育户外活动保险保障供给的效能。①

① 关晶．中国体育保险发展路径研究 [D]. 北京：对外经济贸易大学，2019.